Manuela Freitag

Herbertstraße

Kein Roman

Mit Olaf Köhne
und Peter Käfferlein

Für meinen Sohn,
weil er der Anker in meinem Leben ist
und nie an mir gezweifelt hat

Inhalt

Vorwort – Bekenntnisse einer Domina

Ich habe immer nur für meine Arbeit gelebt.
Ich hatte nie ein solides Leben.

Wenn ich gefragt werde, warum ich Prostituierte wurde, sage ich spontan: Aus Überzeugung. Denn das ist der Beruf, den ich immer ausüben wollte. Bei genauerer Betrachtung ist das nur die halbe Wahrheit. Denn dass ich diesen Weg einschlug, na ja, es ergab sich eben, als ich noch sehr jung war. Meine Motivation?

Ich wollte Geld verdienen und ergriff die in meinen Augen erstbeste Chance, die sich bot. Ich wurde von niemandem gezwungen. Später als Domina in der Herbertstraße zu arbeiten, auch das war meine – freie – Entscheidung, etwas, das ich wollte. Denn was ich tue, das tue ich aus freien Stücken und ohne Zwang. Kein Mensch, erst recht kein Mann und kein Zuhälter, zwingt mich zu irgendetwas. Allenfalls, auch das muss gesagt sein, das Leben ließ mir nicht immer eine freie Wahl. Vielleicht lag mir die Prostitution aber einfach in den Genen. Vielleicht blieb etwas von meiner Mutter bei mir hängen. Eine Mutter, von der ich so gut wie nichts weiß, außer dass auch sie eine Prostituierte war.

Was ich ganz sicher weiß: Das Leben hat mich dahingebracht, wo ich heute stehe. Ein Leben, das nicht immer leicht war. Auch weil ich zu oft an die Falschen geraten bin, an Menschen, die es nicht gut mit mir meinten. Ehrliche Menschen kennenzulernen, das fällt mir bis heute schwer. Leider ist das so. Das mag an meiner Kindheit liegen, die eigentlich keine war. Sie endete, als ich zwölf war und meine ersten Erfahrungen auf dem Strich machte, damals noch in Bremen.

Manchmal frage ich mich, hätte ich eigentlich etwas ganz anderes in meinem Leben machen können? Hätte ich „etwas aus meinem Leben machen können", wie es so schön heißt? Gab es jemals die Chance für mich, andere Wege einzuschlagen und wenn ja, wäre ich überhaupt bereit gewesen, sie zu gehen? Die ehrliche Antwort: Ich weiß es nicht.

Und jetzt? Jetzt bin ich 57 Jahre alt und verdiene seit mehr als 30 Jahren mein Geld als Domina in der legendären Herbertstraße, den wenigen Metern Pflasterstein nahe der Hamburger Reeperbahn. Eine Gasse, gesäumt von Fenstern, in denen Frauen hinter Glas sitzen und den Freiern ihre Dienste anbieten.

Ich bin eine von ihnen. Die Dienstälteste.

Wer so lange hier arbeitet wie ich, dem ist nichts mehr fremd – keine Phantasie, keine Lust, keine Perversion. Es gibt nichts, was es nicht gibt – sagt man so leicht dahin. Ich habe dieses Nichts, das es nicht gibt, am eigenen Leib erlebt, das Schöne und das Hässliche, ich habe es gefühlt, gespürt, gerochen, geschmeckt.

Wie die Herbertstraße mein Zuhause wurde und warum sie mich nie wieder losließ, davon werde ich erzählen. Ich werde tief und ungeschönt blicken lassen – in den Berufsalltag einer Domina und in mein Privatleben. Mein Job ist hart, voller Skurrilität und Abgründe, aber oft auch begleitet von Humor und Menschlichkeit. Im normalen Leben begegnet mir, der Prostituierten, so etwas eher selten. Das hier ist meine ganz persönliche Geschichte. Aber ich erzähle sie nicht nur für mich, sondern auch stellvertretend für die vielen Frauen im Rotlichtmilieu, die nicht gehört und gesehen werden, obwohl sie es dringend verdient hätten.

Fenster zum Hof

Wir, die Frauen der Herbertstraße, sind Unikate. Jede sitzt für sich, jede präsentiert sich, jede hat ihre Geschichte in der Straße, egal ob auf normal oder auf Stiefeln.

Wenn ich arbeite, liegen die meisten Menschen schon längst in den Federn. Denn meine reguläre Schicht in der Herbertstraße beginnt etwa um 2 Uhr nachts und sie endet zwischen zehn und zwölf am nächsten Tag, je nachdem, wie viel Betrieb auf dem Hamburger Kiez ist, also wie viele Männer - potenzielle Freier - noch unterwegs sind. Ich brauchte eine Weile, um mich an diese Arbeitszeiten zu gewöhnen, mittlerweile möchte ich es gar nicht mehr anders haben, weil genau das mein Ding ist. Denn ich mag diese einzigartige Atmosphäre in den sehr frühen Morgenstunden, die Momente, in denen sogar die Herbertstraße, die 24 Stunden das ganze Jahr lang geöffnet hat, endlich mal zur Ruhe kommt. Sie ist dann wie ausgestorben und ich sitze fast alleine, während sich eine gespenstische Ruhe über die sündige Meile legt. Noch bis vor wenigen Jahren ging meine Schicht von 23 Uhr bis 7 Uhr. Klingt angenehmer, der praktische Vorteil jetzt aber ist, dass keine der anderen Frauen links oder rechts von mir in ihrem Fenster sitzt und mir Konkurrenz machen kann - um die Verlorenen der Nacht, die Betrunkenen, die Geilen, um all die, die noch auf der Suche sind nach Unterwerfung, Schmerz und Dominanz. Mein Spezialgebiet.

Aller Anfang ist … das Kobern. Kobern ist harte Arbeit. Es bedeutet, einen Gast ans Fenster und anschließend aufs Zimmer zu locken – und ihm für eine Session möglichst viel Geld aus den Rippen zu leiern. Darin bin ich gut. So sitze ich Nacht für Nacht in meinem Koberraum mit Fenster zum Hinterhof der Herbertstraße Nummer 7a. Die wenigen Quadratmeter meines Bereichs sind schummrig rot beleuchtet und verbergen die spärliche Einrichtung. Links von mir ist eine Spiegelwand mit einer Ablage, rechts von mir steht ein Mülleimer. Daneben befindet sich noch eine Ablage sowie eine Glaswand, die meinen Platz von dem der nächsten Frau trennt. In der Mitte sitze ich – in meiner Dominakluft – auf einem hohen Lederhocker. Ich kann gar nicht zählen, wie viele Stunden ich auf diesem Stuhl verbracht und wie viele Zigaretten ich hier geraucht habe, während ich auf den nächsten Gast wartete.

Wer in die Herbertstraße kommt, der sucht ein gewisses Flair, nicht das Perfekte, das Gestylte, vielmehr das Verruchte, das Verborgene, das Schmuddelige. Die Herbertstraße ist ein Kosmos für sich, alles und jeder hat Ecken und Kanten, die Straße, die Häuser, ja, auch wir Frauen.

Manchmal denke ich, irgendwie ist die Herbertstraße so etwas wie die Lindenstraße aus der Fernsehserie – und eben doch ganz anders. Hier findet das richtige, wahrhaftige Leben statt. Hier zeigt sich die Realität. Männer – verheiratete, lierte, geschiedene, Singles – die zu mir kommen und mir ihre geheimsten Wünsche offenbaren. Wünsche, mit denen sie in der sogenannten Gesellschaft, in ihrem bürgerlichen

Dasein, vermutlich anecken würden – die sich von mir aber meistens erfüllen lassen. Die Herbertstraße bietet ihnen Raum dafür.

Früher war es ja so, dass in jedem Haus nur eine Frau „auf Stiefeln" gearbeitet hat – das bedeutet, dass sie ihr Geld als Domina verdient. Heute sind wir, die „echten" Dominas, die noch in den Fenstern sitzen, Überbleibsel einer anderen Zeit. Fast so etwas wie Relikte. Denn die Grenzen sind heute fließend, seitdem „normale" Prostituierte zu geringen Preisen Dienste anbieten, die früher allein einer Domina vorbehalten waren. Diese Entwicklung ging schon vor einigen Jahren los, die Zeiten wurden schlechter, die Frauen verdienten weniger. Und weil allgemein bekannt war, dass eine Domina immer gutes Geld machte, wollten sich die anderen eine Scheibe von uns abschneiden. Sie zogen sich mal eben Stiefel, Lack- oder Lederkleid oder einfach nur schwarze Fetzen über – fertig war die Möchtegerndomina, die von dem, was wir wirklich können, keine Ahnung hatte. Das ist bis heute für mein Geschäft sehr nachträglich, weil die Freier nicht mehr wissen, woran sie sind. Ich werde zum Beispiel oft am Fenster gefragt, ob ich auch wirklich ein richtiges Sadomasostudio mit allem Drum und Dran habe. Daraufhin schaue ich den Mann nur an und frage: „Na, was denkst du denn? Schau mich doch an!" „Na ja", sagt er, „ich hab schon erlebt, dass ich bei einer reinging, die so aussah wie du, und dann hatte die aber nur ein Kuschelbett im Zimmer. Und keine Ahnung von SM." Was ich damit sagen will: Heutzutage arbeitet die Konkurrenz mit allen Tricks, um an das Geld der Gäste heranzukommen. Darunter leidet das Image der Domina, wir haben das Nachsehen. Auch das ist eine Wahrheit, das Geschäft ist härter, der Kampf um die Freier brutaler geworden.

In den mehr als 30 Jahren, seitdem ich hier bin, sind fast alle, die noch zu meinen Anfängen in der Herbertstraße anschaffen gingen, verschwunden. Manche sind gestorben, andere stiegen aus und führen jetzt ein solides Leben. Überhaupt hat sich das Dominagewerbe verlagert. Die Jüngeren arbeiten in schicken, stylischen Privatstudios in Wohnungen, die über die ganze Stadt verteilt sind. Vieles läuft auch anonym über Internetseiten ab. Aber ich bin geblieben, weil die Herbertstraße genau der Ort ist, an dem ich sein möchte. Ich weiß genau, wer von denen, die die Gasse entlanglaufen, ein potenzieller Freier ist, wer bereit ist, Geld auszugeben oder wer sich hier nur aus Voyeurismus und Neugier herumtreibt. Das ist einer der Vorteile, wenn man so viele Jahre Herbertstraße auf dem Buckel hat: eine gute Menschenkenntnis, zumindest wenn es um den Job geht, in privaten Dingen, na ja, wie schon gesagt …

Von meinem Fenster aus habe ich das Geschehen in der Gasse vorn ganz gut im Blick. Ich schaue nämlich direkt durch einen Gang, der von der Herbertstraße in meinen Hinterhof führt. Umgekehrt heißt das, ich sitze für die Männer, die durch die Straße flanieren, richtig schön auf dem Präsentierteller. Genau so soll es auch sein. Der Gang ist nachts, also wenn ich Schicht habe, beleuchtet. Seine Wände sind in verschiedenen Pink- und Rottönen angemalt, die Farbe ist hier und da schon abgeplatzt, links und rechts an den Wänden sind Bilder nackter Frauen mit großen Busen in Lebensgröße. Genau in der Mitte des Durchgangs, eingerahmt von den gemalten Nackten, prangt unübersehbar ein Geldautomat, einer von mehreren in der Herbertstraße. Im Grunde symbolisiert er alles, worum es an diesem Ort geht, warum ich überhaupt hier sitze. Prostitution ist ein Geschäft, es geht um Geld, um Angebot und Nachfrage. Um „käufliche Liebe" – sagt man ja so. Diesen Begriff mag ich allerdings nicht, käuflich sind nur meine Dienste, meine Liebe ist es nicht. War sie auch nie.

Die Geldautomaten in der Herbertstraße machen uns Frauen den Job leichter. Denn erfolgreiches Kobern bedeutet auch, den Gast immer wieder zu animieren, seine Session zu verlängern. Das wiederum heißt, er muss mehr Geld auf den Tisch legen. Wurden früher Schecks ausgestellt oder Schulden gemacht, wenn kein Cash mehr im Portemonnaie war, heißt es heute: Ab zum EC-Automaten, Nachschub holen! Und wer nicht aufpasst, der wird beschissen. Hallo, natürlich nicht von mir! Meine Gäste bekommen das, wofür sie zahlen. Nein, ich rede von den Tauben, die zu Dutzenden oben in dem Durchgang nisten – und deren Gurren mich manchmal zum Wahnsinn treibt – und denen es schietegal ist, ob unter ihnen ein Freier am EC-Automaten steht, um Cash zu holen.

Dass ich selbst nicht mehr in der ersten Reihe, also vorne an der Herbertstraße, im Fenster sitze, hat für mich mehr Vor- als Nachteile. Von meinem Platz aus darf ich zum Beispiel jeden Mann, der in den Hinterhof kommt, ansprechen. Würde ich im Vorderhaus arbeiten, müsste ich eine der wichtigsten Regeln der Herbertstraße beherzigen. Es gibt nämlich eine unsichtbare Grenzlinie, die die Straße in der Mitte trennt. Nur Männer, die sich rechts der imaginären Grenze bewegen, dürfen auch von den Frauen in den

Häusern der rechten Straßenseite angesprochen werden, das Gleiche gilt für die linke Straßenseite. Nur wer in der Mitte geht, ist Freiwild, darf beidseitig angequatscht werden. Wehe der, die dieses ungeschriebene Gesetz missachtet. Wenn eine Frau „rüberkobert", bekommt sie Ärger. Erst mal einen Anschiss, der es in sich hat, bis hin zu Prügel, wenn sich eine partout nicht dranhalten will. Hats alles schon gegeben.

Während meiner Schicht verändert sich die Atmosphäre in der Straße merklich. Anfangs noch sind die meisten Häuser erleuchtet, dann, nach und nach, gehen die Lichter aus, und die Herbertstraße wird dunkel. Ab etwa 4 Uhr sitze ich – mit noch ein, zwei anderen Kolleginnen – allein in der Straße. Die ganze Zeit über bleibe ich hoch konzentriert, muss ich auch, damit mir kein Gast durch die Lappen geht. Ich sitze aufrecht und mit durchgedrücktem Rücken auf meinem Stuhl, immer ein Auge nach vorne auf die Straße gerichtet. Tut sich da was? Kommt der Nächste um die Ecke? Sobald ich auch nur einen Fuß sehe, reiße ich mein Fenster auf und rufe ihm zu. Das Kobern beginnt. „Hallo! Du da drüben, ja du! Kommst du mal? Nur eine Minute – komm doch mal her!" Wenn ich Glück habe, reagiert er sofort und steuert mich an. Viele rennen aber auch erst mal weiter, drehen sich vorsichtig um, kommen zurück, sind unschlüssig, trauen sich aber noch nicht. Ein einziges Hin und Her, bis sie hoffentlich doch bei mir am Fenster landen. Was noch lange nicht bedeutet, dass ich den Gast jetzt an der Angel habe und er mit aufs Zimmer kommt. Aber der erste Schritt ist getan, ein gutes Zeichen. Und nun müssen meine Überredungskünste siegen. Oder aber er findet mich auf Anhieb so klasse, dass er sagt: „Mach auf! Ich komm rein …“ Dann kanns losgehen. Es gibt da noch eine ganz besondere Spezies. Ich nenne sie die Sabbelheinis. Muss man nicht groß erklären. Das sind diejenigen, die sich gar nicht entscheiden können, die fünfmal ans Fenster kommen und nur sabbeln und nach dem sechsten Mal dann doch abhauen.

Langsam dämmert der Morgen in der Herbertstraße, Gäste kommen und gehen. Zwischendurch immer wieder Leerlauf. Diese ewige Warterei, wenn seit zwei Stunden keiner mehr durch die Straße gekommen ist. Aber es könnte jederzeit passieren und ich will keinen verpassen. Also bleibe ich aufmerksam. Vielleicht ist der Nächste derjenige, der mir so viel Geld einbringt, dass ich für heute Nacht Schluss machen und nach Hause fahren kann.

Noch eine Zigarette – nur um wach zu bleiben. Im Hintergrund dudelt leise Musik aus meinem Radio. Radio Hamburg – hör ich immer. Wenn ich langsam müde werde, schweifen meine Gedanken ab. Alles und nichts geht mir durch den Kopf. Banale Dinge … Was ich später noch erledigen muss. Ob ich direkt nach Hause fahre oder noch einkaufen gehe … Ich träume von der heißen Dusche zu Hause … Die nehme ich immer gleich nach der Schicht, dann gehe ich früh ins Bett, schlafe um 3 Uhr am Nachmittag ein, bis mitten in der Nacht der Wecker klingelt. Dann: aufstehen, anziehen, fertig machen, mit dem Auto – ich lebe am Rande der Stadt – wieder auf den Kiez. Parken zumindest ist um diese Zeit kein Problem, noch ein kleiner Vorteil meiner Schicht.

Jeden Tag dieses gleiche Prozedere, bis zu fünfmal in der Woche. Ich denke an den nächsten Sonntag, meinen freien Tag … Der Sonntag gehört mir allein: Couch, Fernsehen, Freunde treffen, ein ganz normaler Alltag, einen Tag in der Woche solide sein.

Während die Gedanken dahinwabern, rauche ich immer noch wie ein Schlot in meinem Fenster zum Hinterhof. Und ich denke auch an meinen Sohn … Ja, ich bin Mutter eines erwachsenen Sohnes. Ich frage mich, wann ich ihn wiedersehe, wann er mich mal wieder besucht … Vermisst er mich, so wie ich ihn vermisse? Geht es ihm gut? Und manchmal, aber nur selten, gestatte ich mir die Frage, welche Gefühle meine eigene Mutter wohl für mich hatte? Falls sie welche hatte.

Sie ließ mich einfach liegen

Irgendwas muss noch passieren im Leben, irgendeine Befriedigung muss noch kommen.

Bremen, 1964

Ich gebe zu, auch wenn ich auf den ersten Blick ruhig und ausgeglichen wirke, bin ich ein Mensch, der schnell ausflippt. Ich kann ziemlich aggressiv werden, wenn mich irgendetwas oder irgendjemand so richtig nervt. Dann bin ich in einer Sekunde von null auf 180. Ob das damit zu tun hat, wie ich aufgewachsen bin und was mich in der Kindheit geprägt hat, können Psychologen besser beurteilen. Ich lernte jedenfalls nie so etwas wie ein behütetes Elternhaus kennen. Und was sich hinter dem Begriff „intaktes Familienleben" verbirgt, kannte ich nur aus der Beobachtung bei anderen. Geborgenheit habe ich als Kind so gut wie nie erlebt. Weshalb es für mich später auch nicht immer leicht war, als ich selbst eine Familie gründen wollte. Woran sollte ich mich orientieren, um es besser zu machen? Aber was nützt es, sich jetzt zu beklagen. Hätte, hätte, Fahrradkette. Ich lebe nicht im Hätte.

Zur Welt kam ich am 28. April 1964, an einem trüben, kühlen Dienstag, im St. Jürgen-Krankenhaus, dem heutigen Klinikum Bremen-Mitte. Fast in Spucknähe davon befindet sich der Ortsteil Steintor, der für mein späteres Leben noch eine zentrale Rolle spielen sollte. Steintor, das weiß jeder in Bremen, steht für Rotlicht, hier ist der Drogenstrich. Von den Umständen meiner Geburt erfuhr ich erst, als ich etwa zwölf Jahre alt war. Zu dem Zeitpunkt stand ich schon mit einem Bein im Milieu.

Zurück ins Jahr 64. Der Vater unbekannt. Die Mutter flüchtig. Nicht im strafrechtlichen Sinne, denke ich. Nachdem sie mich entbunden hatte, ich war zwei Tage alt, verließ sie heimlich das Krankenhaus – ohne mich, ihr Baby. Alles, was mir von meiner Mutter blieb, das war mein Name. Nachname: Freitag. Vorname: Manuela. So hatte sie es im Krankenhaus noch angegeben, bevor sie sich aus dem Staub machte. Bis ich die Wahrheit über die Frau, die mich geboren hatte, erfuhr, sollten noch viele Jahre vergehen.

Ich hatte Glück im Unglück, denn es fand sich ein Ehepaar, das mich zur Pflege aufnahm. Die beiden hatten selbst keine eigenen Kinder, mit mir wollten sie sich den lang gehegten Wunsch einer kleinen Familie erfüllen. Ich blieb ein Einzelkind. Meine Eltern, so nenne ich sie der Einfachheit halber, gaben sich redlich Mühe mit mir, das muss ich zugeben. Es wäre ungerecht, etwas anderes zu behaupten. Das Elternsein aber, das weiß ich heute, lag ihnen nicht wirklich. Daran hatte ich meinen Anteil, ich war kein pflegeleichtes Pflegekind, sondern schwierig, aufmüpfig, nervig. Und dennoch: Alles, was ich an Eltern jemals kannte, das waren diese beiden.

An die ersten Jahre meiner Kindheit habe ich, wie die meisten, nur bruchstückhafte Erinnerungen. Meine Eltern waren als Gastronomen tätig, sie betrieben mal hier, mal da Gaststätten im Bremer Raum. Warum sie so unstet waren, kann ich nicht sagen. Es hatte aber zur Folge, dass wir ständig umziehen mussten und nie richtig sesshaft wurden. Weshalb ich zum Beispiel auch keinen Kindergarten besuchte und keine Chance hatte, Freundschaften zu anderen Kindern zu schließen. Meine Eltern wiederum hatten kaum Zeit für mich, weil sie sich rund um die Uhr um ihre Kneipe kümmern mussten. Folglich war ich auf mich allein gestellt. Ich erinnere mich an die Situation, dass ich nachts wach wurde und weinte, weil niemand da war. Ich ging nach unten in die Kneipe (unsere Wohnung lag im ersten Stock) und suchte meine Eltern. Statt Trost gab es einen Riesenanschiss und ich wurde zur Strafe ins Badezimmer eingesperrt. Stundenlang, bis meine Eltern irgendwann am Morgen, wenn die Kneipe geschlossen war, ins Bett gingen. Wahrscheinlich wussten sie sich nicht anders zu helfen, wenn ich herumwütete. Ich war nicht das liebe Mädchen, das sie sich vielleicht gewünscht hatten. So wurde es mir jedenfalls erzählt. Ich war wohl rebellisch, gegen alles und jeden, wollte mit dem Kopf durch die Wand und machte einen verwahrlosten Eindruck, weil ich darauf bestand, in langen Walla-Walla-Kleidern und mit wilder Mähne, die Haare bis zum Po, durch die Gegend zu laufen. Ich machte mir einen Spaß daraus, andere zu provozieren und zu erschrecken. Manchmal ging ich in meiner Pippi-Langstrumpf-Aufmachung auf den Friedhof, wenn dort gerade eine Beerdigung stattfand, um dem Trauerzug wie eine Verrückte hinterherzutanzen. Ich kannte keine Grenzen, aber mir wurden auch keine aufgezeigt – mal davon abgesehen, dass man mich gelegentlich ins Bad einschloss.

Ob es an dem beruflich bedingten unsteten Lebenswandel meiner Eltern lag, an ihrer Überforderung mit mir und ihren damit einhergehenden rabiaten Erziehungsmethoden, das

Jugendamt hatte immer ein Auge auf uns. Regelmäßig schauten Sozialarbeiter bei uns vorbei, um sich ein Bild davon zu machen, wie wir lebten und wie es mir ging. Sie stellten mir sicherlich auch viele Fragen. Was genau sie wissen wollten, kann ich nicht mehr sagen. Bis dahin glaubte ich übrigens immer noch, meine Pflegeeltern seien meine leiblichen Eltern.

Und dann, ich war fünf Jahre alt, klingelte es eines Tages an unserer Tür. Das war der Moment, in dem meine kleine Welt zum ersten Mal zusammenbrach.

100 Meter Prostitutionsgeschichte

Verrückt, einzigartig, durchgeknallt.
Das alles ist die Herbertstraße.
Den Möglichkeiten sind hier keine Grenzen gesetzt.

Ich bin auf dem Weg zu meiner Schicht und parke, wie meistens, meinen Wagen auf der Davidstraße, die von der Reeperbahn bis zur Hafenstraße verläuft. Schaut man von deren Mitte aus in Richtung Elbe, sieht man die hoch aufragenden, imposanten Kräne im Hafen, deren Lichter in der Dunkelheit leuchten. Vorne zur Reeperbahn hin liegt an der Ecke das Polizeikommissariat 15, ein Rotklinker, besser bekannt als Davidwache, die berühmteste Polizeiwache der Republik. Ich stelle mir gerne vor, dass ihre Nähe meinen Wagen vor Autodieben schützt. Bislang jedenfalls ist noch nichts passiert. Zu den Beamten der Davidwache hatte ich immer einen ganz guten Draht, ehrlicherweise habe ich die Wache nicht nur einmal von innen gesehen. Gerne denke ich an Margot Pfeiffer, die Bürgernahe Beamtin der Davidwache. Kaum eine kennt den Kiez und seine Frauen so gut wie sie. Sie war auch ewig dabei, ist aber kürzlich in Rente gegangen. „Ach dich gibt es auch noch, Manuela“, sagte sie, wenn sie an mein Fenster kam – sozusagen von Urgestein zu Urgestein.

Auf halber Höhe der Davidstraße biege ich jetzt in die Herbertstraße ein. An beiden Enden der schmalen, nur für Fußgänger zugänglichen Gasse werden die Eingänge jeweils von einem hohen Sichtschutz begrenzt. Darauf kleben Bilder von Frauen in knappen Bikinis – die Werbung für eine Internetplattform, die Seitensprünge vermittelt. Genau dort, an der Ecke Davidstraße und Herbertstraße, vor der Kneipe Zum Anker, fing alles für mich an. Mein „Dilemma Reeperbahn", wie ich es scherzhaft nenne. Genau an dieser Stelle befand sich mein erster Standplatz auf dem Hamburger Straßenstrich, das war in der Phase, bevor ich zur Domina wurde. Heute sind an dieser Ecke keine Mädchen mehr, der Straßenpuff „Haus 11", in dem ich in der Davidstraße gearbeitet habe, existiert nicht mehr.

St. Pauli, die Hamburger Rotlichtszene, ist eine Welt für sich, mit ihren eigenen Gesetzen, ihren Geschichten und Gesichtern. Und die Herbertstraße ist eine Welt in dieser Welt, die Essenz dessen, was viele mit Verruchtheit und schmutzigen Geheimnissen verbinden. Die Herbertstraße ist ein Mythos. Von dem leben wir, ihre „Bewohner", sehr gut. Immer noch, auch wenn sich vieles verändert hat im Vergleich zu meinen ersten Jahren hier. Die Herbertstraße ist aber auch ein geschichtsträchtiger Ort, ein Spiegelbild dessen, wie sich das Ansehen unseres Gewerbes im Laufe der Jahrhunderte verändert hat. Bei aller Toleranz und allem Liberalismus der heutigen Gesellschaft, machen wir uns nichts vor, ich weiß die Blicke zu deuten, wenn ich Fremden erzähle, womit ich mein Geld verdiene. Bevor ich die Historikerin gebe, halte ich mich an dieser Stelle an diejenigen, die alles (besser) wissen. Wikipedia schreibt im Sommer 2021 sinngemäß:

> Die Herbertstraße, bis 1922 hieß sie noch Heinrichstraße, die seit Beginn der Bebauung im 19. Jahrhundert zur Prostitution von heute rund 250 Frauen genutzt wird, ist etwa 100 Meter lang, in den Häusern sitzen die Prostituierten auf Hockern in den Fenstern, sie kobern, präsentieren sich und warten auf Freier, sprechen die männlichen Passanten bei geöffnetem Fenster an. Die Straße ist nicht nach einer speziellen Person benannt, sondern Teil eines Konzeptes, männliche Vornamen mit alphabetisch fortschreitenden ersten Buchstaben zu verwenden, genau wie bei der benachbarten Davidstraße. Während der NS-Zeit herrschte ein Verbot von Prostitution. Da dies auf St. Pauli nicht konsequent durchgesetzt werden konnte, wurden diese Tätigkeiten nur in einer Gasse geduldet – in der Herbertstraße. Damit niemand im Vorbeigehen sehen konnte, was nicht sein durfte, ließ die Gauleitung 1933 Sichtblenden an beiden Enden der Straße errichten. An diesen Barrieren sind seit den 70er-Jahren Schilder angebracht, die Minderjährigen und Frauen den Zutritt zu verbieten versuchen. Diese Schilder wurden von der Polizei zur Aufrechterhaltung der öffentlichen Ordnung und auf Bitten der Prostituierten angebracht. Juristisch ist die Herbertstraße allerdings ein öffentlicher Weg und darf von allen betreten werden.

Auch wenn Passantinnen der Zutritt zur Herbertstraße also gar nicht verwehrt werden darf, die Mär des Verbots hält sich in den Köpfen der Menschen und macht die Straße natürlich noch interessanter. Gern gesehen werden flanierende Frauen von denjenigen, die hier arbeiten, dennoch nicht. Ich persönlich mag es auch nicht, es ist nicht gut fürs Geschäft, weil die Gäste gehemmt sind, sie fühlen sich beobachtet. Wenn früher eine Frau durch die Straße ging, war echt was los, dann bin auch ich manchmal raus aus dem Fenster und pöbelte sie an. „Verpiss dich, gaff nicht rum!“ Wenn die erste Hure anfing zu keifen, setzte sich das Gezeter von Haus zu Haus fort, bis die ganze Straße in den Reigen eingestimmt hatte. Auch kippte man Kaffee oder Wasser auf die unerwünschten Besucherinnen, manchmal traf man dabei aus Versehen einen Gast. Paul, mein langjähriger Mitarbeiter, von dem ich noch berichten werde, schob und scheuchte sogar einmal eine Touristin aus der Straße, indem er sie mit ausschweifenden James-Last-Dirigierbewegungen vor sich hertrieb und währenddessen mit rollendem R „Rrrrrraus hier, jetzt aber rrrrrraus!“ skandierte. Eine Szene zum Niederknien. Also, es war alles andere als eine freundliche Begrüßung, die eine Frau bei uns Frauen erwartete. Heute ist es harmloser, wir sehen alles etwas lockerer. Lass die Olle doch durchflitzen, denke ich. Manchmal kommen Frauen ja auch mit ihren Männern in die Herbertstraße. Ich selbst hatte schon Ehepaare auf dem Zimmer.

Ich betrete die Herbertstraße durch die eisernen Sichtblenden. Es ist für mich viel mehr als nur der Gang zu meiner Arbeitsstelle – diese Gasse ist schon lange so etwas wie mein zweites Zuhause. Weil ich jeden Pflasterstein kenne, die meisten der Frauen, die kamen und gingen und viele von denen, die heute hier arbeiten. Ich weiß – bei aller Distanz und Konkurrenz, die es unter uns gibt – von ihren Sorgen und Nöten.

18 Häuser und eine Einzelschotte (hier sitzt nur eine Frau) säumen die Herbertstraße, in fünf von ihnen habe ich gearbeitet. Am längsten in der 7a, meinem aktuellen Arbeitsplatz, seit 20 Jahren bin ich hier, so lange wie nirgends zuvor. Ich wohnte auch nie so lange in einer Wohnung, wie ich jetzt schon in meinem Dominastudio bin. Zuhause – dieses Wort trifft es also ziemlich gut, wenn ich an die Herbertstraße denke.

Am liebsten gearbeitet habe ich – bevor ich in die 7a kam – im sogenannten French Quarter, ein Ensemble von drei nebeneinander liegenden Häusern, die heute innen miteinander verbunden sind und außen durch die pinkfarbenen Plastikmarkisen über den einzelnen Fenstern besonders auffallen. Die Herbertstraße ist in jeder Hinsicht ein bunter Ort. Die Häuser, ein- zwei-, maximal dreistöckig, sind blau, rot, pink, gelb, grün gestrichen, alle mit viel Patina. Gäbe es nicht die Fenster auf Fußgängerebene, in der wir Frauen sitzen, würde die Gasse fast dörflich anmuten. Mein erstes Fenster befand sich ebenfalls in einem Hinterhof. Es war damals ein Riesenglück, dass ich überhaupt in die Herbertstraße wechseln konnte, weil gerade ein Platz frei geworden war. Zu dem Zeitpunkt arbeitete ich noch als „normale" Prostituierte. Mit mir im Hinterhof saß damals eine Frau auf Stiefeln. Ich beobachtete sie und bekam schnell mit, dass das Geschäft bei ihr immer brummte. Dominant zu arbeiten, dachte ich, war eine Vorstellung, die mir gefiel. Aber: Ein Haus, eine Domina, so war die Regel. Die musste ich akzeptieren. Bis, ja, bis diese Domina irgendwann Urlaub machte und ich meine Chance bekam …

Während ich noch die letzten Meter durch die Herbertstraße laufe, bevor ich in meinen Hinterhof einbiege, grüße ich links und rechts die wenigen Frauen, die zu dieser späten Stunde noch arbeiten. Ich frage, wie es ihnen geht, wie das Geschäft heute Nacht läuft. Manchmal können die anderen mich auch nerven, aber seit dem ersten Lockdown der Coronapandemie sehe ich vieles anders, da freue ich mich, sie zu sehen. Denn damals war die Stimmung richtig gruselig. Die Straße war so leer, eine wirklich schwierige Zeit für uns alle. Ich war nur noch traurig und dachte an die Hoch-Zeiten der Herbertstraße, als es noch kein Onlinedating gab. Damals war die Straße immer proppenvoll, am Tag genauso wie in der Nacht. Das kann man mit heute gar nicht vergleichen. Ob Montag, Dienstag, Mittwoch, Donnerstag, Freitag und erst recht am Wochenende – immer war die Hölle los und ich konnte mir die Gäste aus der Masse herausfischen. Konnte meine Angel aus dem Fenster werfen und hatte jedes Mal einen dicken Fisch am Haken. Diese Zeiten sind endgültig vorbei.

Jetzt bin ich in der 7a angekommen, es ist so weit. Meine Schicht beginnt. Und ich verwandle mich.

Herausgerissen

Ich bin eigentlich ein einsamer Mensch, mein ganzes Leben schon. Und die Einsamkeit hat mich natürlich geprägt.

Bremen, 1969

Ich war fünf Jahre alt, da holte mich das Jugendamt bei meinen Pflegeltern ab. Von dem Tag an begann für mich eine jahrelange Odyssee durch Kinderheime und Wohngruppen. Es ging alles ganz schnell. Vor unserer Tür standen ein älterer Mann und eine junge Frau vom Jugendamt und sagten, sie würden mich jetzt mitnehmen. Ich verstand überhaupt nicht, was da gerade mit mir passierte. Weil mir auch kein Mensch etwas erklärte. Diese wildfremden Menschen sagten nur, sie würden mich in ein Heim bringen, wo ich von nun an leben sollte. Dann wurden meine Sachen zusammengepackt. Meine Eltern unternahmen nichts, standen tatenlos daneben. Ich weinte. Was blieb mir anderes übrig, als mich zu fügen. „Du kommst bald zurück und kannst deine Eltern besuchen, mach dir keine Gedanken", trösteten mich die Fremden und dann stieg ich mehr oder weniger freiwillig in ihren Wagen ein. Sie brachten mich in ein Bremer Kinderheim. Mein neues Zuhause für die nächsten Jahre. Heute weiß ich, also, ich vermute, dass der ständige Wohnungswechsel meiner Eltern das Jugendamt veranlasst hatte, mich andernorts unterzubringen. Ich hatte nie einen

Kindergarten besucht, war so gut wie gar nicht mit anderen Kindern sozialisiert, bald stand die Einschulung an. Man traute meinen Eltern wohl nicht zu, dass sie in der Lage seien, sich so um mich zu kümmern, wie es für ein kleines Kind nötig gewesen wäre, geschweige denn, dass sie mir so etwas wie stabile Verhältnisse bieten könnten. Das Amt wollte wahrscheinlich nur mein Bestes, aber sie nahmen mir dennoch die einzige Familie, die ich jemals hatte. Stattdessen bekam ich einen Amtsvormund.

Erst nachdem ich schon ein paar Wochen im Heim lebte, durfte ich, wie versprochen, meine Eltern besuchen. Die Wochenenden in meinem früheren Zuhause habe ich tatsächlich in guter Erinnerung, denn meine Eltern taten alles, damit ich mich wohlfühlte. Sie ließen mich Schokolade essen, bis ich fast platzte und fernsehen, solange ich wollte. Die gemeinsame Zeit sollte eine schöne Zeit für mich sein. Vielleicht taten sie das alles aus schlechtem Gewissen, vielleicht aber auch aus echter Liebe. Für mich blieben sie weiter Mama und Papa und ich freute mich, bei ihnen zu sein, wenn auch nur für kurze Zeit. Jahre später, als ich selbst schon Mutter war, dachte ich oft an diese Zeit zurück und daran, was das Herausreißen aus meiner Familie mit mir gemacht hatte. Ich sagte mir, mein eigener Sohn würde niemals so etwas erleben, er sollte eine glückliche Kindheit verbringen, seine Erinnerungen sollten ausschließlich positive sein. Und er sollte wissen, dass ich alles für ihn tun würde. Auch wenn es schwer war. Die meiste Zeit war ich alleinerziehend, ich musste Geld nach Hause bringen, der Spagat Job und Kind war kräftezehrend. Dennoch versuchte ich, mit meinem Sohn in meiner freien Zeit immer etwas zu unternehmen. In den Schulferien verreisten wir, oft ins Ausland, übernachteten in teuren Hotels. Ich hatte den Anspruch, ihm etwas zu bieten. Anders als in meiner Kindheit sollte es ihm an nichts mangeln, weder an Liebe und Geborgenheit noch an Geld. Um das zu ermöglichen, musste ich hart arbeiten.

Nach ein paar Monaten im Heim hörte ich immer weniger von meinen Eltern, ich denke, es lag daran, dass sie mit ihrer Gastronomie wieder sehr eingespannt waren. Auch wurden meine Wochenendbesuche bei ihnen seltener, bis sie ganz aufhörten, weil die beiden aus Bremen wegzogen. Der Kontakt brach schließlich ganz ab. Ich muss zugeben, darunter litt ich sehr. Vor Augen geführt wurde mir mein Alleinsein an jedem Wochenende, immer, wenn ich sah, wie die anderen Kinder abgeholt wurden und am Sonntagabend vollbepackt mit Süßigkeiten und Spielzeug zurückkamen. Was aus meinen Eltern wurde, habe ich nie erfahren. Später suchte ich sie, ohne Erfolg. Ich wälzte Telefonbücher, rief das Einwohnermeldeamt an, aber ich hatte keine Unterlagen, die mich legitimiert hätten, etwas offiziell in Erfahrung zu bringen. Deswegen verlief das alles im Sande. Ich hätte sie gerne noch einmal wiedergesehen und hoffe, dass es ein gutes Ende mit ihnen nahm.

Das Heim war insofern eine völlig neue Situation für mich, weil ich zum ersten Mal intensiven Kontakt zu Gleichaltrigen hatte und in einer „kindgerechten" Umgebung lebte. Wir waren eine Gruppe von etwa 20 Kindern. Unser Schlafsaal lag unterm Dach, es gab Spielzeug, Puppen und ein Puppenhaus (das liebte ich besonders), wir bauten uns Höhlen aus Decken. Das alles empfand ich anfangs als ein großes

Abenteuer. Was auch eine völlig neue Erfahrung für mich war: Es gab einen festen Tagesablauf. Wir standen morgens immer zur gleichen Zeit auf, dann frühstückten wir gemeinschaftlich, dann wurde gespielt, wieder gegessen, Mittagsschlaf gehalten und so weiter. Mein Leben bekam erstmals Struktur. Trotzdem blieb ich eine Einzelgängerin. Es gab zwar ein Mädchen in meinem Alter, mit dem spielte ich öfters, aber ich kann mich nicht daran erinnern, dass ich mich mit anderen wirklich angefreundet habe. Letztlich blieb jeder für sich, wir waren halt Heimkinder. Im Heim war es nicht anders als vorher, auch hier reizte ich Situationen aus und testete, wie weit ich gehen konnte. Dadurch machte ich mir das Leben nicht gerade einfacher. Irgendwann hatte ich eine richtig dumme Idee. Aus der Zeit mit meinen Eltern besaß ich nur ein einziges Foto, darauf waren Mama, Papa und ich zu sehen. Dieses Bild hütete ich wie einen Schatz und schaute es mir immer wieder an. Ein bisschen mit Wehmut und Sehnsucht. Die dumme Idee war eine Mutprobe – und zwar mit mir selbst. Sie bestand darin, das Foto, das mir so heilig war, zu zerstören. Ich wollte herausfinden, was ich dabei empfinden würde. Völlig verrückt. Ich zerriss das Foto voller Wut in immer kleinere Stücke, bis nur noch ein Papierhaufen vor mir lag. Erst da ging mir auf, wie bescheuert meine Aktion war. Und was ich empfand, das war Reue. Wie konnte ich nur? Jetzt war der letzte Rest von Familie aus meinem Leben verschwunden. Nicht einmal mehr anschauen konnte ich meine Eltern jetzt noch. Irgendwann vergaß ich, wie sie aussahen.

Als ich später von meinem Vormund erfuhr, dass meine Eltern nicht meine richtigen Eltern waren, löste dieses

Wissen schon kaum noch etwas in mir aus. Es spielte einfach keine Rolle, weil meine Eltern sich längst aus meinem Leben verabschiedet hatten. Es fällt mir leider schwer, die Ereignisse von damals einer Jahreszahl oder meinem Alter genauer zuzuordnen. Es ging immer alles so schnell vorbei und es ist so unfassbar viel geschehen, es fehlen mir auch Orientierungen wie Fotos oder Dokumente aus der Zeit. Es gibt auch niemanden mehr, den ich heute fragen könnte, wie das damals eigentlich gewesen ist.

Die 7a

Nirgendwo war ich so lange wie in diesem Studio.
Ich fühle mich hier geborgen, beschützt.
Hier bin ich ich selbst.

Ich habe fast überall gearbeitet, auf dem Straßenstrich, in Bars, in Privatapartments, in einem Saunaclub, im Edelbordell, längstens in meinem Dominastudio. Kurzum, es ist keineswegs übertrieben, wenn ich behaupte, ich kenne jede, wirklich jede Facette, die der Job mit sich bringt. Letztlich geht es aber immer nur um eines: den potenziellen Gast so anzusprechen, dass er anbeißt, um ihn anschließend nicht mehr von der Leine zu lassen. Und im Ködern war ich immer gut. Schon in den Anfängen meiner Hamburger Zeit, als ich in verschiedenen Apartments in der Innenstadt anschaffen ging. Da brachte ich es locker auf meine zehn bis zwölf Gäste am Tag, locker! Wenn die Männer mich anriefen, lag es an mir, sie anzulocken, indem ich meine Stimme entsprechend klingen ließ, und das lag mir einfach im Blut. Meistens habe ich den richtigen Ton getroffen, ich spürte, was der Mann will und war nett und freundlich. Sobald die Sache an sich losging, konnte ich ziemlich forsch werden, viele Gäste mochten gerade das, andere stieß ich damit aber auch ab. Auch wenn ich weiß, dass ich mit ein bisschen Freundlichkeit und einem Lächeln auf den Lippen manchmal mehr erreicht hätte. In gewisser Weise war ich dominant von Haus aus, lange bevor ich zur Domina wurde. Vielleicht hatte ich weniger Skrupel als andere, weniger Ängste und Hemmungen, weil ich vom Leben so abgehärtet war. Ich habe auch eine sanfte, hilfsbereite Seite, die ich nicht immer so gezeigt habe.

Die 7a, das Haus in der Herbertstraße, in dem ich inzwischen arbeite, gehört einem Geschäftsmann, geleitet wird es wiederum von einer Frau (wie übrigens alle Häuser in unserer Straße), der Wirtschafterin. Wir Frauen hier sprechen von ihr als unserer „Chefin". Streng genommen ist sie mir aber nicht vorgesetzt, denn ich bin selbstständige Unternehmerin. Wenn ich beim Amt meinen Beruf angeben muss, dann schreibe ich „Prostituierte" an die entsprechende Stelle im Formular, steuerlich gemeldet ist meine Arbeit als „Wellness-Behandlung". Während der Coronazeit wurde ich als Solo-Selbstständige beim Arbeitsamt geführt. Ich arbeite also auf eigene Rechnung, bin für mich selbst verantwortlich und habe keinen Zuhälter – was ich immer wieder betonen muss, denn selbstverständlich ist das im Milieu nicht. Früher gab es Luden in meinem Leben, davon werde ich noch berichten, aber ich habe mich von ihnen befreit. Ohne einen Zuhälter bin ich besser dran. Gelegentlich gab es Versuche, mir einen Zuhälter reinzudrücken, damit ich wieder „in festen Händen" sei, wie man so schön sagt. Es reichte schon aus, dass ich über einen Typen aus dem Milieu sagte, der sei ja ganz nett, der sehe gut aus. Und dann bekam der Typ das gesteckt. „Du, komm mal öfter ins Haus, ich glaube, die hat Bock auf dich." Hatte ich aber nicht.

Das Geld, das ich während meiner Schicht verdiene, ist also mein Verdienst, ich muss keinem Luden etwas abgeben.

Als Domina habe ich einen festen Stundensatz. Über Geld redet man bekanntlich aber nicht. Bei Extras und Sonderwünschen geht der Preis natürlich nach oben. Mehr soll hier nicht verraten werden. Nur so viel: Das Geld ist nicht leicht verdient. Der Job einer Domina geht physisch und psychisch an die Grenzen.

Wenn meine Schicht in der Herbertstraße beendet ist, mache ich als Erstes meine Abrechnung im Büro im Erdgeschoss, einem kleinen Zimmer gleich hinter den Koberräumen. Was ich sehr wohl von meinem Verdienst abgebe, das ist die Miete für mein Zimmer in der 7a, die ich pro Schicht zahle. Die Schicht kann 24 Stunden dauern oder nach einer Stunde beendet sein, wenn ich keine Lust mehr habe oder nichts los ist. Ein weiterer Kostenfaktor für mich ist Paul.

Paul, ja, das ist eine ganz eigene Geschichte. Er ist seit mehr als 20 Jahren an meiner Seite, anfangs war er ein Gast, dann wurde er zu meiner Hilfskraft, womit das, was er für mich tut, nur unzureichend beschrieben ist. Paul ist mit mir gewachsen und hat mich nie im Stich gelassen, so viel ist sicher und das werde ich ihm nie vergessen. Er erträgt meine Launen, nimmt mich so, wie ich bin, wenn ich schlecht drauf bin. Ich kann Paul zu jeder Tages- und Nachtzeit anrufen. „Setz dich ins Auto, ich brauch dich!", und egal, wo er gerade ist oder was er macht, er lässt alles stehen und liegen und steht in einer Stunde vor meiner Tür. In gewisser Weise habe ich ihn von mir abhängig gemacht. Positiv gesagt, habe ich Paul eine Aufgabe in seinem Leben gegeben, eine Perspektive. Wenn auch nur platonisch und in einem mehr oder weniger dienenden Verhältnis ist Paul der einzige Mann, mit dem ich es lange ausgehalten habe. Der dicke Paul: Ich mag ihn, auch wenn er manchmal Müll redet oder seine fünf Minuten hat, dann meckert er nur rum und führt Selbstgespräche. Wenn ich „Paul" rufe, mehrfach, und er nicht reagiert, weiß ich schon, jetzt ist es wieder so weit. Dann könnte ich ihn an die Wand klatschen. Vor mehr als 20 Jahren lief er an meinem Fenster vorbei, schaute mich an, laberte mich damit voll, welche anderen Frauen in der Straße er gut fand, war unschlüssig, verschwand wieder, so ging das über mehrere Stunden weiter. Irgendwann fasste er seinen Mut zusammen und kam zu mir rein. Er wollte das Übliche – Brustwarzen, wichsen, unkompliziert, kein Sklave im Sinne von Bück dich und Peitsche. Nach sechs, sieben Treffen wurde es privat, wir telefonierten, hatten aber nie eine Affäre. Menschlich passte es zwischen uns, ich schätzte seine Zuverlässigkeit, damit hatte er schon bei mir gewonnen. Was er an mir so mochte, kann ich gar nicht sagen, ich habe ihn auch nie gefragt. Er wechselte schließlich die Seiten, seitdem arbeitet er für mich als mein Mann für alle Fälle, als Begleiter, helfende Hand. Er fährt mich, geht einkaufen, putzt mein Studio, hat ein Auge auf mich, geht mit den Gästen zum Geldautomaten, passt auf, dass keiner abhaut, ohne zu zahlen. Er ist jetzt 72 und lebt allein auf dem Land, vor den Toren Hamburgs. Seine Wohnung ist ein einziges Chaos, ein bisschen Messie ist er wohl. Früher arbeitete er in der Landwirtschaft. Soweit ich weiß, hatte er noch nie eine Beziehung. Er erzählte mir mal von einer früheren Begebenheit, als er mit einer Frau auf einer Wolldecke an einem See zusammenlag, aber passiert sei dabei auch nichts, sagte er. Das war sein einziger Kontakt zu einer Frau.

Wenn ich in der Herbertstraße arbeite, ist er auch immer da. Paul „unterstützt“ mich sogar, wenn ein Gast den Wunsch äußert, bei der Session einen Kerl dabeihaben zu wollen. Dann spielt er den Sklaven, kommt nackt rein, lässt sich auch mal einen blasen. Manchmal sind Gäste von ihm schockiert, er ist ja ziemlich beleibt. „Lass mal bleiben“, sagen sie, „schick den mal wieder weg.“ Andere mögen ihn aber und lassen sich von ihm mit dem Rohrstock vermöbeln, wenn ich mal keine Lust habe, oder er bearbeitet den Gast auf dem Gynostuhl. Ist schon vorgekommen. Einmal fragte mich ein Gast, als er schon in meinem Studio war: „Hast du Musik?“ Hatte ich nicht, mag ich auch nicht, lenkt mich nur ab. Der Gast wollte aber partout Musik hören. „Ich kann jemanden holen, der uns etwas vorsingt“, sagte ich. „Paul, komm mal nach oben“, rief ich durchs Treppenhaus, „du wirst hier gebraucht!“ Und dann kam Paul und fing an zu singen: „Hoch auf dem gelben Wagen …“ Und weil er nur eine Strophe kannte, schmetterte er die immer wieder von vorne. Meine Kollegin Maja, die dazu gekommen war, und ich tanzten die ganze Zeit durchs Zimmer. Der Gast war begeistert und tanzte mit.

Paul macht also bereitwillig alles, was ich ihn machen lasse. Während der Pandemie, als mich das Nichtstun fast in den Wahnsinn trieb, dieses Rausgekicktwerden aus dem Leben, rief ich ihn jeden Tag an: „Gehts dir gut, ist alles okay?“ Denn auch er hockte ganz allein in seiner Bude und in seinem Alter kann ja auch schnell mal was passieren.

Zurück zur 7a. Mein Studio ist im ersten Stock des Hauses. Die Räumlichkeiten unten sind – abgesehen von den Koberräumen, die bei entsprechender Beleuchtung eine anrüchige Atmosphäre haben – völlig unglamourös. Es gibt einen Flur mit Küchenzeile, das besagte Büro und einen Aufenthaltsraum mit Schminktisch, Regalen und einem Schrank mit Spinden. Alles nicht neu, alles abgeschmackt, wie die ganze Herbertstraße. Ich belege zwei der Spinde in dem Schrank mit meinem Krimskrams, mit allem, was sich im Laufe der Zeit so ansammelt: irgendwelche Papiere, alte Briefe, Taschentücher, Medikamente, Schminksachen, eine Keksdose für den Notfall einer Hungerattacke, neuerdings auch immer eine Tüte mit Mund-Nasen-Schutz und Handdesinfektion. Innen an der Tür des oberen Spindes hängt ein Foto meines Sohnes, aufgenommen wurde es während eines Türkeiurlaubes, beim Sonnenuntergang am Meer, damals war er sieben Jahre alt. Die Spinde sind abschließbar, um Wertsachen zu verstauen. Das nutzt aber auch nichts, wenn eingebrochen wird, so wie es während des ersten Lockdowns passiert ist. Meine Fächer wurden zum Glück verschont. Wäre ohnehin nichts zu holen gewesen.

Wirklich interessant wird es, wenn man vom Erdgeschoss nach oben geht und dort mein Studio betritt. Der Weg dorthin führt über eine enge, steile Holztreppe. Wände, Decken, Türen, alles ist rosa gestrichen, im Aufgang hängen Lichterketten und Bilder mit erotischen, comicartigen Frauendarstellungen. Außen an meiner Tür klebt, wie an den meisten anderen Zimmern auch, ein runder Sticker: „Hier besteht Kondompflicht gemäß ProstSchG §32", steht darauf. Eine klare Ansage an die Gäste, die keiner übersehen kann.

Mein Studio, das ich mein Zimmer nenne, besteht tatsächlich aus drei ineinander übergehenden Räumen. Wer hier reinkommt, ist erst mal überrascht, die meisten positiv, weil sie so eine fast heimelige, gemütliche Atmosphäre – schwarze und dunkelblaue Farbe an den Wänden, schummrig beleuchtet – nicht erwartet hätten. Mein Studio hat seinen ganz eigenen Charakter, es ist mein ganzer Stolz. Nichts ist stylish, geleckt, modern, cool, stattdessen gebraucht, gelebt, gewachsen – so wie ich in den Jahren in der Herbertstraße. Das Inventar lässt keine SM-Wünsche offen. Alles hat seinen Platz, ich könnte mich hier blind bewegen und wüsste genau, wo ich was finde.

Zimmer Nummer eins ist Eingangsbereich und begehbarer Kleiderschrank in einem. Links und rechts hängen meine diversen Outfits auf Bügeln: unzählige Kleider, Röcke, Bustiers, Korsagen, Oberteile jeglicher Art mit Nieten, Schlaufen, Ösen, Lack und Leder, fast alles in Schwarz. Zwischendrin leuchtet eine weiße Schwesternuniform aus Lack. Auch die hat ihre Liebhaber. Während einer Session wechsle ich öfters mal die Klamotten, wenn ein Gast sich das wünscht – „Zieh ein anderes Oberteil an oder den Rock!" – oder wenn ich den Gast mit etwas Neuem überraschen will. Dann wird aus der Domina schnell mal eine Krankenschwester. An der Stirnseite des Eingangsbereichs steht ein deckenhohes Regal, von oben bis unten voll mit meinen High Heels und Stiefeln, alle in Reih und Glied – ich bin ein ordentlicher Mensch. Auch hier dominiert die Farbe Schwarz, aber ich trage auch gerne sexy Schuhe in Rot, Pink oder Animalprint. Daneben befindet sich ein kleines Bad mit Toilette. Ein Schrank mit Handtüchern, eine Pritsche, ein Stuhl und ein Schirmständer – gefüllt mit Rohrstöcken in allen möglichen Ausführungen, dick, dünn, kurz, lang – vervollständigen das Mobiliar im Eingangsbereich.

Weiter gehts in Zimmer Nummer zwei. Der Gynoraum. Da gehts zur Sache. In der Mitte steht der Gynäkologenstuhl. Wer hier Platz nimmt, steht auf Analdehnungen, Harnröhrenstimulierungen oder will die Eier aufgespritzt bekommen – alles nichts Besonderes, gehört zum Standardprogramm. An den Wänden hängen Gurte, Riemen, Dildos für den Handgebrauch und Umschnalldildos, Ketten, Stricke und Leinen für Fesselungen, Masken. Ein Schuhanzieher liegt auch herum, mit dem kann ich, wem es gefällt, schön den Po vertrimmen. Im Prinzip wiederholt sich das Equipment in jedem Zimmer, sodass ich immer alles griffbereit habe. In einer Kommode lagere ich Utensilien wie Kondome, Sterillium und Handschuhe. Hygiene steht bei mir immer schon an erster Stelle, nicht erst seit Corona. Außerdem habe ich eine ganze Batterie Kochsalzlösung. Die Kochsalzlösung geht in die Eier, dazu lege ich einen Zugang oder spritze es den Gästen, je nachdem, wie sie es haben wollen, direkt in den Hodensack. Es gibt mehr Männer, als man denkt, die genau das mögen. Sie träumen davon, dass ich ihnen die Eier aufspritze und haben oft völlig übertriebene Vorstellungen. Sie wollen es riesig groß haben, der Hoden soll wie ein Euter aussehen. Ich weiß natürlich, was möglich ist und vor allem ungefährlich. Und ich weiß, wann Schluss ist. Was sich daran für den Gast gut anfühlt, ist schwer zu sagen. Ich kann nicht für den Mann sprechen, was er empfindet, wenn er plötzlich so einen Riesensack zwischen seinen Beinen hängen hat. Ich frage ihn nur: „Gut so? Gefällts dir?“ Und wenn er antwortet: „Ja, ist geil!“, dann frage ich nicht im gleichen Atemzug nach der Erklärung, warum er das macht. So läuft das nicht. Ich versuche zwar zu verstehen, warum die Gäste dieses oder jenes anturnt, aber es gelingt mir, ehrlich gesagt, auch nicht immer.

In einer der Ecken im Gynoraum steht ein echter Käfig aus stabilen Eisenstangen. Eine kleine Gefängniszelle auf einer Fläche von ein bis zwei Quadratmetern, mit einem Hocker darin. Manche Gäste mögen es, eingesperrt zu werden. Für eine halbe Stunde, eine ganze Stunde oder noch länger. Spiele mit dem Käfig ergeben sich meistens im Laufe einer Session, so etwas ist situationsbedingt. Dann sagt einer: „Sperr mich doch mal ein. Ich will wissen, wie das ist." Letztendlich gefällt es ihm so gut, dass er länger drinbleiben will. „Geh mal eine rauchen", heißt es oder: „Lass mich 'ne Stunde hier und komm dann wieder." Einer meiner Gäste kommt nur zu mir, damit ich ihn wie einen Gefangenen behandle. Und während er eingesperrt ist, trägt er eine langhaarige, braune Frauenperücke. Mehr braucht er nicht. Leichter kann ich mein Geld nicht verdienen.

Vom Eingangsbereich geht das dritte Zimmer ab, das ist der Hauptraum meines Studios. Hier gibt es ein Bett, zwei Clubsessel mit einem Tischchen dazwischen, ein Waschbecken, eine mobile Toilette sowie einen Bock, wie man ihn aus dem Turnunterricht kennt, allerdings bezogen mit schwarzem Leder. Der wird aber nicht für Spielerein benutzt, er dient nur noch als Ablage. Der Hauptraum hat zwei Fenster zum Hinterhof, beide sind verdunkelt und haben Vorhänge aus schwarzem Lack. Auch in diesem Raum findet sich wieder das komplette Equipment zum Hauen, Fesseln und Knechten. Wenn ein neuer Gast zu mir kommt, besprechen wir hier erst einmal, was seine Vorstellungen sind, falls er welche hat, was er mag, was er probieren möchte. Und ich frage, was er bereit ist, auszugeben oder ich nenne ihm meinen Preis für das, was er sich wünscht. Es gibt nicht das Standardprogramm, jede Session ist bei aller Routine doch ein bisschen anders. Fesselungen, Schläge, Wachsspiele – das alles sind Klassiker im SM-Bereich. Schätzungsweise zwei Drittel der Gäste möchte, dass ich ihnen die Eier abbinde, die Hoden teile und strammziehe. Das mache ich übrigens meistens mit einem Schnürsenkel. Lederbänder werden zu flutschig, nachdem sie gewaschen wurden und rutschen ab. Schnürsenkel behalten ihre Festigkeit, wenn sie getrocknet sind. Ich kann sie mehrfach benutzen. Das nur als kleiner Tipp für alle, die es mal probieren möchten.

Wenn wir uns finanziell geeinigt haben, bitte ich den Gast, sich auszuziehen und zu waschen. Manche sind dabei locker, andere zeigen Schamgefühl, sind anfangs sehr nervös. „Ich weiß gar nicht, wie das hier geht", sagen sie. „Du machst gar nichts", antworte ich dann. „Entspann dich einfach! Es ist alles gut, ist alles okay. Du machst ab jetzt einfach nur das, was ich sage." Ich versuche, sie ein bisschen runterzubringen, meistens klappt das auch. Langsam lockert sich die Situation. Es gibt aber auch Gäste, die haben noch nicht einmal die Hose ausgezogen und spritzen schon ab. Sie verschwinden dann wieder, bevor es überhaupt losgegangen ist. Und es gibt diejenigen, die mit mir nach oben gegangen sind, obwohl sie gar kein SM wollten. Aber ich locke sie erst mal, um zu schauen, was vielleicht doch möglich ist, gerade an Tagen, an denen in der Herbertstraße Flaute herrscht. Und sobald sie in meinem Studio sind und sehen, was hier alles möglich ist und was ich zu bieten habe, schlägt die Stimmung um. Dann reden sie nicht mehr wie eben noch unten am Fenster von „Verkehr“, „Ficken“ oder „Blasen“, weil sie auf den Geschmack gekommen sind. Weil sie etwas Neues, Unbekanntes ausprobieren möchten. Nur wenige, vielleicht sind es fünf Prozent der Gäste, machen im allerletzten Moment einen Rückzieher. Sie haben Muffe und behaupten, sie hätten ihr Portemonnaie im Auto vergessen oder präsentieren sonst eine Ausrede. Die lass ich wieder ziehen. Ich kann mit all diesen unterschiedlichen Typen von Gästen umgehen. Nach all den Jahren ist mir nichts mehr fremd und mir ist auch nichts unangenehm. Hier im Studio bin ich völlig ich selbst. Hier entfalte ich mich, als Domina bin ich hier die Herrin.

Wer sich dazu entschieden hat, zu bleiben, der landet entweder nebenan auf dem Gynostuhl oder im Hauptraum auf dem Bett, das vor einer Spiegelwand steht. Hier ist alles möglich. Fesselsessions mit Seilen und Handschellen, Wachsspiele an Eiern, Brustwarzen oder über den ganzen Körper, Analdehnungen im Liegen, Fisten in Hundestellung, Befriedigung mit einem Dildo, Peitschen mit Paddel, Lederriemen, Klatsche … – jeder nach seinem Geschmack. Wer will, den fessele ich ans Andreaskreuz, ein Kreuz in X-Form. Es ist üblicherweise aus Holz oder Metall gefertigt und an den Enden sind Riemen und Gurte zur Fixierung von Armen und Beinen angebracht. Mein Andreaskreuz allerdings ist schwarz auf die dunkelbaue Wand gegenüber vom Bett aufgemalt, vom Boden bis zur Decke. Aus Platzgründen habe ich mich für die schlichtere Variante entschieden, die Lederriemen zur Fesselung sind an kurzen Eisenketten in die Wand gedübelt. Damals in meinem Studio im French Quarter, in der Herbertstraße 28, hatte ich noch ein richtiges Andreaskreuz, aber ich komme mit meinem aufgemalten auch gut zurecht. Im Laufe der Jahre hat sich so einiges in meinem Studio angesammelt. Vom schlichten Kochlöffel, mit dem sich Gäste verhauen lassen, bis hin zu einem Riesendildo, etwa 50 Zentimeter lang und 20 Zentimeter im Durchmesser. Der ist nur Deko, aber selbst auf den waren einige scharf. Er kam aber nie zum Einsatz, bei aller Geilheit mancher Gäste, der menschliche Körper hat halt seine Grenzen der Dehnbarkeit.

So vielfältig und abwechslungsreich mein Beruf ist – und es gibt heute noch Situationen oder Wünsche, die selbst mich überraschen – eine gewisse Routine hat sich eingeschlichen. Manchmal muss ich aufpassen, dass mir selbst nicht langweilig wird bei dem, was ich tue, vor allem darf der Gast niemals spüren, ich sei nicht zu 100 Prozent für ihn da. Das passiert aber nicht, dazu bin ich zu sehr Profi. Zudem versuche ich, mir immer wieder neue Spielereien auszudenken, Fremdes auszuprobieren, um die Spannung aufrecht zu erhalten, auch für mich. Und gleichzeitig strengt es mich an, den Gästen jedes Mal wieder klarzumachen, wenn sie dies und jenes an Extras möchten, dann müssen sie dafür auch mehr Geld bezahlen. Alles zusammen, die Routine, das Feilschen, der Wandel des Gewerbes, macht das Arbeiten beschwerlicher, mühsamer.

Als mich eine gute Freundin – die nicht aus dem Milieu ist – zum ersten Mal in meinem Studio besuchte, sagte sie spontan, sie fühle sich wie auf einer Theaterbühne. „Dein wunderbares kleines Horrorschloss mit einer Atmosphäre wie in einer Gruselmärchenwelt. Es ist verrucht und dunkel, eine Flucht aus der Realität in die Phantasie. Wer hier reinkommt, fühlt sich entrückt und besoffen. Und wenn man zurückkehrt in die Realität, kriegt man erst einmal einen Schock." Besser hätte ich es auch nicht sagen können.

Wenn ich mich nach einer Session ausruhe, bevor ich wieder runter in mein Fenster gehe, gönne ich mir ein paar Minuten Pause und setze mich in einen der beiden Clubsessel. Von dort schaue ich auf eine Maske, die an der gegenüberliegenden Wand hängt, sie wirkt wie ein Gemälde, wie ein Kunstwerk. Schwarzes Leder, die Lippen rot bemalt, die Augenumrandungen sind leuchtend blau und der Teil der Maske, den man beim Tragen über den Hinterkopf ziehen würde, ist straff um den Gesichtsteil herum an der Wand befestigt. Im Halbdunkel des Raumes mutet die Maske ein wenig an wie die Kopfbedeckung einer Ordensschwester. Und ist doch das genaue Gegenteil. Mir gefällt sie, vielleicht gerade deswegen. Wegen dieser Widersprüchlichkeit. Ich mag es, sie anzuschauen, so wie sie da hängt. Ich weiß nicht mehr, wie sie in meinen Besitz kam, aber sie begleitet mich jetzt schon seit 30 Jahren und wo immer ich gearbeitet habe, fand sie ihren Platz.

Systemsprenger

Wenn ich etwas gar nicht wollte,
dann mich anpassen.
Ich fühlte mich wie in einem Gefängnis.

Bremen, 1970

Eines der wenigen Fotos aus meiner Kindheit zeigt mich am Tag meiner Einschulung im Jahr 1970 mit einer Zuckertüte in der Hand. Dass ich überhaupt das Jahr meiner Einschulung kenne, liegt nur an diesem datierten Foto. Ansonsten besitze ich nichts aus dieser Zeit, keine Zeugnisse, kein Poesiealbum wie andere Kinder, keine Erinnerungsstücke.

Wenn es hochkommt, bin ich alles in allem sieben Jahre lang zur Schule gegangen, zuletzt besuchte ich die Hauptschule. Ich habe nichts. Keinen Abschluss, nichts. Irgendwann bin ich einfach nicht mehr zum Unterricht gegangen. Das Problem war, dass ich mit der Prostitution – auf der Schwelle vom Kind zur Jugendlichen – schon so viel Geld verdiente, dass ich keinen Sinn darin sah, meine kostbare Zeit mit Lernen zu verplempern.

Mein Sohn hatte einen komplett anderen Start ins Leben. Als Sohn einer Domina war es für ihn natürlich nicht immer einfach. Aber er hatte eine geregelte Kindheit, wurde aufrichtig geliebt und konnte schließlich seine Interessen frei entfalten, seine Stärken kennenlernen. Er hat als Kind immer gerne gelesen, war wissbegierig, interessierte sich für Natur- und Umweltthemen.

Einmal saßen wir im Auto, da fragte er mich, das werde ich nie vergessen: „Mama, wie groß werden eigentlich Mammutbäume?“ Wie kommt er denn jetzt darauf, fragte ich mich. Seine Frage konnte ich natürlich nicht beantworten. Am nächsten Tag ging ich in einen Buchladen und kaufte mir ein Buch mit den tausend seltensten Fragen, irgendwie so hieß das, nur damit ich ab sofort gewappnet war, seine Fragen beantworten zu können, was natürlich Quatsch war, weil ich nie wusste, was ihm als Nächstes durch den Kopf ging. Denn er hatte Fragen, immerzu, das war unvorstellbar. Wo er die nur herhatte, wie er überhaupt auf diese Gedanken kam, fragte ich mich. In der Schule war mein Sohn kein Überflieger und auch kein Streber. Er hatte gute und weniger gute Phasen. Ich habe ihn unterstützt, wo ich konnte. Letztlich aber hat er seinen eigenen Weg gemacht – und das Abitur.

Mein Weg führte mich in die entgegengesetzte Richtung: mit nur wenigen Abstechern direkt von Bremen nach Hamburg, vom Babystrich auf die Reeperbahn und rein in die Herbertstraße.

Heute weiß ich, dass das kurzsichtig und dumm war, damals war es mir egal. Es gab Tage, an denen verdiente ich mehrere Hundert D-Mark. Einfach so, ein Vermögen für mich. Ich ließ die Puppen tanzen, kaufte ohne Ende Klamotten, jeden Tag neue Sachen. Ich ging feiern und dachte: Was solls? Ich arbeite, ich habe Geld. Mir geht es gut. Ich will die Schuld an meinem Schulversagen auf niemanden abwälzen, aber ich hatte keine Vorbilder und leider schafften es weder Lehrer und Erzieher noch mein Vormund, mir die Schule auch nur ein bisschen schmackhaft zu machen.

Noch während der Grundschulzeit kam ich auf eine Sonderschule. Weil ich schwierig war, lernunwillig. Keiner kam an mich heran und ich ließ mir nichts gefallen. Alles war wie immer, ich war wie immer. Ich provozierte meine Lehrer permanent, beschimpfte sie und machte auf „egal“, auch wenn man mir mit Strafe drohte. Man dachte, in einer kleineren Klasse einer Sonderschule, in der ich mehr Aufmerksamkeit bekäme, würde ich meine Passivität in Bezug auf das Lernen und meine Aggressivität gegenüber Lehrern und Mitschülern ablegen oder mich wenigstens anpassen. Das Gegenteil war der Fall. Vielleicht wollte ich unbewusst nur zurück zu meinen Eltern, auch wenn es die schon längst nicht mehr gab. Weil ich mich nirgends zugehörig fühlte, drängelte ich mich überall hinein. Angenommen, fünf Kinder spielten zusammen, sprang ich einfach dazwischen und bestand darauf, mitzumachen. Wenn sie mich wegschickten, wurde ich bockig, sagten sie „Hau ab!“, schlug ich um mich. Ich hatte eh das Gefühl, mich mag ohnehin keiner. Egal wo ich war. Anstatt auf andere zuzugehen, kompromissbereit zu sein oder einfach mit den anderen zu reden, versuchte ich es mit Drohungen: Du hast mich zu mögen! Du hast das zu machen, was ich will und nicht was du willst. Das mache ich jetzt nicht. Du magst die viel lieber, mich magst du gar nicht! All so was.

Fachleute würden sagen, ich war ein Systemsprenger.

Jahre später – mein Sohn war schon auf der Welt – gab es ein Ehemaligentreffen mit den Heimbewohnern. Ich war Hure geworden, die anderen hatten normale Berufe ergriffen,

Familien gegründet. Eine hatte vier Kinder bekommen, eine andere war zum dritten Mal verheiratet. Ein anderer, den ich eigentlich ganz gerne mochte, hatte sich inzwischen das Leben genommen. Wir sahen uns also nach Jahren das erste Mal wieder, aber ich gehörte trotzdem weiterhin nicht dazu, war aus ihrem Kreis immer noch ausgeschlossen. Ich spürte, auch wenn sie es nicht aussprachen, dass sie mich nicht mochten, obwohl sie nichts von meinem Beruf wussten.

Es gibt nur wenige Menschen, die ich aus meiner Zeit im Heim in positiver Erinnerung habe. Frau L., meine Lehrerin an der Sonderschule, gehört dazu. Sie wurde eine Art Vertrauensperson für mich und war die Einzige, zu der ich dort eine gute Beziehung hatte. Sie kümmerte sich um mich, sie mochte mich und zeigte mir das auch. Manchmal durfte ich sogar bei ihr übernachten. Wenn die anderen Kinder aus dem Heim an den Wochenenden abgeholt wurden, blieben mit mir noch ein oder zwei andere übrig. Dann nahm mich Frau L. ab und an zu sich. Ich würde nicht so weit gehen zu sagen, sie sei so etwas wie eine Ersatzmutter gewesen, aber es fühlte sich gut an, bei ihr zu sein. Wenn ich bei ihr war, sah ich „normales" Leben, einen Alltag, den ich so nicht kannte. Bis dahin hatte sich alles in meiner Kindheit gegen mich gestellt. Alles war ein einziges Durcheinander. Ich glaube, Frau L. hatte einen guten, besänftigenden Einfluss auf mich. Ich war glücklich. Zumindest phasenweise.

Davon abgesehen lief es im Heim selten gut für mich. War ich renitent, gab es Stubenarrest oder mir wurde das Taschengeld gestrichen, was mich noch mehr auf die Palme brachte. Ein Teufelskreis. Wir waren etwa 60 Kinder und Jugendliche in dem Heim, aufgeteilt in Gruppen. Pro Etage eine Gruppe, immer zwei Kinder auf einem Zimmer, auf verschiedene Gebäude verteilt. Es gab ein Haupthaus mit einer Küche, in der das Essen ausgegeben wurde. Als Kind hatte ich immer einen riesigen Hunger, stopfte alles in mich rein, das war eine maßlose Gier. Natürlich aß ich nur, was mir schmeckte. Käse ekelte mich an. Es hieß aber, was auf den Tisch kommt, wird aufgegessen. Aus Protest oder Wut schnitt ich mir den Stinkekäse extra fingerdick aufs Brot und aß alles auf, obwohl mir dabei übel und ich anschließend richtig krank wurde. Zur Strafe bekam ich die nächsten Tage nur diesen Käse vorgesetzt. Mit Käse kann man mich heute noch jagen.

Mit den anderen Heimbewohnern hatte ich ständig Reibereien. Wie gesagt, ich wollte endlich einmal irgendwo dazugehören, irgendetwas wollte ich an mir haben, damit die anderen mich mögen, egal was, ich hätte alles gemacht. Einmal, als wir Indianer spielten, ließ ich mich deswegen freiwillig an einen Baum fesseln und von den anderen mit Pfeilen beschießen. Einer traf meinen Fuß. Die Narbe habe ich heute noch. Im Park, der hinter dem Heim lag, wurden zwei Ponys gehalten, ein weißes und ein schwarz-weißes, Beatle und Monky. Beatle trat immer aus, weshalb sich ihm niemand nähern wollte. Ich aber ging zu ihm auf die Weide, um zu zeigen, wie mutig ich war. Hauptsache, es mochte mich endlich jemand, dachte ich. Ich habe damals viel Zeit mit den Ponys verbracht. Das Rumjuckeln auf ihnen, das Reiten, fand ich richtig gut.

Ich muss zugeben, dass es im Heim hin und wieder auch Lichtblicke gab, zumindest bemühten sich manche Erzieher und Erzieherinnen darum, mich besser zu integrieren. Sie versuchten zum Beispiel, mir das Theaterspielen schmackhaft zu machen, damit ich etwas Aktives mit anderen Menschen unternahm und brachten mich in einer Theatergruppe in Bremen unter. Ich bekam eine Minirolle in *Mutter Courage und ihre Kinder* – es spielen in dem Stück viele Kinder mit. Anfangs machte ich mit, aber schon nach den ersten Proben schmiss ich hin, weil ich mich langweilte. Ich erinnere mich auch gerne an unsere kleinen Raubzüge. Mit ein paar anderen Kindern kletterte ich nachts aus dem Fenster unseres Schlafsaals, dann klauten wir Äpfel in den benachbarten Schrebergärten und alles, was wir zu Geld machen konnten. Ich ließ mir immer etwas einfallen, um etwas zu „verdienen", pflückte Blumen im Garten fremder Leute, klingelte anschließend an ihrer Haustür und fragte mit unschuldiger, süßer Miene, ob sie die nicht kaufen wollten. Ich klaute, wo immer sich eine Gelegenheit bot, in Geschäften, aber auch in der Schule. Ich hatte kein Unrechtsbewusstsein. Wenn ich mit den Worten „Raus, vor die Tür!", von den Lehrern des Klassenzimmers verwiesen wurde, freute ich mich, weil ich ungehindert die Taschen der anderen durchwühlen konnte. Wegen einer Prügelei, die ich mit einem anderen Mädchen angezettelt hatte, bekam ich richtig Ärger und sogar eine Abmahnung.

Freitags war im Heim immer Wäschetag, dann mussten wir unsere schmutzigen Sachen ordentlich zusammenlegen, uns in einer Reihe vor dem Wäscheraum anstellen und aufzählen, was wir abgaben. Die Erzieherin führte eine Liste und hakte ab. Meine Schmutzwäsche war weder sortiert noch machte ich Anstalten, mich in die Schlange vor der Wäscherei zu stellen. Ich hatte ohnehin nie das Gefühl, dass etwas „meins“ war, ich war in jeder Beziehung unordentlich und unsortiert, in meinen Gedanken ebenso wie mit meinen Klamotten. Einfach schlampig, was man sich heute nicht mehr vorstellen kann, heute bin ich das komplette Gegenteil.

Ich tanzte also auch diesmal aus der Reihe, blieb einfach in meinem Zimmer. Die Haupterzieherin, die für meine Gruppe verantwortlich war, flippte aus und zog mich an den Haaren aus dem Zimmer durchs Treppenhaus bis hin zur Wäschestelle. Danach sperrte sie mich im Keller ein, ein kahler Raum mit Betonwänden, dort ließ sie mich für mehrere Stunden allein im Dunkeln zurück. Das war gruselig. Manchmal denke ich, da habe ich auch einen Knacks wegbekommen. Ich kann heute noch nicht gut in geschlossenen Räumen sein, allein in einem dunklen Zimmer drehe ich durch.

Auf Dauer funktionierte nichts richtig mit mir. Weil die Erzieher irgendwann kapitulierten, musste ich weg aus dem Heim und man steckte mich in eine Wohngruppe.

Ich bin mir sicher, ich hätte mehr aus meinem Leben machen können. Ich war nicht zu dumm oder zu blöd. Ich wurde auf der Schule mal getestet, wozu ich überhaupt fähig sei, wie hoch mein IQ war. An das Ergebnis erinnere ich mich nicht im Einzelnen. Nur daran, dass alle positiv überrascht waren. Vielleicht hätte ich auch Richterin werden können …

Der erste Gast von vielen

Von der Optik her war ich anders,
vom Sprechen her war ich anders,
ich hatte es einfach drauf.

Wie viele Gäste ich im Laufe meiner Karriere schon hatte, ist die Frage, die ich am häufigsten höre. Ehrlich gesagt wüsste ich das selbst gern. Aber weil ich natürlich nicht Buch geführt habe, kann ich nur grob schätzen und würde sagen: Es sind Tausende, auf jeden Fall müssen es Tausende Männer gewesen sein, die meine Dienste als Domina in Anspruch genommen haben. An den ersten Gast, der in mein damals neues Studio kam, kann ich mich im Detail nicht erinnern. Aber ich weiß noch sehr genau, wie erfolgreich meine Stiefelzeit startete. In der ersten Nacht verdiente ich 750 D-Mark. Wow, das kann mir keiner nehmen, sagte ich mir am Ende meiner Schicht, das ist geil. Diese Erfahrung bestärkte mich darin, auf dem richtigen Weg zu sein. Ich wurde immer selbstsicherer, entfaltete mich und wurde besser im Kobern. Ohne angeben zu wollen, auch optisch machte ich was her in der Straße. Mein erstes Dominageld investierte ich in ein Paar maßgefertigte Ledershorts. Hoch geschnitten, ein bisschen auf Korsage gemacht, unten ganz knapp, der Po guckte ein bisschen raus, sehr sexy, mit einem Reißverschluss von oben bis unten. Ein Hammerteil. Dazu trug ich einen durchsichtigen Body mit Brustheber.

Ich habe mich selbst kreiert, weil ich mich von den anderen Frauen abheben und anders wirken wollte. Das gilt auch für die Art und Weise, wie ich mit meinen Gästen umgegangen bin. Und immer noch umgehe. Ich spreche ganz bewusst nicht von Freiern, wie man die Kunden von Prostituierten meistens nennt. „Freier" – das klingt in meinen Ohren abwertend, erniedrigend. Wer zu mir kommt, der ist mein Gast und wird auch als solcher behandelt. Ich sage ja auch „bitte" und „danke" und halte mich an die Grundregeln der Höflichkeit. Egal mit welchen Gelüsten ein Mann zu mir kommt, sobald wir einen Handel abgeschlossen haben, ist er mein Gast, der Respekt verdient. Wenn ich in diesem Buch von einigen meiner Gäste erzähle, dann werde ich dies immer respektvoll und unter Wahrung ihrer Anonymität tun, selbst wenn das, was einige verlangen, absurd, lachhaft oder gar eklig ist.

Die zweithäufigste Frage, die ich zu hören bekomme, ist die nach meinen Gästen: Wer sind eigentlich die Männer, die zu einer Domina gehen? Meine Antwort: alle. Männer aller Altersklassen und aller Gesellschaftsschichten. Die Klientel ist gemischt, bunt, abwechslungsreich, unvorhersehbar. Männer im Alter von 19 bis 90 Jahren klopfen an mein Fenster – vom Arbeitslosen bis zum erfolgreichen Geschäftsmann, klein, groß, attraktiv oder nicht. Es ist absolut nicht möglich, die Gäste zu kategorisieren. Dass es vor allem Manager oder Führungskräfte sind, die in ihrem Joballtag ihre Mitarbeiter dominieren und einen Ausgleich für den Druck suchen, indem sie sich mir unterwerfen, entspricht nicht der Realität. Zumindest deckt sich das nicht mit meinen Erfahrungen, von denen ich reichlich habe. Ja, diese

Gäste gibt es auch, die Chefs, die sich von mir fesseln und schlagen lassen, aber sie sind nicht die Mehrheit. Es gibt den Sozialhilfeempfänger, der eine Kerze im Arsch haben will, genauso wie den Banker, dem ich die Eier abbinde. Selbst Geistliche kommen zu mir. Eines Nachts stand ein Pfarrer an meinem Fenster. Er hatte in der Spielbank eine ordentliche Summe gewonnen. Die Fünfhunderterscheine hatte er gebündelt in seiner Jackentasche. Die hätte er mal besser in den Klingelbeutel seiner Kirche stecken sollen, anstatt sie zu einer Domina zu bringen, dachte ich, sagte aber natürlich kein Wort dazu.

Ich wurde nie aufgeklärt

„Komm, ich nehm dich mit nach Hause,
dann kannst du bei mir schlafen."
Er war nett, ich ließ mich einlullen, ich glaubte ihm.

Bremen, 1973

Eines Tages, ich war etwa acht oder neun und wohnte schon mehrere Jahre im Heim, hieß es dort plötzlich Abschiednehmen: „Du kommst jetzt mal woanders hin. Hier hat das für dich keinen Sinn mehr", sagte die Heimleitung. Ich weinte bitterlich, denn obwohl ich mit den anderen Kindern nicht gut auskam und wir ständig stritten, hatte ich mich im Heim irgendwie auch gut eingerichtet und wollte da nicht weg. Es war mein Zuhause geworden. Ich konnte rumbutschern, ich wusste genau, wie die Tage abliefen, wie ich die Regeln umgehen konnte, um mein Ding durchzuziehen. Aber ich hatte keine Ahnung, was in einer Wohngruppe auf mich zukommen würde.

Im Laufe der nächsten Zeit – etwa bis zum zwölften Lebensjahr – lernte ich insgesamt drei Wohngruppen im Raum Bremen kennen. Immer dann, wenn es mit mir in einer nicht mehr klappte, wurde ich weitergereicht in die nächste Gruppe. Ich blieb im Schnitt etwa ein Jahr in einer Gruppe. Mein Umfeld änderte sich, ich aber blieb mir treu. Eine Wohngruppe bestand aus acht bis zehn Kindern und Jugendlichen und etwa drei Erziehern, die abwechselnd mit uns zusammenlebten und auf uns aufpassten. Kleine Gruppe bedeutete auch: mehr Kontrolle. Ich nehme mal ein Beispiel. Unsere Wohngruppe war in einem Haus mit Garten untergebracht, alles war nett anzusehen, sehr gepflegt. Man hätte sich da wohlfühlen können. Was mich nur kolossal nervte: Ständig musste jedes Fitzelchen besprochen und ausdiskutiert werden. Einmal die Woche setzten wir uns zu diesem Zweck zusammen, um zu bereden, was gut lief und was nicht. Warum verhältst du dich so, Manu? Warum hast du dies oder das getan? Findest du das richtig? Bla, bla, bla … Für mich war das nur Psychogequatsche. Und dann, zu allem Überfluss, durften wir nur eine Stunde lang am Tag fernsehen. Dabei liebte ich es fernzusehen, Krimis, Filme, was weiß ich. Schon im Heim hatte ich mich abends hinter einem Vorhang versteckt, um heimlich *Tatort* zu sehen, was nur den älteren Heimkindern erlaubt war.

Eine Wohngruppe sollte wie eine Familie funktionieren, wir sollten Familie „lernen". Die Erzieher waren nun aber nicht unsere Eltern und wir Kinder keine Geschwister, noch nicht einmal Freunde waren wir. Altersmäßig klafften wir weit auseinander, der Älteste war 16, die Jüngsten acht oder neun. Im Grunde wurde dort bloß Großfamilie gespielt. Ich wollte bei diesem Theater nicht mitmachen und schlug aus Protest am Anfang gleich mal mein Zimmer kurz und klein, trat den Schrank kaputt, warf alle Sachen auf den Flur. Ich fühlte mich dort einfach nicht wohl. Dabei gab ich mir manchmal sogar richtig Mühe, mich ein bisschen einzugliedern. In diesen Phasen (die nur von kurzer Dauer waren) ging ich brav zur Schule, muckte nicht auf, passte mich an den Wohngruppenalltag an, aber lange hielt ich das nicht aus. Dann war ich wieder an dem Punkt, dass ich keinen Bock mehr hatte, ich schwänzte wieder den Unterricht, schlich mich abends aus dem Haus und hing in Diskotheken und Nachtclubs rum. Und irgendwann fing es an, dass ich regelmäßig ausbüxte. Jedes Mal wurde ich wieder aufgegriffen, musste zurück in die Wohngruppe und alles ging wieder von vorne los.

Wenn ich – vor allem während meiner Ausreißer-Touren – Sachen brauchte, habe ich sie geklaut, Schuhe, Klamotten, Essen, egal was. Und hatte dabei nicht das Gefühl, etwas Unrechtes zu tun. In meinem naiven Verständnis nahm ich mir nur das, was ich gerade brauchte, weil ich in eine Notlage gerutscht war und kein Geld besaß für Essen oder auch Kleidung. Ich brauchte schließlich frische Unterwäsche, gerade wenn ich zeitweise auf der Straße lebte, wo tägliches Duschen nicht angesagt war. Ich klaute überall dort, wo ich gerade Bedarf hatte, meistens in größeren Geschäften oder Kaufhäusern. Ich hatte so meine Tricks. Meine alten Schuhe ins Regal stellen, mit den neuen Schuhen selbstbewusst rausmarschieren. Slips steckte ich mir einfach in die Tasche. Oder ich zog mir in der Ankleide die neuen Klamotten unter meine alten und verließ so das Geschäft. Meistens war ich geschickt genug und fiel nicht weiter auf. Na ja, es klappte nicht immer. Es kam vor, dass ich erwischt wurde. Dann wurde die Polizei gerufen, ich bekam eine Anzeige und mein Vormund wurde in Kenntnis gesetzt, der mich abholte und zurück in die Wohngruppe brachte. Selbst wenn ich angezeigt worden war, hatte das keine gravierenden Konsequenzen für mich. Außer einer Standpauke. Bei all dem dachte ich mir nicht viel. Ich glaube, es war einfach jugendlicher Leichtsinn. Übermut. Die Dreistigkeit siegte, das Unüberlegte. Ohnehin war ich planlos, was mein Leben betraf. Wie es dann weiterging, fügte sich aber doch ziemlich schnell, als ich die Anschafferei als meine Geldquelle entdeckte.

Vieles von damals ist in meiner Erinnerung verschwommen, vergessen, verdrängt, diese Jahre zwischen Heim und Wohngruppen. Das ständige Weitergereichtwerden an die Nächsten, die es mit mir versuchen sollten.

Ein Erlebnis aber hat sich mir eingebrannt, auch wenn mir erst viel später klar wurde, wie prägend es tatsächlich war. Der Leiter einer der Wohngruppen, in denen ich untergebracht war, hatte ein Auge auf mich geworfen. Er kam ursprünglich aus einem anderen Bundesland, wo er noch eine Wohnung unterhielt. An den Wochenenden fuhr er meistens dorthin. Einmal fragte er mich, ob ich nicht mal mitkommen wolle. Das wäre doch ein schöner Ausflug für mich, eine kleine Abwechslung. Ich war zu dem Zeitpunkt gerade mal zwölf und sagte ihm, ich sei einverstanden. Denn ich fand ihn irgendwie toll, für mich war es auch etwas Ungewohntes, dass mir jemand so viel Aufmerksamkeit schenkte. Ich wusste damals kaum etwas über Sexualität. Ich wurde auch nie wirklich aufgeklärt. Als wir dann in der Wohnung des Erziehers ankamen, fühlte ich mich wohl. Und auch als klar war, dass wir nachts zusammen in seinem Bett schlafen würden, machte ich mir darüber keine Gedanken. Dort ging es damit los, dass er an mir herumfummelte. Na ja, dann hatte er Sex mit mir. Es war mein erstes Mal. Ich nahm es hin, es fühlte sich für mich in dieser Situation nicht als etwas Gewalttätiges an. Er hatte mich nicht geschlagen oder gesagt, ich müsse das jetzt tun. Ich dachte, das gehört dazu, wenn man jemanden mag. Ich wusste es nicht anders.

Heute weiß ich, dass mich dieser Erzieher sexuell missbraucht hat. Inwieweit diese Erfahrung meinen weiteren Werdegang beeinflusste, kann ich nicht sagen. Ich glaube, auch ohne den Missbrauch wäre alles so gekommen, wie es kam. Aber wer weiß das schon. Natürlich hat das etwas in mir kaputtgemacht, aber in dem Moment spürte ich es nicht. Erst jetzt, da ich meine Geschichte aufschreibe, kommt vieles wieder hoch und wird mir erst wirklich bewusst. Erlebnisse, die verschüttet waren. Damals hatte ich keine Zeit zu überlegen, weil ich überleben musste. Ich lebte von heute auf morgen.

Mein Misstrauen gegenüber Menschen, das Gefühl nicht gewollt zu sein, das zieht sich durch mein Leben. Und der Missbrauch fühlte sich für mich an wie ein Gewolltwerden. Ich hatte immer wieder Beziehungen, aber keine davon hat lange gehalten. Weil ich oft hintergangen wurde, wuchs mein Misstrauen im Laufe der Jahre an. Es gab Männer, die mir die Welt zu Füßen legen wollten. Aber wenn für mich Ende ist, ist Ende. Da kann auch einer mit einer Million kommen. Ich meine, ich liebe das Geld, aber so sehr auch nicht. Man kann sich im Leben nichts erkaufen und meine Liebe sowieso nicht.

Wer erzieht eine Domina?

Viele, die ans Fenster kommen, sind Anfänger.
„Ich habe so was noch nie gemacht",
sagen sie, „ich will es probieren."
Dann liegt es an mir, ob sie an den Punkt gelangen,
dass sie es mögen und wiederkommen
oder ob es ein einmaliges Erlebnis bleibt.

Eine Domina erniedrigt. Sie ist im Bereich der bizarren sexuellen Vorlieben tätig. Aber sie hat keinen Verkehr mit einem Gast, niemals. Es findet kein „normaler" Sex, kein Geschlechtsverkehr, zwischen einer Domina und einem Mann statt. Sondern Spiele. Wir spielen miteinander. Eine Session ist beendet, sobald der Gast gekommen bist. Das ist die Regel, eine Regel mit vielen Ausnahmen. Ich gebe zu, wenn Gäste mir nicht sonderlich sympathisch sind, bin ich froh, wenn sie fertig sind. Aber es gibt auch solche, die ihren Fetisch haben und zu mir sagen: „Ich möchte hier nicht abspritzen, das ist für mich gar nicht relevant, ich mag aber die Spielchen mit dir." Anderen reicht es schon, dass sie mich nur angucken. „Bleib genau so, beweg dich nicht, ich mach den Rest." Und dann wichsen sie vor mir, reden sich geil und starren mich währenddessen an: „Du siehst so hübsch aus." Von solchen Gästen hatte ich einige. Ich war früher aber auch ein Hingucker, weil ich super hergerichtet war. Mein Look war viel dramatischer als heute. Ich schminke mich immer noch sorgfältig, tusche mir meine Wimpern, die Lippen sind rot. Früher aber trug ich dazu noch ein aufwändiges Augen-Make-up mit Eyeliner, Katzenaugen, die Lippen ganz dick geschminkt, ich sah ganz anders aus.

Als Domina schlüpfe ich zwar in eine Rolle. Ich verwandle mich, aber letztlich bleibe ich die, die ich bin. Meistens komme ich in Jogginghose und Schlabberlook zur Schicht. Manchmal steht dann schon ein Gast vor meinem Fenster und glotzt mich an. Ich sage: „Warte hier. Geh nicht weg. Bin gleich zurück." Oben im Studio ziehe ich mich schnell um, lege Make-up auf. Dauert alles nicht lange, da bin ich routiniert, nach wenigen Minuten komme ich fertig gestylt zurück ans Fenster. Wenn ich Glück habe, ist der Typ noch da. „Wo kommst du denn her?", fragt er mich mit großen Augen. Und ich, ein bisschen pikiert: „Ich bin gerade erst an dir vorbeigekommen, danke auch." Also, so viel zum Thema Verwandlung. Ich selbst nehme sie offensichtlich gar nicht mehr wahr, die Gäste schon. Ich fühle mich nicht verändert, ich richte mich einfach nur nach den Wünschen der Gäste und versuche zu erkennen, was ihre geheimsten Bedürfnisse sind. Die wenigsten Menschen verstehen, dass mein Beruf nichts anderes ist als genau das: ein Beruf.

Als Domina kommt man nicht auf die Welt. Letztlich waren es die Gäste, die mich zu einer gemacht, die mich zu einer Domina erzogen haben und mir gerade in den ersten Monaten, als ich den Stiefeljob machte, alles beibrachten, was ich wissen musste. Ich war aufmerksam, hörte ihnen genau zu und eignete mir schnell an, was ich noch nicht kannte. Das dominante Auftreten, die bestimmende und direkte Art, das hatte ich in mir, das Verbale lag mir, aber die konkreten Tätigkeiten und Handhabungen waren mir zum Teil fremd. Bei vielen Praktiken fehlte mir schlicht die Erfahrung. Peitschen, Brustwarzen bearbeiten, Eier abbinden, Einläufe machen – so was konnte ich noch nicht. Aber da ich ja gewieft bin, war ich in der Lage, schnell das umzusetzen, was die Gäste mochten, wenn sie es mir nur genau erklärten. Dauerte vielleicht mal ein bisschen länger bei mir, aber das konnte ich irgendwie überspielen und dann fluppte es auch.

Optisch ging es auch nicht sofort knallhart los. Ich fing mit einem milden Outfit an, mit großen, runden Ohrringen, Polizeimütze, BH, Strapsen, Lackkrempe, Stiefeln mit Miniabsatz. Mir blieb auch nichts anderes übrig, als anfangs zu improvisieren, weil mir das Geld ausgegangen war. Für mein erstes SM-Studio, dass ich im French Quarter übernehmen konnte, hatte ich eine Abstandszahlung leisten müssen. 2000 D-Mark waren das damals, inklusive Andreaskreuz, Käfig und weiterem Mobiliar. Das restliche Equipment wie Peitschen, Paddel, Handschellen, Kleidung, Masken musste ich mir nach und nach selber anschaffen. Das Studio lag im Keller und war für die Herbertstraße geradezu extravagant ausgestattet, was daran lag, dass der Besitzer des Hauses einen kleinen Fimmel hatte. Ich hatte dort ein eigenes Badezimmer und – jetzt kommts! – eine Toilette mit Klodeckel aus Blattgold, die Badewanne war sogar komplett mit Blattgold überzogen. Wollte man einen Raum betreten, musste man einen Pimmel anfassen: Alle Türgriffe hatten die Form männlicher Genitalien. In dem Haus ging es damals recht familiär und locker zu, weil wir Frauen uns noch keine Konkurrenz machen mussten, wie es später der Fall war. In den 80er- und 90er-Jahren war das Potenzial an Gästen unerschöpflich und jede Frau konnte genug Geld verdienen, wenn sie sich nicht dumm anstellte. Ich hatte anfangs erst nachts gearbeitet, so wie heute, wechselte aber in die Tagschicht. Jeden Morgen, bevor wir unsere Plätze in den Fenstern einnahmen, hockten wir zusammen und frühstückten in aller Ruhe. Jede Frau brachte etwas mit. Wir waren vier Frauen in der Tag- und vier in der Nachtschicht und eine Frau saß in der Tür und machte den Einlass. Jedes Fenster hatte eine Sprechluke aus Glas. Wenn ein Gast ans Fenster kam, öffnete man nur die Luke auf Gesichtshöhe, wie bei einem Schalter am Bahnhof. Die Luken hatte der Besitzer des French Quarters extra einbauen lassen. Das gefiel mir, das war praktisch.

Es waren gute Jahre. Ich mochte mein erstes Studio, habe gern dort gearbeitet. Wie heute auch saß ich in einem Hinterhof. In gewisser Weise schließt sich ein Kreis. Ich denke, wo ich jetzt bin, werde ich irgendwann mit dem Job aufhören.

Wo ist meine Mutter?

Ich war nachts unterwegs, bin einfach abgehauen, bis die Polizei mich wieder eingefangen hat.

Bremen/Hamburg, 1976

Sie hieß Hildegard Lina Thea Freitag. Das wusste ich. Und dass sie auf der Reeperbahn auf den Strich ging. Wie sie sich dort nannte, davon hatte ich keine Ahnung. Das alles erfuhr ich mit zwölf Jahren und auch, dass die Eheleute, die ich bis dahin für meine Eltern gehalten hatte, lediglich meine Pflegeeltern waren. Ich hatte also eine „richtige" Mutter. Nur leider eine, die sich kein bisschen für mich interessierte. Ich aber wollte so viel wie möglich über sie in Erfahrung bringen. Ich wollte meine Mutter kennenlernen. Auf Teufel komm raus.

Es war die Zeit, in der ich mir einen Namen als berüchtigte Ausreißerin machte. Die Erzieher aus meiner Wohngruppe wussten sich nicht mehr zu helfen und verstanden nicht, warum ich so war, wie ich war. Da kam mein Vormund einmal mehr ins Spiel, meine einzig konstante Bezugsperson. Als solcher kümmerte er sich um alles, was mit meinen Formalitäten zu tun hatte, auch darum, wo ich hinkam, wenn ich wieder die Wohngruppe wechseln musste und wie es generell mit mir weitergehen sollte. Er besuchte mich gelegentlich und bei diesen Treffen wollte er wissen, wie es mir ging und jedes Mal, wenn ich etwas verbockt hatte, redete er mir ins Gewissen. Im Grunde war er ein netter Typ, der mir nichts Böses wollte, im Gegenteil: Ich denke, er gab sich Mühe, mich auf den rechten Weg zu bringen. Ich habe nur wenige konkrete Erinnerungen an ihn – er trug einen Bart, war ein väterlicher Typ – und es ist mehr die Erinnerung an das Gefühl, das ich bei unseren Begegnungen hatte. Das Gefühl, dass er ehrlich zu mir war, mir nichts vormachte. Und wenn er das bei mir, die voller Misstrauen war, auslösen konnte, dann bedeutete das schon etwas.

Immerhin war er so ehrlich, mir eines Tages zu offenbaren, dass ich ein Pflegekind war und verriet mir das Wenige, das über meine biologische Familie bekannt war. So erfuhr ich, dass meine leibliche Mutter eine Prostituierte war, dass sie in Hamburg lebte und mich nicht hatte haben wollen. Deswegen sei ich zu Pflegeltern gekommen. Darüber hinaus hatte er keine Informationen über meine Mutter, keine Adresse, nichts. Ich war zwar erst zwölf Jahre alt, aber ich verstand, was er mir da mitteilte. Von der Figur her – flaches Brett, kein Hintern, insgesamt eher schmal – wirkte ich noch wie ein kleines Mädchen, vom Kopf her war ich aber ziemlich weit, hatte schon eine Menge erlebt. Dass mir mein Vormund überhaupt von meiner Mutter erzählte, hatte das Ziel, an mein Gewissen zu appellieren. Ich sollte es ruhiger angehen lassen und nicht immer wieder abhauen. Zu der Zeit hatte ich schon meine ersten Schritte in die Anschafferei gemacht, was mein Vormund aber nicht wusste. Er wollte mich also, so interpretiere ich es heute, ganz klar davor warnen, nicht so zu enden wie meine Mutter. Vielleicht ahnte er etwas oder sah mich aufgrund meiner Familiengeschichte besonders gefährdet. Was er erreichte, war allerdings das genaue Gegenteil. Bis dahin hatte sich mein Radius beim Ausreißen auf

Bremen und das Umland beschränkt, weil ich auch immer wieder versucht hatte, dort meine Pflegeeltern zu finden. Jetzt hatte ich ein ganz neues Ziel: Ich wollte meine Mutter suchen. Und das packte ich bei der nächsten Gelegenheit an. Ohne Plan, ohne Gepäck, nur mit den Klamotten, die ich gerade trug, stellte ich mich an eine Raststätte der A1 und trampte nach Hamburg. Mein erster Ausflug endete nach nur einem Tag, dann wurde ich von der Polizei aufgegriffen. Die steckte mich über Nacht in eine Auffangstation für Jugendliche und verfrachtete mich am nächsten Morgen zurück nach Bremen. Beim nächsten Versuch, ein paar Wochen später, wurde ich nicht so schnell geschnappt. Ich schaffte es bis zur Reeperbahn und lief kreuz und quer durch St. Pauli, suchte auch alle Seitenstraßen ab. Die nächste Frau, die mir über den Weg läuft, dachte ich, könnte meine Mutter sein. Plötzlich könnte sie vor mir stehen. Ich wäre ihr vielleicht jetzt so nah wie nie zuvor, aber am Ende würde ich sie nicht erkennen – und sie mich schon gar nicht. Und wenn ich doch plötzlich vor ihr stünde, was würde ich sie fragen? Warum hast du mich allein gelassen? Warum bist du hier gelandet? Ob ich ihr ähnlich sah? War ich wie sie? Solche und viele andere Gedanken gingen mir durch den Kopf … Ich sprach die Frauen an, die herumstanden und auf Freier warteten. Die meisten wirkten feindselig, wenn ich sie nach Hildegard Freitag fragte, manche beäugten mich mitleidig. Keine von ihnen hatte jemals ihren Namen gehört und ich wusste nicht, wie meine Mutter sich hier nannte. Hätte ich doch nur ein Foto gehabt, das ich hätte herumzeigen können. „Kindchen, geh mal lieber nach Hause, da wo du herkommst“, sagte eine ältere Prostituierte. „Du bist zu jung für hier.“ Ich schlief meistens auf der Straße, zog durch die Hamburger Clubs und Discos, lernte ein bisschen das Leben auf der Reeperbahn kennen. Aber ich fand keine Spur meiner Mutter. Irgendwann wurde ich wieder aufgegriffen. Auch weil ich so wahnsinnig jung aussah, fiel ich nachts im Rotlichtbezirk auf. Wie oft ich in den nächsten zwei Jahren nach Hamburg durchbrannte, lässt sich heute nicht mehr sagen. Manchmal begleitete mich eine Bekannte, die nach Hamburg wollte, weil dort das Leben tobte. In Bremen war nichts los, wir wollten nur weg. Mal war ich zwei Tage in Hamburg unterwegs, bis ich bei der Polizei landete, mal dauerte es mehrere Nächte. Wenn mich die Beamten einkassiert hatten, kam ich wieder in eine der Auffangstationen. Wenn man hinter mir abschloss, rastete ich aus, das Gefühl des Eingesperrtseins war unerträglich. Einmal trat ich mit den Füßen über Stunden so massiv von innen gegen die Tür, dass sie mich tatsächlich wieder rauswarfen. „Das geht nicht mit dir. Raus!" Damit war ich am Ziel, ich war wieder frei.

Es war damals eine ganz gefährliche Zeit für mich. Als junge Teenagerin hätte mir – ganz allein in diesem Milieu – alles Mögliche passieren können. Dass ich da unbeschadet herauskam, ist ein großes Glück. Natürlich war ich mir der Gefahren bewusst, hatte manches Mal ein mulmiges Gefühl, aber ich war getrieben von dem Wunsch, meine Mutter kennenzulernen, jedes Kind will seine Mutter kennen. Auch wenn ich immer wieder in Bremen landete, meine Suche gab ich nicht auf.

Vielleicht entstand bereits damals eine irrationale Sehnsucht, ihr wenigstens beruflich folgen zu können. Wer sagt, dass ein Vorbild immer ein gutes sein muss?

Die Ohrringe der Domenica

„Ich bin nicht hineingeschubst worden,
ich bin freiwillig gegangen."
(Domenica Niehoff in der NDR-Doku
Domenica und die Suche nach Liebe)

Ein Satz, der auch von mir stammen könnte. Wobei: Was heißt schon „freiwillig", wenn man so radikal ins Leben geschubst wurde wie ich? Domenica Niehoff, die alle Welt nur als Domenica, die berühmteste Hure der Republik, kannte, lernte ich in meiner Anfangszeit in der Herbertstraße kennen. Sie war eine Medienstar, wurde über die Jahre zum Aushängeschild der Herbertstraße, eine begehrte Frau, auch in der Kulturszene. Manche Gäste kamen nur zu ihr, um zu reden und sich mit ihr fotografieren zu lassen. Ich sehe sie immer in einem aufreizenden Negligé vor mir. Allerdings erlebte ich sie persönlich nicht als Kollegin beziehungsweise nahm ich sie anfangs nicht wahr. Es war auch damals so wahnsinnig viel los, dass ich nicht mitbekam, was die anderen machten. Ich arbeitete im Akkord. Nichts zu verdienen, mal eine Stunde lang keinen Gast zu haben, so etwas gab es nicht, das kannte ich nicht. Deswegen beschränkten sich meine Kontakte auf die Frauen, die im gleichen Haus saßen wie ich. Mit denen musste ich klarkommen. Die anderen waren für mich nicht so wichtig. Dass es eine große Solidarität unter den Prostituierten gibt, war immer schon ein

Märchen. Das klingt vielleicht gut und ja, es gibt hier und da ein Gefühl des Zusammenhalts, aber letztlich kämpft hier jede für sich allein und ist sich selbst am nächsten.

Als ich noch auf der „David 11“ arbeitete, also vor der Barriere zur Herbertstraße, da saß Domenica wohl in der Nummer 3, im zweiten Haus auf der linken Seite, wenn man von der Davidstraße hereinkommt. Später erfuhr ich, dass sie und ich im gleichen Hinterhof gearbeitet hatten, Fenster an Fenster, nur nicht zur gleichen Zeit. Persönlich kennengelernt habe ich sie im Café Sperrgebiet in St. Georg, wo sie sich für die Frauen aus dem Milieu engagierte, vor allem auch für die Aussteigerfrauen. Ich traf sie aber auch gelegentlich in der Kaffeeklappe, einem aus Spenden finanzierten Hilfsangebot für Prostituierte in der Seilerstraße, einer Parallelstraße zur Reeperbahn. Anfang der 80er wurde daraus die diakonische Beratungsstelle Sperrgebiet, der Name Kaffeeklappe hält sich aber noch bis heute. Einmal die Woche gab es Frühstück für alle Frauen, die vorbeikamen, und man tauschte sich dort aus. Wenn es einem finanziell mal nicht gut ging, bekam man ein bisschen Taschengeld. Domenica hatte ein riesengroßes Herz für die Mädchen dort, besonders für diejenigen, die aus der Prostitution herauskommen und in ein solides Leben einsteigen wollten. Sie war aber auch eine der ersten, die sich öffentlich für die Legalisierung der Prostitution stark gemacht hat. Ihre Bekanntheit zahlte gut darauf ein und sie bekam auch prominente Unterstützung. Wir hatten gleich einen Draht zueinander. Wenn ich sie traf, führten wir gute Gespräche, von Frau zu Frau. Später wusste auch sie, dass ich mir als Domina einen Namen in der Straße gemacht hatte, aber was sie in mir sah, weiß ich nicht. Sie war so ein mütterlicher Typ, der alle gleich freundlich behandelte und buchstäblich an ihre großen Brüste zog. „Komm zu mir, ich hab dich lieb, ach du Kleine, Mama nimmt dich mal an ihre Brust", sagte sie, wenn ich sie traf. Dabei streichelte sie einem über den Kopf. „Wie gehts geschäftlich?" „Ja, du kennst das ja." „Ja, kenn ich." „Was machst du jetzt?" „Ach ja, …", dann hat sie erzählt. Sie war eine Frau, die viel Raum einnahm, egal wo oder mit wem sie zusammen war. Man kam bei ihr nur schwer zu Wort, weil sie es liebte, viel von sich preiszugeben. Dabei sprang sie von Thema zu Thema. Aber man hörte ihr auch gerne zu, konnte etwas lernen, wenn man genau hinhörte. Sie war ein hochgradig verständnisvoller Mensch und ging darin auf, sich mit Menschen zu unterhalten, mit Menschen zusammen zu sein. Wenn man klagte, weil das Geschäft schlecht war, beruhigte sie einen: „Es wird schon wieder besser." Damals wohnte sie noch in der Hein-Hoyer-Straße, wo ich sie manchmal auf einen Plausch besuchte. Ich weiß noch, dass sie recht spartanisch eingerichtet war. Wie alle älteren Prostituierten fragte ich auch Domenica, ob sie jemals von meiner Mutter gehört hatte, ob sie ihren Namen kannte. Aber sie wusste leider nichts.

Als ich Domenica schon ein bisschen besser kannte, sprach ich sie auf ihre Ohrringe an, kleine Brillantstecker, sehr schön gearbeitet, die mir schon seit längerem an ihr aufgefallen waren. Ich sagte, dass mir ihre Ohrringe so gut gefielen. Wortlos griff sie an ihre Ohrläppchen, nahm die Ohrringe ab und hielt sie mir in ihrer geöffneten Hand hin. Hier, ich könne sie haben, sagte sie. Ich wusste gar nicht, wie ich reagieren sollte. Ganz so uneigennützig, dass sie mir die

Ohrringe einfach mal so eben schenken wollte, war sie dann aber doch nicht. Ich könne sie ihr abkaufen, sagte sie. Bei unserem nächsten Treffen gab ich ihr die 400 D-Mark, auf die wir uns geeinigt hatten. Jahrelang trug ich Domenicas Brillanten bei passenden Gelegenheiten. Dass ich stolz auf sie war, wäre jetzt übertrieben, so sentimental bin ich nicht. Aber jedes Mal, wenn ich mich mit den Ohrringen im Spiegel betrachtete, dachte ich an Domenica, diese wunderbare Wuchtbrumme. Irgendwann ging sie von St. Pauli fort. Ich denke, sie hatte einfach genug von allem. Sie hatte es aber geschafft, dem Kiez und uns, den Prostituierten, ein Gesicht zu geben, wie keine andere vor ihr. Natürlich schwingt bei der öffentlichen Unterhalterin Domenica und ihren prominenten Weggefährten die Frage von Schein und Sein mit. Aber durch sie wurde endlich auch mitten in der Gesellschaft über Prostitution geredet, und zwar mit einer Prostituierten – auf Augenhöhe. Das ist Domenicas Verdienst, bis heute. Ich bin ihr, nachdem sie weggezogen war, leider nie wieder begegnet. Als sie 2009, viele Jahre später, starb, waren ihre Ohrringe längst schon nicht mehr in meinem Besitz. Als bei mir alles den Bach runterging, als ich vor dem Aus stand, hatte ich sie verkaufen müssen. Macht aber nichts, ich hänge nicht an Vergangenem. Alles Schnee von gestern. Ich wurde am Fenster immer wieder gefragt, ob ich nicht die berühmte Domenica sei, selbst als sie schon tot war, weil ich genau wie sie so mondäne Brüste habe.

Mit zwölf Jahren auf dem Straßenstrich

Manchmal haben sie mich aufgegriffen,
weil ich ja zu jung war.
Ich hätte nichts zu suchen in den Bars, sagten sie,
und schon gar nicht in der Anschafferei.

Bremen, 1977

Auf meinen Streifzügen durch Bremen hatte ich beobachtet, dass am Steintor junge Mädchen anschaffen gingen. Am Steintor hingen die Minderjährigen und Drogenabhängigen ab, hier war der Drogenstrich, das wusste eigentlich jeder in Bremen. Hier machten die Junkies schnelles Geld, um sich den nächsten Schuss setzen zu können. Ich sah, wie die Mädchen zu fremden Männern ins Auto stiegen und nach einer Weile wieder angeschlendert kamen und ihren Platz einnahmen. Irgendwann ging ich zu einer hin und sprach sie an. Nicht alle waren auskunftsfreudig. „Verpiss dich!", das war noch eine der freundlicheren Ausdrucksweisen, um mich, eine potenzielle Konkurrentin – ich war kein Junkie und sah entsprechend frisch aus – zu vertreiben. Aber ich bekam doch irgendwie mit, wie das mit dem Anschaffen funktionierte. Ich dachte mir, wenn die das können, warum ich nicht auch und stellte mich zu ihnen. Erst maulten sie rum, dann ließen sie mich in Ruhe. Die meisten waren auch zu kaputt, voll auf Droge, ich aber war clean, ich nahm keine Drogen. Es dauerte nicht lange und neben mir hielt ein Wagen. Der Fahrer kurbelte das Fenster runter. „Na, Kleine, willste mitkommen?“, sprach er mich an. Ich versuchte, ganz cool zu bleiben. „Wie viel?“, fragte ich ihn. Keine Ahnung, woher ich mit zwölf Jahren die Chuzpe nahm. Wir einigten uns auf 50 D-Mark. „Ja, okay“, sagte ich und bin rein ins Auto. Wir fuhren in eine ruhige Gegend. Ich hatte mir das Geld geben lassen, sobald ich im Wagen saß. Das hatte ich ganz schnell raus, immer erst die Kohle, niemals irgendetwas machen, bevor ich nicht einen Pfennig gesehen hatte. Der Typ zog ein Gummi über seinen Schwanz und sagte: „So, ich hab dir Geld gegeben, lutsch mal an.“ Igitt, dachte ich nur. Darauf hatte ich so gar keine Lust. Und sagte: „Nee, mache ich nicht.“ Dann fing er an zu meckern und zu lamentieren. Bis ich sagte, er solle jetzt ruhig sein, ich sei schließlich noch minderjährig. Da war er still. Obwohl er das natürlich gewusst haben muss, so jung wie ich aussah. Dann habe ich es ihm mit der Hand gemacht, ganz schnell, und als er fertig war, ließ ich mich zum Steintor zurückfahren.

So fing es an – und so ging es von da an weiter. Andere Mädchen in meinem Alter besserten sich ihr Taschengeld mit babysitten auf, für mich hieß es: einsteigen, irgendwo hinfahren, einen abwichsen, fertig. Ich machte mir gar keine Gedanken, ob das gut oder falsch war, was ich tat. Für mich war das ein Job. Auf die Weise konnte ich so leben, wie ich es wollte. Ich konnte in ein Geschäft gehen und einkaufen, ohne jemanden fragen zu müssen. Ich fühlte mich nicht beschmutzt durch den Sex mit Fremden, gar nicht.

Es hatte mich auch keiner dazu gezwungen. Ich verdiente Geld, ich konnte essen. Ich wollte nicht in Bars gehen und ewig an einer Cola rumnuckeln, ich wollte mir etwas leisten können. Es gab immer wieder Phasen, da ging ich eine Weile lang nicht zum Steintor, aber sobald mir das Geld ausging, wusste ich, wo ich mir Nachschub holen konnte. Der Strich war eine Bank für mich.

Bis zu dieser Zeit hatte ich eigentlich gar keine praktischen Erfahrungen mit Sexualität, wenn ich die Nacht mit dem Erzieher mal außen vor lasse. Ich hatte nie einen Freund, war nie verliebt und kein Junge hatte je Interesse an mir gezeigt. Es gab niemanden in meinem Alter, mit dem ich meine Sexualität hätte erkunden wollen. Sexualität lernte ich tatsächlich erst durch die Prostitution kennen. Hört sich traurig an, ja vielleicht, aber so war es nun mal.

Durch meine Nachtschwärmerei lernte ich dann einen Typen kennen, den ich ganz gern mochte. Er war allerdings deutlich älter als ich, Mitte dreißig, und lud mich in dem Club, in dem ich verkehrte, zu Drinks ein, steckte mir sogar ab und an Geld zu. Wenn es hieß, gleich werden Ausweise kontrolliert, warnte er mich und schleuste mich durch einen Hintereingang raus. Mit ihm war ich dann zusammen. Mit echter Liebe hatte das alles nichts zu tun.

Eine wichtige Veränderung trat ein, als ich auf die 16 zuging. Mein Vormund hatte von meinem neuen Lebenswandel keinen Schimmer. Aber ihm war klar, dass sich etwas ändern musste. Dass es mit mir in einer Wohngruppe nicht klappte, lag auf der Hand. Weder die Erzieher noch die anderen Mitbewohner hatten Lust, sich noch länger mit mir, der Ausreißerin, der Ladendiebin, der

Schulschwänzerin, herumzuschlagen. Er könne mich jetzt ins geschlossene Heim bringen, sagte mein Vormund, aber zum einen hätte das wahrscheinlich keinen Sinn und zum anderen, und das war für ihn ausschlaggebend, wolle er mir das nicht antun. Er würde mir zutrauen, dass es für mich mit einer eigenen Wohnung besser funktionieren würde. Ich müsste aber mit einer anderen Person, die volljährig sei, zusammenwohnen. Ich weiß noch, dass wir zusammen in einem Café in der Bremer Innenstadt saßen, als wir dieses Gespräch führten. Wenn wir jemanden finden würden, der sich bereit erklärte, ein Auge auf mich zu werfen und ich mit diesem Arrangement einverstanden sei, könnten wir als nächstes eine Wohnung suchen. Ich war nicht nur einverstanden, ich war begeistert. Endlich auf eigenen Füßen stehen, dachte ich. Ich wäre meinem Vormund am liebsten um den Hals gefallen. Zufälligerweise saß an unserem Nachbartisch in dem Café eine junge Frau, die eine Zeitung vor sich ausgebreitet hatte und die Wohnungsanzeigen durchschaute. Mein Vormund sprach sie an, sie war eine Studentin auf der Suche nach einer neuen Bleibe. Er fragte sie, ob sie sich zutrauen würde, mit einer 16-Jährigen zusammenzuziehen und auch ein Auge auf sie zu haben. Sie überlegte kurz, dann meinte sie: „Warum nicht?“, und so wurde sie meine neue Mitbewohnerin. Wenige Wochen später bezogen wir zusammen eine Wohnung in Bremen Neustadt. Ich verstand mich gut mit ihr. Ein paar Monate gab ich mir tatsächlich Mühe, ein normales Leben zu führen. Soll heißen, ich ging nicht anschaffen, sondern zur Schule, machte das, was man mir sagte, eigentlich lief alles gut. Nur unser Vermieter, der fing eines Tages an, mich anzumachen.

Streichelte mich am Arm, fummelte mir an der Seite rum. Ich hatte nur kleine Hühnerbrüste und er machte anzügliche Bemerkungen, warum ich keinen BH tragen würde und lauter solche fiesen Sprüche. Das war mir unangenehm und ich wusste nicht, wie ich reagieren sollte. Ja, ich ging anschaffen, mit Körperkontakt im Milieu konnte ich umgehen. Was ich dort tat, das tat ich bewusst und freiwillig. Aber wenn man mir im privaten Bereich zu nahekam, mich zu etwas zwingen wollte, dann flippte ich aus. Der Zustand mit unserem Vermieter wurde immer schlimmer. Er ging so weit, dass er uns mit der Kündigung der Wohnung drohte, wenn ich mir seine Annäherungen nicht gefallen ließe und endlich mal ein bisschen netter zu ihm sei. Meine Mitbewohnerin wurde von seinen Attacken verschont, sie war aber auch ständig unterwegs. Ohne Begründung stand der Vermieter jetzt immer häufiger vor unserer Tür. Er müsse wissen, was bei uns Mädchen in seiner Wohnung los sei. Er war einfach nur widerlich und ich hatte Angst vor ihm. Manchmal blieb ich drei, vier Tage weg, nur um ihm nicht zu begegnen, kam nur kurz nach Hause, um zu duschen und mich umzuziehen.

Zeitgleich hatte sich mein Arbeitsfeld vom Straßenstrich immer mehr in die einschlägigen Bars am Steintor verlagert, weil es lukrativer, angenehmer und auch ungefährlicher war, als zu Fremden ins Auto zu steigen. In einer der Bars konnte ich mit den Gästen in ein Separee gehen. Die Männer waren ein bunter Haufen, von jung bis alt war alles dabei. So wie auch heute noch, daran hat sich nichts geändert. Ich hatte keine Präferenzen, denn ich war allein auf ihr Geld aus. Im Club bekam ich Prozente auf die Getränke, die ich den Gästen aufquatschte. Das funktionierte richtig gut. Ich verkaufte den teuersten Champagner für 1000 D-Mark und erhielt dafür 200 als Provision. Ich wollte nur diese Flasche verkaufen und um das zu erreichen, gab ich mich zuckersüß, umschmeichelte den Gast: „Ach du bist so nett." Ich konnte ja so was von charmant sein. Wenn ich merkte, er ist ein Dulli, einer, der schnell Geld gibt, mit dem sich gut was verdienen lässt, dann schwärmte ich ihm vor, wie schön es doch wäre, mal ein bisschen allein zu sein, ungestört. So lockte ich ihn ins Separee. Sobald es ans Eingemachte ging, hatte ich keinen Bock mehr und wurde so zickig und abweisend, dass ich die Typen total abturnte. Meistens wurde noch ein bisschen rumgetatscht, nur selten ging es weiter. Es machte mir Spaß, auf diese Weise mein Geld zu verdienen. Mittlerweile war ich 16 und wusste, das war mein Ding. Unklar war mir, wie ich die Zeit bis zur Volljährigkeit überbrücken sollte. Bis dahin bestand immer die Gefahr, dass man mir wieder meine Freiheit nahm. Kurz darauf lernte ich in einer Bar am Steintor einen Typen kennen, der mir ein Angebot machte: „Du kommst mit ins Münsterland, da gibts eine Sauna, in der du ungestört arbeiten kannst." Keinen würde es dort kümmern, dass ich noch nicht volljährig sei. Ich sagte sofort zu. Auf diese Weise wäre ich gleich mehrere Probleme los: Den Zudringlichkeiten meines widerlichen Vermieters war ich nicht länger ausgesetzt und ich war aus der Reichweite meines Vormundes. Der, hätte er von meinem Lebenswandel erfahren, was früher oder später passieren musste, einen Riesenaufstand gemacht hätte.

„Aber ich bekomme immer die Hälfte von deinem Verdienst“, sagte der Typ aus dem Münsterland. „Kein Problem“, meinte ich. Dass er mein erster Zuhälter werden würde, war mir nicht klar. Es kümmerte mich in dem Moment aber auch nicht.

Eine perfekte Domina ist unberührbar

Selbst in Zeiten, als es mir dreckig ging, habe ich mir das nie anmerken lassen. Wenn ich im Fenster sitze, lasse ich keinen Blick hinter meine Fassade zu.

Auf die Haltung kommt es an. Bauch einziehen, Rücken gerade, strenger Blick. Für meine knallharte Disziplin wurde ich von den anderen Frauen immer bewundert. Dass ich über Stunden kerzengerade am Fenster saß, den Kopf kaum bewegte, mehr oder weniger nur nickte, wenn ein Gast mich mit seinem Blick fixierte. Auf diese Weise mache ich neugierig, wirke geheimnisvoll – in meinem Lederoutfit, mit Halsband, dazu diese aufrechte Haltung. Meine Stiefel waren immer mein Aushängeschild, ich sitze nie ohne sie im Fenster. Selbst wenn es im Sommer 40 Grad sind und ich fast kaputtgehe vor Hitze, die Stiefel müssen sein.

Ich muss zugeben, es wird schwieriger mit dem Alter, körperlich ist es anstrengender als früher. Aber auch heute lasse ich mich bei der Arbeit nie gehen. Bei mir heißt es: Entweder ich gebe 100 Prozent oder ich kann es gleich sein lassen. Nur so hält man sich über Jahrzehnte in diesem Geschäft.

Wenn ein Gast auf mein Fenster zukommt, spüre ich, wie er mich anstarrt, noch bevor ich ihn sehe. Ich öffne das Fenster und frage, ob er reinkommen möchte. Und wenn er bejaht, gebe ich ihm kurze, direkte Anweisungen. Ich halte ihn von Anfang an auf Distanz. Das ist Teil des Spiels, auf das er sich einlässt: Mach die Tür auf! Komm rein! Geh die Treppe hoch! Setz dich hin! Was willst du trinken? Was sind deine Wünsche? – Er mag verbale Erniedrigung, sagt er, auch Brustwarzenspiele oder er möchte in den Käfig eingesperrt oder ans Andreaskreuz gekettet werden. Wie lange möchtest du bleiben? Eine Stunde? Dann nenne ich den Preis. Jetzt muss er das Geld auf den Tisch legen, je nachdem, wie lange er sich die Session wünscht. Dann fange ich an. Das alles findet statt, ohne dass der Gast mich anfassen darf. Das Prinzip heißt Unberührbarkeit, Unnahbarkeit. Eine perfekte Domina ist unberührbar.

Wenn ich gnädig bin, darf er mir über die Hose streicheln oder meine Brust berühren, als Reizfaktor. Dabei bleibe ich die ganze Zeit angezogen. Heute gibt es auch Dominas, die das nicht so eng sehen wie ich. Die lassen sich lecken und solche Sachen. Es gibt Gäste, die mich bitten: „Kann ich deine Brüste nicht mal sehen?" Und ich muss mir einreden, es ist nichts anderes, als wenn ich in einer gemischten Sauna bin, da sieht man ja auch alles. Also lasse ich zu, dass er einen Blick auf mich werfen darf. Mehr nicht. Er kann noch so sehr darum betteln, aber ich lasse ihn niemals an mir lutschen oder rumgreifen. Ich muss gewisse Sachen für mich im Kopf entschuldigen und mit mir übereinkriegen, dass in Ordnung ist, was ich mache. Nicht weil ich persönliche Hemmungen habe, sondern weil ich meinen Status, den der unberührbaren Domina, nicht untergraben möchte.

Ich hatte mal einen Gast mit einem Fetisch, wie ich ihn bis dahin noch nicht erlebt hatte (und danach auch nie wieder habe). Das war völlig grotesk. Er fuhr darauf ab, dass er mit seinen Händen die Umrisse meines Körpers in einem Abstand von etwa fünf Zentimetern entlangfuhr, vom Scheitel bis zu den Zehen, Vorder- und Rückseite meines Körpers. So als würde er sich an meiner Aura aufgeilen. Ich nannte ihn auch nur den „Aura-Lover". Das war natürlich zum Schießen, ich musste mich beherrschen, ihm nicht ins Gesicht zu lachen, während er seine Finger an mir entlangwandern ließ, ohne mich auch nur eine Sekunde zu berühren. „Jaaa, jaaa, ich fühle dich! Jaaa, das ist gut, ich fühle dich, du bist in mir …", sagte er dabei die ganze Zeit. Na ja, er hat dafür bezahlt, genau das zu tun, dachte ich mir. Mir doch egal, was bei ihm im Kopf abgeht. Und immer wieder „Ohhhh, ohhhh, oooohhhhhhhh" und dann kippten ihm plötzlich die Augen weg, als wäre er in Trance gefallen. An dem Punkt fing ich an, mir langsam ein bisschen Sorgen zu machen, ob er nicht gleich ganz umkippt. Passierte aber nicht. Irgendwann hatte er seinen Orgasmus und genug von meiner Aura.

Noch bevor die erste Stunde einer Session vorüber ist, frage ich den Gast: „Möchtest du nicht noch länger bleiben? Möchtest du mehr machen, andere Sachen probieren?" Hier kommt es wieder ins Spiel, das Kobern. Ich versuche, ihm einiges zu bieten, stelle viel mit ihm an, jage ihn durchs Zimmer, wenn er das mag. Ich tue alles, damit er das Gefühl hat, länger bei mir sein zu wollen, unterwürfig zu sein, dass er mir dienen und von mir dominiert werden möchte. Manche Gäste zahlen für eine Stunde und das wars. Andere aber sind gerade erst auf den Geschmack gekommen und verlängern. Erst um zwei, dann drei, vier, fünf, sechs Stunden. Oder mehr. Ich hatte Gäste, die blieben 24 Stunden. Da waren dann aber meistens Drogen im Spiel. Einer lag auf dem Bett, darüber war ein Fenster, er guckte raus und sagte: „Schneit es bei dir auch ab und zu?“ Es war mitten im Hochsommer und ich verstand seine Frage nicht: „Schneien? Nee, wieso sollte es? Wir haben Juli!“ Absurderweise schaute ich sogar aus dem Fenster. „Also schneit es hier gar nicht?“ Ich dachte: Was will der? Und dann rieb er seinen Zeigefinger unter seine Nase. Erst da ging mir ein Licht auf. Ah, Koks meint er! Das war am Anfang, als ich noch ein bisschen grün hinter den Ohren war. Mit Drogen hatte ich bis dahin nur wenig zu tun, später änderte sich das, da hatte ich mal ein hartes Drogenjahr.

Wenn die Gäste auf Drogen sind, finden sie kein Ende. Dann wollen sie Stunde um Stunde und immer noch länger weitermachen. Was mir nur recht sein kann. Je länger, umso teurer. Früher zückten die Gäste ihr Scheckbuch, wenn sie nicht genug Bargeld dabeihatten, es gab noch die Eurocheques à 400 D-Mark, zack, zack, einer nach dem anderen – sehr praktisch. Heute muss der Gast Geld am Automaten holen oder Paul wird mit der EC-Karte losgeschickt. Wenn der Gast es locker sitzen hat, kann ich mir Zeit lassen mit ihm, ohne den Gedanken im Kopf, gleich wieder ans Fenster zu müssen. Dann ist die Schicht gerettet. Stundenlange Sessions sind das Beste, was mir passieren kann. Zu ausufernd ist natürlich auch nicht gut. Anstrengend wird es, wenn ich mit meinem Programm durch bin und der Gast immer noch nicht genug hat. In solchen Fällen hole ich mir zur Unterstützung eine Kollegin dazu oder auch mal mehrere, um ihn bei Laune zu halten. Der Gast kann somit zwischen uns Frauen hin- und herswitchen. Die eine macht mal dies, die andere das. Die eine steckt ihm einen Dildo in den Po, die andere schwingt die Peitsche. 24-Stunden-Sessions sind wirklich heftig und gar nicht mal so selten. Wenn Gäste über mehrere Tage bleiben, komme auch ich an meine Grenzen. Da gab es einen, wenn der in die Herbertstraße marschierte, wusste ich schon, so schnell komme ich jetzt nicht nach Hause. In der Regel blieb er ganze drei Tage. Das muss man sich mal vorstellen. Er hatte so eine Vorliebe, die klingt auf den ersten Blick nach einem total easy Job: Er lag nackt auf dem Bett und spielte an sich herum. So gut, so schön. Währenddessen saß ich hinter einer spanischen Wand, die im Studio eigens aufgebaut wurde, und musste ihm im Flüsterton versaute Geschichten erzählen, irgendwelche Phantasiestorys davon, wie er benutzt und gedemütigt wird, wie ich ihn fertigmache und bestrafe, lauter solche Geschichten – aber immer nur gaaaanz leise. Nur so dahingehaucht. Das machte ihn immer geiler und dabei holte er sich einen runter. Über Stunden ging das! Und sobald ich aus Versehen nur ein wenig zu laut redete, reagierte er total sauer und machte „Pscht, pscht“ und manchmal schickte er mich sogar aus dem Zimmer. „Reicht mit dir“, sagte er giftig, „hol mir 'ne andere!“ Und dann musste die nächste Frau weitermachen. Er war ursprünglich der Gast einer Kollegin, die mich mal dazuholte, als sie nicht mehr konnte. Wer denkt, hört sich nach leicht verdientem Geld an, der soll mal versuchen, über drei, vier Stunden lang nur zu flüstern. Ich jedenfalls kann das nicht, da mache ich lieber Action mit einem Gast. Außerdem war der Flüsterer meistens klamm und ließ anschreiben. Er versprach, seine Schulden beim nächsten Besuch zu zahlen und hielt sich auch daran. Trotzdem war ich nicht unglücklich, dass er irgendwann nicht mehr auftauchte.

Ein Grab in Öjendorf

Aus der Traum.
Das wars.
Vorbei.

Bremen, 1980

Meine Trips nach St. Pauli blieben erfolglos. Ich hatte keine Spur zu meiner Mutter finden und niemanden auftreiben können, der etwas über sie wusste. Ich kam nicht weiter, ich war frustriert. Meine Mutter blieb die große Unbekannte. Eines aber wurde mir damals klar, ich würde irgendwann selbst nach Hamburg gehen. Das war mein neues Ziel, ich wollte auf der Reeperbahn arbeiten. Vielleicht, so die vage Hoffnung, würde ich meiner Mutter hier doch noch begegnen.

Dann erfuhr ich von ihrem Tod. Mein Vormund besuchte mich, ich wohnte gerade erst mit der Studentin zusammen, da teilte er mir mit, er habe einen Brief bekommen mit der Todesanzeige meiner Mutter. Am 28. Februar hatte man sie in Hamburg tot aufgefunden, in einer Wohnung auf St. Pauli, in der sie offensichtlich gearbeitet hatte – in der Gerhardstraße, die das eine Ende der Herbertstraße markiert. Er zeigte mir auch den Artikel aus einer Lokalzeitung, in dem berichtet wurde, eine 36-jährige Prostituierte sei auf unerklärliche Weise umgekommen. Zu dem Zeitpunkt unseres Gesprächs war meine Mutter bereits beerdigt worden.

Damit war es aus mit dem Traum, sie zu finden. Nach meinem Vater zu suchen, machte gar keinen Sinn. Wahrscheinlich war er ein namenloser Freier gewesen, über den auch meine Mutter nichts gewusst hätte. Er hatte sie besamt und das wars. Jetzt brauchte ich auch nicht mehr nach Hamburg zu trampen. Ich hatte aber ohnehin schon genug zu tun in Bremen – mit meiner Anschafferei.

Ob ich damals um meine Mutter getrauert habe, ist schwer zu sagen, weil ich niemanden verloren hatte, den ich kannte. Aber die Gewissheit, ich würde sie niemals kennenlernen, die ging mir nah. Es war auch eine Neugier in mir: Wie sah sie aus? Hatte ich weitere Verwandte? Lebten meine Großeltern noch? Dass ich dann doch einiges herausfinden konnte, lag nur daran, dass ich mich selbst richtig dahinterklemmte. Ich wollte mich von jetzt an auf die Suche nach der Familie meiner Mutter machen. Von ihrem Vater, meinem Großvater, wusste ich nur, dass auch er Freitag hieß und ich kannte die Region, aus der meine Mutter stammte. Ich kontaktierte Ämter, Behörden, Institutionen, rannte von Pontius zu Pilatus, nervte die Beamten, fragte mich durch, wer eine Familie Freitag kannte. Ich wälzte Telefonbücher und Gelbe Seiten und rief alle, na ja viele, mit meinem Nachnamen an. Die Suche zog sich über Monate, zwischendurch war ich drauf und dran, hinzuschmeißen, dann legte ich die Sache für eine Weile auf Eis, bis mich der Ehrgeiz wieder packte. Wenn ich etwas wirklich will, schaffe ich es auch. Irgendwie. Eines Tages hatte ich ihn an der Strippe. Ich hatte wie immer mein Sprüchlein aufgesagt: „Kennen Sie eine Hildegard Freitag, ich bin deren Tochter, mein Name ich Manuela Freitag." Und der Mann am anderen Ende der Leitung sagte: „Ja, die kenne ich. Ist meine Tochter." Mein Großvater wohnte in einem kleinen Ort in der Nähe von Göttingen. Ich erklärte ihm, dass ich meine Mutter nie kennengelernt habe und auf der Suche nach meinen Verwandten sei. Mein Opa gab mir daraufhin seine Adresse, schon am nächsten Tag fuhr ich hin. Nervös, aufgeregt, neugierig, freudig, also, ich war ganz schön durch den Wind. Ich hatte weder eine Vorstellung davon, wie das Kennenlernen ablaufen würde, noch knüpfte ich daran große Erwartungen. Was gut war, denn am Ende war unsere Begegnung enttäuschend. Ach was, sie war eine Katastrophe, ein Schlag ins Kontor. Mein Großvater war schon um die 80, groß, grauhaarig, er hatte noch einmal geheiratet, seine neue Frau, die also nicht meine leibliche Großmutter war, empfing mich reserviert und kühl. Dass sie mich nicht mochte, spürte ich von der ersten Sekunde an. Auch wenn mein Großvater mich zur Begrüßung in den Arm nahm, war offensichtlich, dass die beiden mich nur aus einer Art Pflichtgefühl heraus eingeladen hatten. Ich passte nicht in ihr schönes bürgerliches Leben. Das Kind einer Hure. Als Erstes sagte mein Großvater, er könne mir gar nicht viel über meine Mutter erzählen, er wüsste ja selbst kaum etwas von ihrem Leben und gar nichts darüber, wie sie gestorben sei. Ab und an sei sie in den vergangenen Jahren zu Besuch gekommen, ansonsten habe es keinen Kontakt gegeben. So ernüchternd das alles auch war, wollte ich trotzdem den Kontakt aufrechterhalten. Als wir uns verabschiedeten, fragte ich ihn, ob ich mich melden dürfe. „Klar", sagte er. Als ich ein paar Tage später anrief, sagte seine Frau, er sei für mich nicht mehr zu sprechen, ich brauche auch nicht noch einmal anzurufen. Dann schrieb ich meinem Großvater mehrere Briefe, bekam aber auch darauf nie eine Antwort. Irgendwann ließ ich es bleiben. Was aus ihm wurde und wann er starb, habe ich nie erfahren.

Völlig umsonst war mein Besuch dennoch nicht, denn nachdem ich ihn darum gebeten hatte, zeigte mir mein Großvater ein Foto meiner Mutter. Hinter vielen anderen Familienfotos versteckt stand es ganz hinten in einem Regal. Ich habe das Bild noch genau vor Augen. Meine Mutter ist darauf um die 18 Jahre alt. Ihr dickes, schwarzes Haar ist hochtoupiert, wie es in den 60ern in Mode war. Sie hat eine schlanke Figur, trägt ein helles Sommerkleid, sie strahlt in die Kamera, macht einen rundum sympathischen Eindruck. Neben ihr auf dem Bild steht ein weißer Pudel. Dieses Foto – wie gerne hätte ich es behalten, aber in dem Moment, als ich es in den Händen hielt, dachte ich nicht daran, meinen Großvater danach zu fragen. Wie dumm von mir. Es war das erste und auch einzige Mal, dass ich meine Mutter sah. Warum sie, die aus einem bürgerlichen Elternhaus kam, zur Prostituierten wurde, würde mich interessieren. Ob es Parallelen zwischen ihrem Werdegang und meinem gab? Ich kann niemanden danach fragen. Nach so vielen Jahren spielt es auch keine Rolle mehr. Alles, was von ihr geblieben ist, ist dieser Satz aus der Zeitung: „Auf unerklärliche Weise umgekommen". Der geht mir nicht aus dem Kopf.

Immerhin erfuhr ich von meinem Großvater noch, dass ich eine Tante in Berlin hatte, also die Schwester meiner Mutter. Nachdem sich mein Großvater offensichtlich nicht weiter für mich interessierte, machte ich mich auf die Suche nach meiner Tante und wieder telefonierte ich mich wie wild durch die Gegend. Immerhin, mit ihrem Wohnort hatte ich in diesem Fall einen konkreten Anhaltspunkt. Ich fand sie dann tatsächlich und setzte mich in den Zug nach Berlin. Es war ein seltsames Treffen, befremdlich irgendwie, anders kann ich es nicht sagen. Meine Tante, das weiß ich noch, trug ein Dirndl und trank sehr viel. Es entstand nichts zwischen uns, wir hatten uns nichts zu sagen. Als ich sie nach meiner Mutter fragte, sagte sie immer nur, sie erinnere sich nicht. Ich war geschockt von ihrem massiven Alkoholkonsum und wollte nur schnell wieder weg. Einmal noch telefonierten wir, dann stellte ich auch das ein. Dann erfuhr ich von meinem Vormund, dass ich vier Halbgeschwister hatte, zwei Schwestern und zwei Brüder. Das stand in einer Akte, die das Jugendamt führte, denn meine Mutter hatte noch weitere Kinder, die auch nicht bei ihr lebten. Zwei waren adoptiert worden, hatten also andere Namen, zwei hießen Freitag. Erst lange nach den frustrierenden Treffen mit Großvater und Tante kümmerte ich mich darum, meine Halbgeschwister aufzutreiben. Meinen Halbbruder fand ich, auch er lebte in Norddeutschland, und er stand in Kontakt mit meiner Halbschwester. Ihn traf ich einmal, von ihr hörte ich nur, sie habe kein Interesse daran, mich kennenzulernen. Und, ehrlich gesagt, das beruhte auf Gegenseitigkeit. Diese Familie – von „meiner" Familie möchte ich gar nicht sprechen – war kaputt, emotional zutiefst gestört, das hatten mir die wenigen Begegnungen vor Augen geführt. Ich verstand nicht, wie ein Vater – mein Großvater – so wenig Interesse an seinen Kindern und Enkeln zeigen konnte. Das wollte mir nicht in den Kopf. Letztlich war es gut für mich, dass der Kontakt abgebrochen und ich niemals Teil dieser Familie geworden war. Manchmal ist es besser, denke ich, keine Familie zu haben.

Wieder einige Jahre später gelang es mir – erneut durch Detektivarbeit –, das Grab meiner Mutter zu finden. Man hatte sie auf dem Friedhof Öjendorf im Osten Hamburgs beigesetzt. Eine parkähnliche Anlage, sehr grün, idyllisch gelegen, ein schöner Friedhof, wenn man das so sagen kann. Ich bin einmal dort gewesen. Das Grab war verwahrlost und schon wieder für den Nächsten bereit. Mittlerweile existiert es nicht mehr. Wie der Zufall so spielt, lebe ich jetzt in einem Haus, das fast neben dem Friedhof liegt. Schon komisch. Früher warst du so unerreichbar für mich, Mama, und jetzt liegst du hier nebenan, denke ich manchmal, wenn ich an dem Friedhof vorbeifahre. Aber nur manchmal, ich bin ja nicht gefühlsduselig.

Diese Jahre meiner Jugend – als ich ins Milieu kam, immer wieder nach Hamburg trampte, vom Tod meiner Mutter erfuhr, meinen Großvater fand und wieder verlor – waren wahnsinnig aufregend und aufreibend zugleich. Ein einziges emotionales Auf und Ab. Es lief so irre viel parallel ab. Aber ich habe die Zeit in guter Erinnerung. Es war keiner da, der mir vorschreiben konnte, was ich zu tun oder zu lassen hatte. Ich verdiente mein Geld in den Clubs und mir war klar, das ist es! Beruflich wollte ich nichts anderes machen, weder studieren (ging sowieso nicht ohne Schulabschluss) noch einen anderen Job erlernen. Die Parole lautete: Durchhalten bis zur Volljährigkeit. Und mit 18 würde ich richtig durchstarten.

Was mein Privatleben betrifft: Da blieb kaum Zeit für so etwas wie Freundschaften, entweder habe ich gearbeitet, geschlafen oder die Nächte in den Discos durchgefeiert.

Und erst recht wollte ich in dieser Phase keinen Freund. Durch die Anschafferei war ich regelrecht Mann-satt. Wie eine Partnerschaft funktioniert, hätte ich auch gar nicht gewusst. Auf dem Strich waren die Fronten geklärt, das war ein Geben und Nehmen, ein Deal. Ich nahm Geld und der Kunde bekam meinen Service. Grundsätzlich machte ich trotzdem nur das, was ich wollte. Dabei spielte es keine Rolle, ob die Kunden nett zu mir waren oder nicht. Wenn einer sagte: „Oh, lutsch ihn mal." Dann sagte ich: „Lutsch ihn doch selbst." Ich war einfach immer nur frech und ließ sie nicht an mich herankommen, habe sie nur gewichst, immer mit Gummi drüber. Geschlechtsverkehr gabs noch nicht. Die Bremer Zeit war softy-softy. Mit meiner Art machte ich mir im Milieu aber kaum Freunde. Im Milieu gönnen sie dir den Dreck unter den Nägeln nicht. Das war einmal mehr eine bittere Erfahrung. Die anderen Mädchen waren eifersüchtig, weil ich Biss hatte. Ich war hübsch anzusehen, aber längst nicht perfekt, dünn und kaum Busen (den ließ ich erst später mehrfach vergrößern), die anderen machten wesentlich mehr her. Aber was nützt es, ein Püppchen zu sein, wenn kein Biss dahinter ist. Ich wollte etwas und das, was ich wollte, habe ich erreicht. Weil ich selbstbewusst war. Keine Ahnung, woher ich das hatte.

Ja, es war die unbeschwerteste Zeit, es waren Jahre der Leichtigkeit.

Das Fest der Hiebe

Nur wenn Weihnachten nichts los ist,
werde ich besinnlich.
Ein bisschen.
Und auch nur gelegentlich.

Alle Jahre wieder. Heiligabend in der Herbertstraße. Halleluja. Da denken viele: Wie traurig ist das denn? Gar nicht. Jedenfalls macht es mir nichts aus, auch an den Feiertagen im Fenster zu sitzen. Weihnachten war noch nie so mein Lieblingstag. Was sicherlich daran liegt, dass ich keine so tollen Kindheitserinnerungen an das Fest der Liebe habe. Mit Religion und Kirche habe ich auch nichts am Hut. Ich habe natürlich Hoffnungen und Wünsche, gar nicht mal so sehr für mich. Wie jede Mutter wünsche ich mir, dass mein Sohn gesund und glücklich durchs Leben kommt. Dass ich ihm nie zur Last falle, wenn ich richtig alt bin, dass ich ihm niemals mein Schicksal aufbürden muss. Mit mir als Mutter hatte er es ohnehin nicht immer leicht.

Die schönsten Weihnachten waren die, die ich mit meinem Sohn verbringen konnte. Mit allem Drum und Dran. Festlich geschmückter Baum, viele Geschenke, leckeres Essen, Schokolade ohne Ende. An Heiligabend stand ich stundenlang in der Küche und kochte für uns. Dann kam die Zeit, als mein Sohn die Weihnachtstage immer häufiger bei seinem Vater, meinem Ex, verbrachte, auch wegen seiner Halbgeschwister, mit denen er sich gut verstand. Da war es natürlich spannender für einen Jungen, als allein mit Mama unterm Tannenbaum zu sitzen. Ich fand das schade, hatte aber Verständnis und ließ ihn machen, wie er es wollte. Heute ist es so, dass mein Sohn den ersten Weihnachtstag mit mir verbringt und am zweiten meistens wieder nach Hause düst.

Nur wenige Frauen sitzen an Heiligabend in der Herbertstraße. Das Geschäft läuft mal so, mal so. In dem einen Jahr ist es richtig gut, dann gibts eine schöne Bescherung und im nächsten Jahr tote Hose. Es gibt keine Garantie. Grundsätzlich sind die Gäste Weihnachten großzügiger als während des restlichen Jahres. In den miesen Jahren sitze und sitze ich, dass selbst ich den Weihnachtblues bekomme und mir fast die Tränen runterkullern. Kein Gast, der Geld bringt, keine Frau, um ein paar Worte zu wechseln. Alle brav zu Hause, besinnlich beim Weihnachtsschmaus. Nur ich bin bei der Arbeit, schon blöd, denke ich. Aber was sollte ich auch allein zu Hause rumhängen? Vorne an der Herbertstraße sind ein paar der Häuser ein bisschen mit Girlanden und Tannenzweigen dekoriert, aber bei mir im Hinterhof sieht alles aus wie immer. Und der Hamburger Winter kann echt trist sein und einem die Laune verderben. Die Gäste, die doch den Weg zu mir finden, wollen es an diesem Abend zack, zack, schnell spritzen und wieder gehen. Zurück zu Mutti an die gedeckte Tafel. Nur die wenigsten haben Zeit für eine Marathonsession und wollen die Sau rauslassen.

Aber dann gibt es die Jahre, in denen es auch in der besinnlichsten Zeit nur so brummt. In einer Nacht hatte ich mal 14 Gäste, bislang mein absoluter Weihnachtsrekord. Rauf aufs Zimmer, runter ins Fenster, rauf, runter, rauf, runter, rauf, runter und immer so weiter. Ich marschierte bis in den späten Nachmittag. Wenn es gut läuft zu Weihnachten, dann profitiere ich doppelt und dreifach. Weil kaum Frauen da sind, müssen die Gäste zwangsläufig zu mir kommen, oder sie kehren unverrichteter Dinge zurück nach Hause. Und welcher Mann, der sich von der Familie weggeschlichen hat, will das schon?

Im French Quarter, wo ich früher gearbeitet habe, gab es in den ersten Jahren immer eine kleine Weihnachtsfeier für uns Frauen. Der Chefin des Hauses war ein bisschen familiärer Umgang wichtig. Sie organisierte den ganzen Abend im Vorfeld, lud uns in ein Restaurant ein, bereitete für jede Frau kleine Geschenke vor. Ich bekam dummerweise immer Geschenke, die sofort kaputtgingen, wie einen Stretchgürtel, der gleich platzte, als ich ihn anzog. Aber mir gefiel unser weihnachtliches Ritual. An diesem Abend waren wir, die Huren, mal keine Konkurrentinnen, es fühlte sich an, als wenn sich ein paar Freundinnen treffen.

Exzessiv hingegen ging es zu, wenn die Nutella-Bande Weihnachten feierte. Die Nutella-Bande war eine Zuhälterorganisation in Hamburg, die einen Großteil des Rotlichtbezirks von St. Pauli kontrollierte (welche Rolle die Nutella-Bande in meiner „Kiezkarriere" spielen sollte, werde ich noch erzählen). Die Konkurrenz-Organisation nannte sich GMBH. Diese beiden teilten sich den Markt auf. Ich bewegte mich jedenfalls eine Zeit lang im Dunstkreis der Nutella-Bande, besser gesagt, mein damaliger Zuhälter war ein „Nutella“ und somit gehörte auch ich zu denen. Das war in der Zeitspanne, als ich auf der Reeperbahn anschaffen ging, aber noch bevor ich in der Herbertstraße saß. Wenn die Luden Weihnachten feierten, ließen sie es krachen. Dann wollten sie ihren Frauen mal zeigen, wie großzügig sie sein konnten – zumindest einmal im Jahr. Tatsächlich war es so, dass die Frauen das ganze Jahr über Spargeld sammeln mussten, 50 oder sogar 100 D-Mark am Tag. Im Dezember bekamen die Zuhälter dicke Kuverts von ihren Frauen mit bis zu 30.000 D-Mark. Davon wurde die komplette Party bezahlt, das Essen, der Alkohol, die Drogen, ja, und auch ein bisschen etwas wurde in Geschenke für die Frauen investiert: eine Uhr, ein Paar Ohrringe, so ein Zeug. Wir Frauen tanzten nacheinander in der Reihe an, um uns das Geschenk abzuholen, dessen Größe nach Verdienst und Rang ausfiel. Die „Festfrauen“, also die Partnerinnen der Zuhälter, bekamen natürlich das größte Geschenk von ihrem Mann/Zuhälter, die kleineren Präsente gingen dann an die Erst-, Zweit-, Drittpartie und so weiter. Am großzügigsten beschenkten sich die Luden selbst, sie sackten den größten Batzen der Kohle ein, die die Frauen angespart hatten. Aber das wird niemanden überraschen.

Eine unschöne Erinnerung habe ich an das vorletzte Osterfest in der Herbertstraße, das musste ich nämlich einige Stunden lang in einer Gefängniszelle verbringen. Unschuldig, das will ich vorausschicken. Folgendes war vorgefallen: Ich hatte einen ausländischen Touristen als Gast. Auf dem Zimmer sagte ich zu ihm: „Hose runter!“

Er verstand mich gut, denn er sprach gebrochen deutsch. Dann wollte er auf einmal Geschlechtsverkehr. Ich zog ihm das Gummi über und wichste ihn. „Nix GV", sagte ich. In dem Moment schlug er meinen Arm zur Seite, riss sich das Gummi runter und fing an herumzubrüllen, machte richtig Terror. Paul kam angerannt und schmiss ihn raus. Ich bekam mit, dass er anschließend im Hinterhof herumstreunte. Plötzlich stand er wieder vor meinem Fenster, aber diesmal mit zwei Polizisten. Die Beamten verlangten, meinen Ausweis zu sehen, den ich dummerweise an diesem Tag nicht dabeihatte. Wer rechnet zu Ostern schon mit Besuch von der Polizei? Ich musste dann den Vorgang mit dem Gast schildern. Der hatte nämlich behauptet, ich habe ihn abkassiert und dann sei nichts passiert. Eine glatte Lüge. Aber die Polizisten mussten dem Betrugsvorwurf natürlich nachgehen, denn es gibt auch unter den Prostituierten schwarze Schafe. Nun war es so, dass der Gast sagte, er habe noch nicht einmal seine Hose bei mir ausgezogen. Ich aber konnte genau seine Unterhose beschreiben. „Trotzdem müssen wir Sie mitnehmen, zum Erkennungsdienst, Ihre Bilder sind zu alt", sagte einer der Polizisten und ich solle in voller Montur als Domina mitkommen. Das lehnte ich kategorisch ab, ich hatte keine Lust, mich vorführen zu lassen. Ich zog mich um, packte mein Outfit aber ein. Dann ging es zunächst auf die Davidwache, dort nahm man meine Daten noch einmal auf und steckte mich anschließend in eine Zelle im Kellertrakt. Ich sollte hier warten, bis man mich mit einem Kleinbus in die Zentrale fährt, wo man mich erkennungsdienstlich erfassen würde. Ich wartete also und wartete, eine Stunde, zwei Stunden, nichts passierte. Und geschlossene Räume sind für mich ja der Horror. Ich lag auf einer Pritsche und versuchte, ruhig zu bleiben. Dann, nach vier Stunden, holte man mich ab. Rein in den Knastbus, weiter zum Polizeipräsidium, eine knappe halbe Stunde Fahrtzeit. Als wir ankamen, sah ich, dass Paul vor dem Präsidium herumstand. Ihm hatte ich gesagt, er solle schon mal vorfahren und dort auf mich warten. Das hieß es auch wieder für mich. „Sie haben Glück", sagte eine Beamtin nach einer halben Stunde, „wegen Ostern ist wenig los, Sie kommen heute schnell dran." Wenn das schnell ist, dachte ich nur. Meine Fingerabdrücke wurden genommen, ich fühlte mich wie eine Kriminelle. Als nächstes sollte ich fotografiert werden. „Bitte Arbeitsklamotten anziehen", sagte man zu mir. „Warum? Ich will hier nicht arbeiten", konterte ich. Aber ich war mürbe und müde und hatte keine Lust zu diskutieren, also zog ich meine Montur an. Das war nicht okay, finde ich. Bei allem Verständnis dafür, dass man Betrügerinnen aufdecken will, ich fühlte mich diskriminiert, so zu posen. Danach durfte ich gehen, ließ mich von Paul zurück in die Herbertstraße fahren und setzte mich wieder ins Fenster. Nach ein paar Monaten bekam ich ein Schreiben vom Gericht, man hatte meine Aussage als glaubwürdig erachtet. Das Betrugsverfahren wurde eingestellt – der Unterhose sei Dank.

Eine größere Polizeiaktion, in die ich vor mittlerweile mehr als 20 Jahren verwickelt war, schaffte es sogar in die Boulevardpresse. Eine Schlagzeile der Hamburger Boulevardpresse lautete damals:

Ein Bayer wollte alles – aber als die dicke Rechnung kam, rief er die Polizei

Manche mögen's heiß, andere schmerzhaft. In der Herbertstraße gibt's für jede sexuelle Obsession ein Angebot. Manchmal aber sind „Normalos" verwirrt, wie weit die Phantasie auf dem Kiez mit Liebeslüstlingen durchgehen kann. Nehmen wir zum Beispiel Peter N. (Name geändert): 30 Jahre, lebt in München, ist vermögend, ein Großer in der Werbebranche. Der Kreative braucht nicht nur Schmerzen, sondern auch den „Kick danach", um richtig gut zum Höhepunkt zu kommen. Zwei Dominas erfüllten ihm den Wunsch – viel zu gut, wie Peter N. am Ende meinte und sich vom Mobilen Einsatzkommando aus der „Falle" befreien ließ. Aber von Anfang an. Der sehnlichste Wunsch des Werbers: Er wollte in Leder gefesselt, gequält – und fotografiert werden. Mit den Bildern sollten die Huren ihn dann erpressen. N. wollte zahlen, um den ultimativen Kick zu bekommen. Er braucht's eben so ... Und er fand zwei, die es ihm besorgten: B. (26) und Manuela (36), erfahrene Dominas aus der Herbertstraße. Sie quälten den weitgereisten Kunden, pressten ihm nach und nach 16.000(!) Mark für die kompromittierenden Beweise seiner Lustreisen in den Norden ab. Und er fühlte sich gut dabei.

Doch mit dem wohligen Schauer war's vorbei, als N. wieder 8000 Mark berappen sollte. Er ging zur Polizei, erstattete Anzeige wegen Erpressung. Das Milieudezernat bestellte das MEK, als N. mit den Herrinnen auf dem Flughafen wieder mal verabredet war. Handschellen klickten, die Damen mussten mit ins Präsidium und die Ermittler staunten: Erst als sie auspackten, gab N. kleinlaut seine „Spiele ohne Grenzen" zu. Die Dominas sagten, N. habe doch freiwillig weitermachen wollen. „Diese Lust hat nach Angaben des Mannes nur seitens der Damen bestanden", sagte eine Polizistin. Wie wird wohl das Gericht über Deutschlands kurioseste Erpressung urteilen? Fest steht: Peter N. hätte sich die Peinlichkeit sparen können. Aber dann hätte wohl auch seine Libido gelitten: Auf den Fotos war er gar nicht zu erkennen – „situationsbedingt", wie die Polizei genüsslich mitteilte.*

---

* Jakob, Sönke: „Ein Bayer wollte alles – aber als die dicke Rechnung kam, rief er die Polizei", www.mopo.de, 4.8.2000, (30.5.2021)

Saunaclub Münsterland

Ich wurde Prostituierte mit allem, was dazugehört.
Ich funktionierte auf Knopfdruck.
Wie eine Maschine.

Liesborn bei Lippstadt, 1980

Ich wollte in die Weltstadt Hamburg und wo war ich gelandet? In Liesborn, einem Nest im Münsterland, unweit von Lippstadt, bekannt ausgerechnet durch ein ehemaliges Kloster, aber davon wusste ich damals nichts. Der Typ, den ich in einer Bremer Disco kennengelernt hatte, hatte mir den Job in einem Saunaclub in der Provinz schmackhaft gemacht, auch wenn ich ihm die Hälfte von allem, was ich verdiente, abgeben musste. Ich hatte von Zuhältern keine Ahnung. Ist doch okay, dachte ich, wenn ich 500 oder 700 D-Mark am Tag verdiene, bleibt mir immer noch genug übrig. Mehr als wenn ich weiter in Bremen anschaffen ging. Ich bekam einen gefälschten Ausweis, laut dem ich volljährig war. Jeder im Saunaclub wusste aber, dass ich noch keine 18 war. Ich verließ Bremen, ohne mich zu verabschieden und zog mit Sack und Pack ins Münsterland.

Der Saunaclub lag in einem Hinterhof, nach vorne, zur Straßenseite hin, war eine Disco. Um in den Saunaclub zu gelangen, musste man an einer Tür klingeln. Dann stand man in einem Raum mit einem Tresen, Tischchen und Stühlen, dahinter war eine Tür. Von dort kam man in den

Saunabereich mit einem Whirlpool. Nur zum Zweck des Schwitzens oder Planschens besuchte natürlich kein einziger Gast den Club. Fünf, sechs Mädels arbeiteten hier. Hinter dem Saunabereich befanden sich kleine Zimmer, in die wir uns mit den Gästen zurückziehen konnten, sobald es zur Sache ging. Das Gebäude hatte zwei Ebenen. Im Erdgeschoss wurde gearbeitet, in der ersten Etage waren unsere privaten Schlafzimmer, eine Küche und ein Aufenthaltsraum.

Die Gäste, die in den Saunaclub kamen, hatten das Geld lockerer sitzen, als ich es vom Straßenstrich und aus den Bars in Bremen kannte und man musste sie auch nicht so viel bequatschen, um an das Geld zu kommen. Das machte uns das Leben leichter. Andererseits musste ich mich jetzt etwas zurückhalten, hier konnte ich den Gästen nicht mehr so frech kommen. Einen Spruch wie „Lutsch ihn dir selbst!" konnte ich mir abschminken. Sie bezahlten für Sex, für Geschlechtsverkehr, und den bekamen sie. Aber das war okay für mich. Ich lebte mich gut ein und durfte auch bald schon hinterm Tresen stehen und den Getränkeausschank machen. Mit den anderen Mädels verstand ich mich auf kollegialer Ebene, aber privat hatten wir nicht viel miteinander zu tun. Dirk war einer der Inhaber des Saunaclubs, er hatte gleich ein Auge auf mich geworfen. Er war es auch, der meinen Zuhälter Nummer eins, also den, der mich nach Liesborn vermittelt hatte, rauskickte. „Manu gehört jetzt zu mir, verpiss dich, du brauchst nicht mehr herzukommen!" Und damit war die Sache erledigt. Ich mochte ihn. Wenn ich nicht gearbeitet habe, unternahmen wir etwas zusammen, gingen tanzen in einer Disco oder machten Ausflüge in der Umgebung. Damals hatte ich in einem Club meinen ersten Drogentrip, ich schluckte nämlich eine Ecstasypille. Auf einmal sah ich alles in bunten, wilden Farben, und es fühlte sich an, als liefe über meinen gesamten Rücken ein Reißverschluss, mit dem man meinen Körper in zwei Teile auseinanderreißen konnte. Gruselig war das! Nie wieder nehme ich Ecstasy, schwor ich mir hinterher. Dirk war meine erste Erfahrung in Sachen Beziehung, in ehrlicher Beziehung, ich war zwar erst 16 und er viel älter (und hässlich wie die Nacht), aber irgendetwas hatte der Typ an sich, das mir gefiel.

Wenn ich das Gefühl hatte, für die Woche hatte ich genug Geld eingenommen, mehr brauchte ich nicht, konnte ich die nächsten Tage Pause machen. Doch die Ära Münsterland endete abrupt. Eines Tages gab es eine Razzia, bei der der komplette Laden hochgenommen wurde. Ich schlief im ersten Stock, als Polizisten, mit Maschinenpistolen bewaffnet, von allen Seiten in den Club stürmten. Ich schaffte es gerade noch, mir ein Kleid überzuwerfen, bevor sie uns alle verhafteten und mit auf die Polizeistation nahmen. Man setzte mich in einen Verhörraum und richtete eine Lampe auf mein Gesicht. Ist ja wie in einem schlechten Krimi, dachte ich und musste schmunzeln, was dem Ernst der Lage nicht angemessen war. „Ich weiß von nichts“, lautete meine Antwort auf alle Fragen, oder „Keine Ahnung“, um das Verhör etwas zu variieren. In Wirklichkeit war ich natürlich alles andere als cool, ich war völlig eingeschüchtert und hatte eine Scheißangst, wo man mich hinstecken würden. Ziemlich schnell war den Beamten klar, dass mein Ausweis eine Fälschung und ich noch minderjährig war. Mein Vormund wurde angerufen. Ich kam zurück nach Bremen, in die Wohnung, die ich mit der Studentin teilte. Wieder in Bremen zu sein, war aber der Untergang. Ich fühlte mich dort wie in einem Gefängnis, wollte nur weg, weg, weg. Eines schwor ich mir: Mein nächster Abgang würde der letzte sein. Noch einmal finden sie mich nicht! Nach ein paar Tagen war es so weit. Ich hatte von einem Club in Stade gehört, in dem ich arbeiten konnte und machte mich auf die Socken. In Stade blieb ich ein paar Monate. Der Job dort war eine von vielen Etappen, bis ich irgendwann an meinen Sehnsuchtsort gelangte, nach Hamburg. Viel mehr gibt es über Stade auch nicht zu sagen. Ich kann mich nur an einen Gast erinnern, weil es so verrückt war. Ein Bauer, zwei Zentner schwer, den musste ich reiten, auch wenn er keinen hochbekam. Und dabei musste ich die ganze Zeit singen: „Jetzt reiten wir nach Laramie und holen dort die Sonne …"

Eines Tages dann trampte ich wieder nach Hamburg und dieses Mal schnappten sie mich auch nicht. Bremen gehörte endlich der Vergangenheit an. Vielleicht, dachte ich, hatte es ja auch sein Gutes, dass der Saunaclub im Münsterland ausgehoben worden war. Ansonsten wäre ich vielleicht dort versauert. Und wer will das schon!

Auf der Reeperbahn versuchte ich als Erstes, ein paar Kontakte zu knüpfen (ich kannte hier ja keine Menschenseele) und jemanden zu finden, der mir half. Ich musste ja irgendwo unterschlüpfen. Geld für ein Hotel hatte ich nicht. Ich schlief mal hier, mal da, je nachdem, wen ich kennenlernte, und machte auf Mitleid. „Och, kann ich nicht bei dir schlafen, bitte, bitte?" Süß gucken, das hatte ich drauf. Ich trug immer einen Leinensack mit mir herum, darin verwahrte ich die nötigsten Klamotten. Viele waren es ohnehin nicht. Was mir fehlte, das klaute ich. Im Grunde war ich zu der Zeit obdachlos. Deswegen blieb ich so lange wie möglich in den Discos, im Top Ten, Sheila oder Club 88, das waren die Läden, die angesagt waren. Ich lernte eine Menge spannende Menschen kennen. Einer steckte mir, wenn er mich sah, immer ein bisschen Geld zu und gab mir Getränke aus: „Lackschuh-Dieter", Zuhälter, Kiez-Größe, Markenzeichen elegante Kleidung – die namensgebenden Lackschuhe trug er selbstverständlich immer. Ich hätte gern für ihn gearbeitet, aber das ließ er nicht zu, ich denke, weil es ihm zu heikel war. Er wartete nur darauf, dass ich 18 wurde. Und dann sprach mich eines Tages ein Typ in einer Bar an, ein Bayer namens W., der in Hamburg sein Unwesen trieb. Ich kannte ihn schon vom Sehen. Dieser W. sagte zu mir, wenn ich Lust hätte, könnte ich, obwohl noch minderjährig, in einem seiner Privatapartments unterkommen und dort arbeiten. Und zwar ab sofort. Ein Dach über dem Kopf und Geld verdienen – das war ja wohl ein Sechser im Lotto, zumindest für den Moment meine Rettung, dachte ich und schlug ein.

Falsch gedacht.

Illusionen

Ich möchte so bleiben, wie ich bin.
Kein Mensch ist perfekt.
Ich möchte nicht abgewichst sein.

Ich mache immer wieder die Erfahrung, dass ich Menschen kennenlerne, die mich anfangs nicht mögen. Ich spüre sofort ihre Reserviertheit, diese gewisse Distanz. Ich lese es zwischen den Zeilen. Nach einem halben Jahr kommen sie plötzlich zu mir und sagen, sie würden mich ja jetzt schon einige Zeit kennen und müssten zugeben, dass sie sich getäuscht hätten: „Ich hätte nie gedacht, dass du so bist, wie du bist." Eine gute Freundin von mir behauptet, ich sei selbst schuld daran, dass die Leute so reagieren. „Du gehst immer gleich los und erzählst jedem Wildfremden, dass du eine Domina bist." „Bin ich doch aber auch", antworte ich ihr, „ich kann es ja nicht ändern. Das ist meine Realität." Aber ich würde die Menschen überfordern, meint meine Freundin, ich lasse ihnen nicht die Chance, sich ein Bild von mir zu machen, denn wenn sie einmal die Domina im Kopf haben, dann bleibt die im Kopf und überlagert alles andere, was mich ausmacht. Meine eigenen Erfahrungen geben dem, was sie sagt, recht. Trotzdem: Soll ich mich deswegen verstecken?

Das Problem ist doch, die meisten Leute geben sich gar nicht erst die Mühe, tiefer in einen Menschen hineinzuschauen.

Sie machen lieber eine Schublade auf und stecken dich rein. Dann wissen sie immer, wo du bist. Wenn das meine Art wäre, mit Menschen umzugehen, hätte ich meinen Job schon vor 30 Jahren an den Nagel hängen können. Als Domina muss ich den Menschen nur auf einer Art begegnen: vorurteilsfrei. Das ist die Prämisse für meinen Beruf: Menschen zu lesen, um zu erkennen, wie sie ticken, was sie begehren, wohin sie sich träumen, ohne zu urteilen – das ist essenziell, wenn ich einen guten Job machen will. Ich muss kreativ sein. Meine kluge Freundin sagte auch mal, ich sei eine Illusionistin. Sie hat insofern recht, als dass ich Illusionen vermittle, sie verkaufe. Ich kreiere eine Phantasiewelt für meine Klienten. Das ist nicht immer leicht, es erfordert Raffinesse, Einfühlungsvermögen und ja, manchmal muss ich über meinen eigenen Schatten springen. Wenn ich aber als Domina schon Scheinwelten aufbaue, möchte ich in meinem echten Leben, als Privatperson Manuela Freitag, nichts vorgaukeln, was ich nicht bin. Im Prinzip ist es auch einfacher, nicht zu lügen und bei der Wahrheit zu bleiben, finde ich.

Menschen lesen zu können, bedeutet nicht, sie immer richtig zu lesen. Natürlich liege auch ich mal völlig daneben. Gedankenlesen kann ich nicht. Eine falsche Einschätzung hätte mich mal fast das Leben gekostet. Ich hatte einen Gast, der wirkte anfangs völlig normal, ein ruhiger, friedfertiger Mann um die 40. Ein Routinejob, dachte ich, das übliche Programm. Wir waren auch fast fertig, als er plötzlich aggressiv wurde und behauptete, ich hätte ihn beklaut. Aus dem Nichts sprang er auf mich drauf, drückte mich mit seinem ganzen Körper aufs Bett, legte seine Hände um meinen Hals und drückte zu. Dabei brüllte er: „Gib mir das Geld zurück, Schlampe, ich kill dich, wenn du nicht mein Geld rausrückst!" Ich hatte keinen blassen Schimmer, wovon er redete, machte ihm aber deutlich, ich würde alles tun, was er wollte. Und dann merkte ich, dass er ein bisschen lockerließ und ich spürte, dass ihn diese Attacke auf mich, das Würgen, erregte. Irgendwann nahm er seine Hände weg und ich schaffte es, mich vom Bett runterzuschleichen und rannte aus dem Zimmer. Ich hämmerte an die Tür meiner Kollegin. „Hilfe, Bianca, Hilfe, der bringt mich um, der würgt mich, der würgt mich." Noch immer bekam ich kaum Luft. Wir riefen die Polizei. Der Würger hatte sich beruhigt, war komischerweise auch nicht abgehauen, sondern saß auf meinem Bett und ließ sich von der Polizei mitnehmen, ohne sich zu wehren. Jetzt war er wieder sanft wie zuvor. Ich hörte später, man habe ihm Sozialstunden und eine Geldstrafe aufgebrummt. Die Würgemale seines Angriffs waren noch tagelang an meinem Hals zu sehen. In den vielen Jahren war das die brenzligste Situation. Ich hatte wirklich Angst um mein Leben. Und dann gab es mal einen Gast, der völlig ausrastete und mein ganzes Studio zertrümmerte. Der alles, was er greifen konnte, durch das Zimmer schmiss, ich war machtlos und musste in Deckung gehen. Von einer zur anderen Sekunde wechselte er sein Gesicht. Der hat wohl nicht das bekommen, was er wollte, dachte ich. Es gibt Gäste, die ticken einfach aus. Aber beknackte Menschen, die gibt es schließlich überall, auch im normalen Leben, nicht nur in unserem Milieu.

Während mich meine Menschenkenntnis im Job selten trügt – von oben geschilderten Fällen einmal abgesehen –, muss ich zugeben, privat sieht das anders aus. Da falle ich zu schnell auf andere herein und lasse mich täuschen. Meine Gutgläubigkeit gepaart mit dem Bedürfnis, ständig anderen zu helfen, obwohl sie das gar nicht wollen, machen mir das Leben schwer. Ich kannte eine junge Frau, von der ich dachte, sie sei eine Freundin. Ich investierte sehr viel Zeit in diese Freundschaft, kümmerte mich um die Kinder der Frau, wenn sie selbst keine Zeit hatte, ließ mich das auch einiges kosten. Am Ende musste ich erfahren, dass diese „Freundin" hinter meinem Rücken schlecht über mich redete. Davon könnte ich Beispiele ohne Ende erzählen. Auch wenn es um Männer ging, war ich oft blind und ließ mich ausnutzen. In dem Moment aber nehme ich das oft nicht wahr. Wenn ich andere unterstütze, mache ich mir keine Gedanken darüber, etwas zurückzubekommen. Bin ich deswegen dumm oder naiv? Ich bin vielleicht nicht belesen und habe nicht studiert, meine Bildung besteht darin, von den Menschen zu lernen, denen ich begegne. Mal geht das gut aus, mal nicht und ich erlaube mir, auch weiterhin auf die Nase fallen zu dürfen. Ich verstelle mich nicht, um zu gefallen. „Du bist immer so direkt", tadelt mein Sohn mich, „das ist mir manchmal unangenehm." „Aber es führt mich schneller zum Ziel", sage ich. Ich weiß, dass ich zu viel von den Menschen erwarte. Wenn ich drei Schritte auf sie zugehe, erwarte ich das gleiche von ihnen. Gehen sie nur einen Schritt auf mich zu oder gar einen zurück, komme ich damit nicht klar. Dann leide ich, fühle mich abgewiesen.

Ein Schwein, ein ganz brutales Schwein

Ich wartete darauf, endlich 18 zu werden.
Nur deswegen hielt ich das aus.
Viel länger wäre es nicht gegangen.

Hamburg, 1981

„Du kannst bei mir wohnen, aber dann musst du da auch arbeiten", sagte W. zu mir. Ich hatte gehört, dass er mehrere Wohnungen in Hamburg besaß, in die er junge Prostituierte einquartierte. Ich war pleite und ohne Bleibe. Ich hatte keinen Bock mehr, mir immer wieder aufs Neue zu überlegen: Wo schläfst du heute Nacht? Meistens war ich die Letzte in der Diskothek, todmüde und wusste nicht wohin. So ging das über drei, vier Monate. Und immer die Angst, geschnappt zu werden. Also nahm ich das Angebot mit Kusshand an.

Meine neue Arbeitsstätte befand sich im Souterrain eines Hauses in einer kleinen Straße mitten in Winterhude, einem noblen Wohnviertel nahe der Alster. Das Apartment war spartanisch eingerichtet, ein langer Gang, von dem zwei Schlafzimmer und das Bad abgingen, geradeaus, am Ende des Ganges, war ein Aufenthaltsraum mit einer Küchenzeile. Mit mir wohnte dort noch eine andere Prostituierte. Sie war schon ein paar Wochen zuvor eingezogen: Ilona, etwas älter als ich, Mitte 20, hübsch, sie war mir sofort sympathisch. Als ich mit meinem Jutebeutel in der Wohnung ankam, gab W. ihr die Anweisung, mich ins Geschäft einzuweisen. „Lern sie an, zeig ihr, wie das hier läuft“, sagte er und verschwand. Er selbst wohnte zwar nicht mit uns in dem Apartment, kam aber regelmäßig vorbei, um abzukassieren. Das Geld, das wir mit den Freiern verdienten, mussten wir ihm fast komplett aushändigen, nur einen winzigen Bruchteil durften wir behalten. Und wehe, wir versuchten, ihn zu betrügen. Er wusste ganz genau, wer von uns wie viel an welchem Tag eingenommen hatte. Keine Ahnung, wie er das schaffte, wir waren ja nicht seine einzigen Huren, aber W. verlor nie den Überblick. Wir hätten uns aber auch nie getraut, auch nur einen Cent hintenrum einzustecken. Das hätten wir teuer bezahlt. Er benutzte Ilona und mich, wann und wie immer ihm gerade der Sinn danach stand. In den ersten zwei Wochen ließ er mich noch in Ruhe, stattdessen zerrte er Ilona in deren Zimmer. Hinterher sah sie verheult aus, sagte kein Wort. Irgendwann kam er zu mir. „So, Manu, heute bist du dran.“ Ich wusste, ich hatte keine Chance gegen ihn. Und sagte trotzdem nein. In der nächsten Sekunde lag ich schon auf dem Boden. Er riss mir meine Sachen vom Leib, drückte mich runter und nahm mich. Je mehr ich mich wehrte, umso härter schlug er zu. Dann lag ich nur noch da, weil ich nicht weiter geschlagen werden wollte. Ich bin 1,60 m groß, er war 1,85 m und ein Muskelprotz, was sollte ich mit meinen Babyfäusten gegen ihn ausrichten? Das war die erste Vergewaltigung durch W., unseren Zuhälter. Er war einer der brutalsten Menschen, die ich je kennengelernt habe und diese Wochen waren die schlimmste Zeit meines Lebens.

Ich hatte immer Schmerzen, er vergewaltigte uns auch anal, wir waren für ihn Dreck. Ilona und ich hatten Angst vor ihm. Wir hatten solche Angst, wieder verprügelt zu werden, dass wir alles zuließen. Es passierte so, wie er Lust hatte. Im Zimmer, im Bad, auf dem Flur. Zwei Tage hintereinander, dann eine Woche nicht, dann stand er plötzlich mitten in der Nacht in der Wohnung – wie es ihm beliebte. Es gab kein Muster, keinen Rhythmus, man konnte sich psychisch nicht auf seinen nächsten „Besuch" vorbereiten. Diese Unberechenbarkeit und das totale Ausgeliefertsein machten uns so fertig. Jetzt stellt sich natürlich die Frage, warum ich geblieben bin, warum ich nicht weg bin, wo ich doch sonst immer abgehauen bin und mir von niemandem etwas sagen ließ. Ich weiß nicht, was mit mir los war. Zum einen drohte W. uns, wenn wir abhauen, würde er uns finden und dann würde uns erst recht was blühen. Ich war mutlos, gebrochen. Und andererseits war ich trotz allem immer noch froh, dass ich bei ihm wohnen durfte und zumindest ein bisschen Geld verdiente. Ich weiß, das ist schwer zu verstehen und ich selbst verstehe es heute kaum. Aber ich war 17, wurde vergewaltigt und war diesem Typen ausgeliefert. Er war ein Schwein, ein ganz brutales Schwein. Ich dachte nur, wenn ich 18 bin, dann bin ich frei, dann kann er mir nichts mehr. Er drohte auch damit, mich bei der Polizei anzuzeigen, wenn ich nicht pariere. Dass er selbst ernsthafte Probleme bekommen hätte, wäre er zur Polizei gegangen, so weit dachte ich nicht. Und wohin hätte ich gehen sollen? Mit Ilona hatte ich ein ganz enges Verhältnis, ich mochte sie gern und sie mich, wir hielten zusammen, nur so ertrugen wir das alles überhaupt. Ich hätte sie nicht allein lassen wollen und sie mich auch nicht.

Derjenigen, die zurückgeblieben wäre, der wäre es erst recht schlecht gegangen. Die hätte alles ausbaden müssen. Also blieb ich. Dazu das tägliche Geschäft, rund um die Uhr kamen Freier in die Wohnung. So lief es ab, tagein, tagaus. Ilona und ich verließen das Apartment nur ganz selten. Das Essen brachte uns W. meistens vorbei. Groteskerweise erinnere ich mich genau daran, dass er am liebsten Berliner aß. Manchmal kam er morgens vorbei und frühstückte bei uns. Eine von uns musste losgehen und beim Bäcker um die Ecke eine Tüte Berliner holen. Friss deine Berliner, du Sack, und erstick dran, dachte ich, wenn ich ihn am Tisch sitzen sah. Den Gefallen tat er uns leider nicht. Er schlug uns auch, wenn wir seiner Meinung nach nicht genug Kohle gemacht hatten. „Sei nicht so faul, Manu. Warum hat Ilona 200 D-Mark mehr drin als du? Streng dich mehr an, du Fotze!" Im nächsten Moment knallte es, in mein Gesicht, immer mit der flachen Hand, wir sollten ja keine größeren Blessuren davontragen. Nur unsere Körper traktierte er mit seinen Fäusten, oder er riss mir den Kopf an den Haaren zurück. „Hast du mich verstanden? Strengt euch mal mehr an!"

Etwa ein halbes Jahr verging. Einige Wochen vor meinem 18. Geburtstag bin ich dann doch weg von W. Ich hielt es nicht länger aus. Woher ich den Mut nahm, kann ich nicht mehr sagen. Ich dachte wohl, die restliche Zeit bis zur Volljährigkeit würde ich schon irgendwie überbrücken. Ich bin alleine gegangen, aber Ilona haute kurz danach ab. Wir trafen uns wieder, als wir beide in der „David 11" anschaffen gingen, später arbeitete auch sie in der Herbertstraße. Obwohl wir uns immer noch gut verstanden und sogar zusammen Urlaub machten, sprachen wir nie wieder über die Zeit bei W. Leider verloren wir uns aus den Augen, ich habe gehört, dass sie vor ein paar Jahren gestorben ist. Ilona mochte ich sehr, ich bedauere, dass unser Kontakt abbrach.

Nach meiner Flucht aus dem Apartment war ich zurück auf dem Kiez, wieder ohne Unterkunft. Ich lief ziellos durch die Gegend. Da hielt ein Wagen neben mir an. „Na? Hast du Hunger?" fragte mich der Fahrer mit Wiener Akzent. „Suchst du was zum Schlafen?" Ich sagte ja und stieg zu ihm ein. Er fragte mich, was ich vorhabe. Mit achtzehn wolle ich auf die Reeperbahn, sagte ich, bald sei es so weit. Er habe ein Apartment, dort könne ich wohnen, meinte er. „Brauchst keine Miete zu zahlen." Ich hatte kein gutes Gefühl bei der Sache und nach allem, was ich gerade erst hinter mir hatte, hätte ich mehr als gewarnt sein müssen. STOPP! HALT! Aber nein, ich ignorierte alle Alarmzeichen. Vielleicht dachte ich auch, noch mal kann es nicht so schlimm werden, so viel Pech kann selbst ich nicht haben.

Also ging ich mit. Sobald ich in dem Apartment des Wieners war, schlug er zu. Ich sollte für ihn anschaffen. Mit Schlägen und Tritten machte er mich gefügig. Jeden Tag aufs Neue. Hätte ich gekonnt, wäre ich sofort wieder gegangen. Noch mal wollte ich mich nicht so behandeln lassen. Aber der Wiener sperrte mich in seinem Apartment in einem Hochhaus ein. Ich war seine Gefangene. Das alles hört sich nach einem abgefuckten Thriller an, leider war es Realität. Die Wiener gelten als die grantigsten Zuhälter, die schlimmsten, die es gibt. Die machen auch nicht Halt, wenn sie dich verprügeln. Kam ich nach W. jetzt vom Regen in die Traufe? Ich kann gar nicht sagen, was schlimmer war. Der eine hatte mich regelmäßig vergewaltigt, der andere kam jeden Tag zum Prügeln vorbei. Und beide kassierten mein Geld. Eines Tages, nach Wochen, passte der Wiener nicht auf und hatte vergessen, mich einzuschließen. Ich raffte ein paar Klamotten zusammen und rannte einfach raus auf die Straße. Nur weg von ihm, egal was kommt.

Dem Wiener bin ich nie wieder begegnet. W. allerdings schon. Einige Jahre später stand er vor Gericht. Ihm wurde der Prozess wegen diverser Delikte, u.a. Zuführung zur Prostitution, gemacht. Bis dahin war ich von ihm unbehelligt geblieben, aber kurz vor der Verhandlung kam er zu mir: „Wir müssen reden. Du kriegst eine Vorladung. Damit du Bescheid weißt, ich bring dich um, wenn du gegen mich aussagst. Stattdessen wirst du …" Und dann sagte er mir, was genau ich auszusagen hätte. Wer mich als Zeugin ins Spiel gebracht hatte, habe ich nie erfahren. Ich wusste aber, ich würde mich nie wieder von W. drangsalieren lassen. Mittlerweile hatte ich auch einen neuen Zuhälter, der auf mich aufpasste. Allein schon deswegen hatte ich vor W. keine Angst mehr. Der konnte mir nichts mehr anhaben. Als ich vorgeladen wurde, packte ich aus, über alles, was W. uns angetan hatte. Er wurde verurteilt und kam ins Gefängnis. Danach verschwand er von der Bildfläche. Das war meine späte Genugtuung.

Protokoll eines Sklaven

Die Gäste müssen sich gehört fühlen.
Ich versuche, auf ihre Geschichten einzugehen.
Aber es sind so viele,
dass ich sie mir nicht merken kann,
weil sie mich letztlich auch nicht immer interessieren.

Joe ist ein Sklave, einer meiner Stammkunden. Er nahm über eine Onlineplattform für Dominadienste Kontakt zu mir auf. Seitdem kommt er regelmäßig zu mir in die Herbertstraße. Eine der meistgestellten Fragen an mich lautet: Warum macht es die Gäste eigentlich so geil, sich erniedrigen zu lassen, was ist der Kick daran, sich auspeitschen und fesseln zu lassen? Warum wollen die das? Ich habe da natürlich gewisse Vorstellungen – die Gäste erzählen mir auch einiges –, aber bevor ich herumpsychologisiere, soll Joe doch am besten selbst erzählen:

Joe, 72, ehemaliger Verkaufsingenieur für Maschinen und Anlagentechnik, heute in Rente

Ich kenne Manu seit etwa fünf Jahren. Ich war vor ihr schon mal bei einer Domina, aber das passte nicht mit uns, da sprang der Funke nicht über. Bei Manu habe ich etwas gefunden, das ich bis dahin so noch nicht kannte.

Zwischen uns ist alles anders, wir haben die gleiche Wellenlänge. Wir verstehen uns auch privat gut, aber in ihrem Studio ist die Rollenverteilung klar: Sie ist meine Domina und ich bin ihr Sklave. Hier ist sie meine Herrin. Nach einem Geschäftsessen in einem Nobelrestaurant im Hamburger Hafen machte ich eines Nachts einen Abstecher in die Herbertstraße. Ich war das erste Mal dort. Eigentlich ist mir die Straße zu schmuddelig, zu anrüchig. Aber ich wollte sehen, ob ich Manu entdecke. Ich hatte sie ein paar Wochen zuvor über ihre Annonce im Internet kontaktiert, ein Treffen hatten wir bis dahin noch nicht vereinbart. Als ich durch die Herbertstraße lief, sprach mich eine andere Frau an, die wollte mich abgreifen. „Nee, danke, kein Interesse", sagte ich, „ich will zu Manuela." Und dann sah ich sie in ihrem Fenster sitzen, habe sie von dem Foto aus dem Netz sofort wiedererkannt. In dieser Nacht haben wir uns aber nur beschnuppert und besprochen, dass wir mal ein Treffen ausmachen würden. Das auch kurz darauf stattfand.

Manu gefiel mir sofort. Alles an ihr. Ihre Art, aber auch die Optik. Busen, Hintern, allein wie sie auf High Heels geht. „Du läufst wie 'ne kleine Ente", sage ich zu ihr. Ich liebe es, wenn die Frauen Latex oder Lack tragen. Seit dem ersten Treffen sehen wir uns im Schnitt ein-, zweimal in der Woche. Es ist schwer zu beschreiben, warum ich zu einer Domina gehe. Ich will einfach dominiert werden. Ich bin Sklave, weil ich dienen will. Während einer Session habe ich nichts zu melden. Ich ziehe mich aus, bin ganz nackt. Von der ersten Minute an übernimmt Manu das Kommando. Ich lasse mich von ihr leiten, ich weiß nie, was passiert, bin auch mal widerborstig zu ihr, nur damit sie mich züchtigen, bestrafen kann. Ich berühre sie nicht, fasse nur ihre Stiefel an oder lecke an ihnen, ganz so, wie sie es mir befiehlt. Das ist schon eine Auszeichnung, kommt nicht immer vor. Natursekt ist mir wichtig, direkt aus der Quelle. Warzenspiele mit Brustwarzenklemme. Das ist schmerzhaft, sehr schlimm. Da muss ich die Zähne zusammenbeißen, irgendwann wird es besser, das Gefühl des Schmerzes verliert sich, er kommt wieder, sobald die Klemmen entfernt werden. Dann kann man mich durch die Decke schrauben. Oder bei Wachsspielen: Im ersten Moment, wenn der erste heiße Tropfen fällt, ist der Schmerz noch erträglich. Es kommt auch immer auf den Abstand an. Und auf das Material, mit Bienenwachs ist es am schlimmsten, aber Manu ist geschickt, sie weiß ganz genau, wie weit sie gehen kann. Ich hatte noch nie Brandblasen nach einer Behandlung durch sie. Sie spürt, was ich mag und was nicht und switcht schnell um. Grundsätzlich bin ich für alles offen und neugierig.

Der Schmerz allein ist aber gar nicht das Entscheidende für mich, ich lasse mir auch nicht den Hintern blutig schlagen. Ich bin nicht auf den Schmerz fixiert. Es kommt insgesamt nicht so sehr auf sexuelle Handlungen an, sondern darauf, gehorsam zu sein. Mich fallen zu lassen und ihr ausgeliefert zu sein, das ist mein Kick. „Mach, ich schalte ab!", als Sklave lasse ich mich leiten und führen. Ob gefesselt am Andreaskreuz oder auf dem Gynostuhl. Ich mag es, wenn Manu mir die Hoden aufpumpt, ist auch eine absolute Vertrauenssache.

Man denkt nicht, dass so was geht. Eine ganze Flasche Kochsalzlösung, halber Liter, in die Hoden zu spritzen, da kann man sich schon erschrecken, wie groß der Sack wird. Die Kochsalzlösung baut sich nach ein paar Stunden wieder ab. Wenn sie eingespritzt wird, merkt man, wie alles langsam anschwillt. Manu spritzt höchstens einen Liter rein, mehr nicht, da weigert sie sich, ist ihr zu heikel. Auch mit Procain ist sie vorsichtig. Das ist ein Lokalanästhetikum, wird in den Penis, die Schwellkörper, gespritzt. Alle zehn Minuten eine weitere Spritze hinterher, es wirkt nur sehr kurz. Von der Kombination aus Schmerz, Erregung und Betäubung bin ich wie weggetreten, willenlos. So hatte ich bei einer Session schon mal vier, fünf Orgasmen nacheinander. Ich hätte auch mal Lust auf Katheterspiele. Aber da blockt Manu völlig, die Verletzungsgefahr an der Harnröhre ist ihr zu hoch. Sie bremst mich, wenn ich zu viel will. Das ist auch gut so. Was sie macht, macht sie sehr gekonnt. Zum Beispiel eine Zigarette auf meiner Zunge ausdrücken – tut nicht weh, wenn man es richtig macht. Mit Manu wird es nie langweilig. Einmal ließ sie mich Sauerkraut, das sie in einem Glas mitgebracht hatte, auf eine Leine aufhängen, die quer durchs Studio gespannt war. Alles, was danebenging, musste ich aufessen, ich musste den Boden sauber halten und alles auflecken. Solche Spiele überlegt sie sich. Manchmal ganz schön crazy und das hat nicht immer mit Schmerz zu tun.

Ich bin für eine Domina eigentlich ein schwieriger Kandidat. Aufgrund meiner Krankheitsvorgeschichte. Sex spielte in meinem Leben jahrelang keine Rolle.

Durch Manuela habe ich mich noch mal rangetraut. Fast 50 Jahre bin ich verheiratet, habe zwei erwachsene Kinder. Seit 35 Jahren haben meine Frau und ich keinen Sex mehr miteinander. Früher sind wir übereinander hergefallen, hatten auch ausgefallenen Sex, dann kamen die Kinder und für meine Frau war es damit zu Ende. Ich fand meine Erfüllung in der Arbeit und im Hobby, kam abends nach Hause, runter in die Werkstatt, am Oldtimer geschraubt – damit fing unser Auseinanderleben an. Ich ging manchmal in Bordelle, wenn ich in anderen Städten beruflich unterwegs war. Hat mich alles nie befriedigt. Dann kam mit 58 der Prostatakrebs, danach war es aus mit dem Sex. Ich lebte jahrelang wie ein Eunuch, hatte nicht mal mehr Lust, mir Sexfilme anzusehen. Ich hätte mir nie zugetraut, dass sich das noch mal ändern würde, dass ich so was wie mit Manu noch mal erlebe. Sexuelle Erfüllung, wie ich sie vorher nie kannte. Eine Erektion kann ich auch jetzt nicht mehr bekommen – wegen der Krebserkrankung. Ist aber auch nicht entscheidend. War es früher schon nicht. Wenn ich meiner Herrin diene, findet mein Höhepunkt jetzt im Kopf statt. Das ist wahnsinnig intensiv. Als Sklave habe ich das Richtige für mich gefunden, ich fühle mich sehr wohl in dieser Rolle. Niemand aus meinem Umfeld weiß davon. Ich habe mich nie jemandem anvertraut, führe also ein echtes Doppelleben. Von meiner Frau, der Familie, würde ich mich auch nicht trennen wollen, nicht mehr in meinem Alter, 20 Jahre früher vielleicht schon. Wenn ich mich mit Manu treffe, muss ich mich von zu Hause wegstehlen. Ich hatte früher auch mal Affären, von denen meine Frau erfuhr, die hat sie mir irgendwie verziehen beziehungsweise nicht zum Vorwurf gemacht. Vielleicht wäre sie mit dem Arrangement, wie ich es mit Manu habe, auch einverstanden. Wenn sie es wüsste. Ich habe Manu aber auch mal betrogen, ich wollte was Neues ausprobieren und ging zu einer anderen Domina (nicht in der Herbertstraße). Manu wusste sofort Bescheid. Sie entdeckte die blauen Flecken. Seitdem bin ich Manu treu geblieben.

Eine Session bei ihr ist mehr als Sex, es ist wie ein Besuch bei einer Psychologin, eine Therapiestunde. Ich erzähle ihr alles, Probleme mit meiner Frau oder den Kindern. Sie ist eine gute Zuhörerin, wir telefonieren jeden Tag, gehen auch mal zusammen essen. Das ist schon fast ehemäßig. Gibt es bei anderen so schnell nicht.

Manu gehört jetzt zu meinem Leben.

Und umgekehrt gilt das genauso.

Reeperbahn – endlich am Ziel

Ich kann gar nicht sagen,
warum ich in der Prostitution geblieben bin.
Für mich war es nicht schlimm, so was zu machen.

Hamburg/St. Pauli, 1982

Nach Drogenstrich und Bars in Bremen, nach meinen Abstechern ins Münsterland oder nach Stade und den Horrorerfahrungen in Hamburg wurde ich am 28. April 1982 endlich 18 Jahre alt und konnte tun und lassen, was ich wollte. Und das bedeutete: Anschaffen auf der Reeperbahn. Jetzt kann man denken: Was ist das denn eigentlich für ein Lebensziel? Ist ihr nichts Besseres eingefallen, nachdem sie geschlagen, vergewaltigt und eingesperrt worden war? Für mich bedeutete die magische 18 in erster Linie, frei zu sein. Kein Amt, kein Vormund, kein Erzieher – niemand konnte mir länger vorschreiben, wie ich leben sollte. Die Reeperbahn stand in meinen Augen für diese Freiheit. Dass viele Frauen, die im Milieu arbeiten, nicht frei sind und dass auch ich noch einige Zeit unfrei sein sollte, spielte in meinem Denken damals keine Rolle. Es drehte sich bei mir alles ums Geldverdienen und auch wenn ich meine Mutter nicht mehr suchen musste, hatte ich die vage Hoffnung, vielleicht doch noch etwas über sie in Erfahrung zu bringen, jemanden zu treffen, der sie gekannt hatte. Und ja, auch wenn ich kaum noch damit gerechnet hatte, tatsächlich geschah genau das!

Als ich 18 wurde, hatte ich eine unglaubliche Leichtigkeit in mir. Eine Gier, eine Lust nach Leben. Dass sich das später ändern oder wie lange mir das Milieu überhaupt eine Perspektive geben könnte, ob ich doch lieber eine Ausbildung machen sollte – darüber machte ich mir keine Gedanken. Ich plante nichts, ich legte los. Auf dem Straßenstrich in der Davidstraße, gleich vor dem Eingang zur Herbertstraße, da hatte ich, wie schon gesagt, meinen Platz. Die Herbertstraße und der Straßenstrich auf St. Pauli, das waren immer schon zwei verschiedene Welten. Wer es schaffte, in die Herbertstraße zu kommen, der spielte in einer anderen Liga. Wir konnten durchs Tor reingucken und sahen die Frauen sitzen. Viele Männer huschten an uns vorbei und in die Straße rein. Sie gaben ihr Geld lieber in der Herbertstraße aus, weil auch sie meinten, die Frauen dort sind was Besseres als wir, die uns draußen die Füße plattstanden. Auf dem Straßenstrich ging es auch rabiater zu. Die Gäste dort zahlten nur 30 oder 50 D-Mark und wurden dementsprechend abgefertigt. Mit billig und schnell-schnell ließ ich mich aber auch auf der Straße nicht abspeisen. Um mehr Kohle herauszukitzeln, ließ ich mir einiges einfallen. Ich war auch mit 18 kreativ, wenn es darum ging, die Geldbeutel zu öffnen und ich kam damit bei den Männern an. So gut, dass ich sogar einmal den Rekord im Tagesverdienst knackte, nicht allein mit meinem Körper, sondern durch den Verkauf von 159 Getränken.

Was die Gäste angeht, kann ich mich nur wiederholen: alles war dabei, querbeet durch die Alters- und Gesellschaftsschichten. Ich nahm jeden. Alle, die ich bequatschen konnte, alle, die ich mit aufs Zimmer nehmen konnte. Damals kamen die Männer noch mit der Lohntüte, diesen hellen, karamellfarbenen Tüten, so lange ist das schon her. Wir wussten, wenn der Erste des Monats anstand, dann brummte es so richtig auf dem Kiez. An der Davidstraße lagen aufgereiht die Straßenpuffs, Häuser, in die wir Frauen uns einmieten mussten. Hatte man einen Gast an der Angel, ging man mit ihm in eines der Zimmer, das gerade frei war – im Grund wie in einem Stundenhotel. Jedes Haus hatte einen Wirtschafter, der kontrollierte streng, wer ein- und ausging. Auch wer überhaupt draußen vor dem Haus auf der Straße stehen durfte, war exakt geregelt und eingeteilt. Für jedes Haus gab es eine Platzanweisung und wehe derjenigen, die aus der Reihe tanzte. Das System funktionierte auch, weil die Frauen darüber wachten, dass sich keine einen unrechtmäßigen Platzvorteil verschaffte. Wenn sich eine einfach irgendwo hinstellte, gab es Zoff: „Verpiss dich!"

Wir waren damals elf Mädels in dem Haus, in dem ich mit achtzehn anfing und wir mussten uns die wenigen Meter vor dem Haus bis zur Ecke Herbertstraße einteilen. Es gab eine unsichtbare Linie, bis dorthin durfte man stehen und nicht weiter. Dann wurde rotiert, im Stundentakt vorgerückt, mal stand man direkt vor dem Haus, zwei Stunden später zehn Meter weiter und so fort. Wenn ein potenzieller Gast an uns vorbeilief, wurde er der Reihe nach „angetickt". „Hallo, du, bleib mal stehen", er wurde angeguckt, angelacht, angefasst, „willst du nicht mit hochkommen? 30 D-Mark, ist schön." Und wenn er sich für eine von uns entschied, schleppte man ihn mit aufs Zimmer, während die nächste Frau vorrückte.

In der Davidstraße versuchten auch solide Frauen, Hausfrauen, Ehefrauen, sich ein bisschen was dazuzuverdienen.

Sie wurden natürlich sofort verscheucht. Manchmal eskalierte ein Streit, dann wurde es handfest. Ich habe einige heftige Prügeleien unter den Frauen erlebt. Dann musste die Polizei die aufgebrachten Weiber auseinanderzerren, verfrachtete sie ins Auto und ab zur Davidwache. Eine von den Soliden wurde mal richtig zusammengeschlagen von drei, vier Frauen. Ich hatte gar nichts damit zu tun, geriet aber in den Tumult und landete deswegen auch auf der Davidwache. War nicht so prickelnd, dass ich das ausbaden musste.

Zusätzlich zum Straßenstrich hatten wir die Möglichkeit, im Eros-Center zu arbeiten, das war damals in der Großen Freiheit, gibt es heute nicht mehr. Wenn ich um 6 Uhr morgens in der Davidstraße Feierabend machte, konnte ich im Eros-Center, das 24 Stunden geöffnet hatte, noch schnell eine Frühschicht einlegen. Es gehörte demselben Besitzer, der auch das Straßenbordell betrieb. Um dort mietfrei zu arbeiten, musste man eine entsprechende Anzahl an Getränken an die Gäste bringen. Mietfrei war man ab 25 Getränken. Hatte man die aber in seiner Schicht nicht geschafft, konnte man im Eros-Center nacharbeiten. Was man dort an Getränken umsetzte, wurde angerechnet. Meistens schaffte ich mein Soll an Gästen und Getränken, trotzdem wackelte ich am frühen Morgen häufig rüber ins Eros-Center. Nicht weil ich musste, sondern aus reiner Geldgier. Money, money, money, dachte ich, warum jetzt nach Hause gehen, da knall ich doch lieber noch zwei, drei Stunden ab. Und weil die meisten anderen Läden um diese Zeit schon geschlossen waren, schaffte ich noch locker acht, neun, zehn Gäste, bevor ich dann wirklich todmüde ins Bett fiel. Ich hatte einen irren Elan.

Eines Tages stand ich vorm Eingang zur Herbertstraße, als ein Taxi direkt neben mir hielt. Die Frau, die ausstieg, kam mir bekannt vor. Das war doch Beate, fiel es mir ein, die ich noch aus meiner Bremer Zeit kannte. „Was machst du denn hier?" fragte ich. Sie war erstaunt, mich nach all den Jahren wiederzusehen. „Ich fange bald in der Herbertstraße an, hab mich hier angemeldet", sagte sie. Man musste sich telefonisch anmelden und dann persönlich vorstellen, um auf die Warteliste für ein freies Fenster zu kommen. „Das gibt es ja nicht!", sagte ich, bevor Beate verschwand. Denn in Bremen war sie noch eine Solide, jetzt also war auch sie auf dem Strich gelandet – und gleich in der Königsklasse. In der Herbertstraße. Ich dachte, wenn die das schafft, warum nicht auch ich?

Man lernt ja nie aus

Mich schockt nichts mehr, aber manchmal wundere ich mich. Da sehe ich im Fernsehen einen Koch den Kochlöffel schwingen und der hat sich eine Woche zuvor ins Maul pissen lassen, mal ganz direkt ausgedrückt.

Das sind zwei verschiedene Paar Schuhe für mich: Der Job, der mir Geld bringt, den ich kenne und kann und der mir auch Spaß macht. Und die Frage, ob es das nun war oder ob noch mal was anderes kommt. Man weiß nie im Leben, ob man angekommen ist, denn es prasseln immer noch so viele Dinge auf mich ein, dass ich denke: Mensch, das gibts doch gar nicht! Dass ich jemals meine Geschichte aufschreiben würde, hätte ich auch nie gedacht. Und nach mehr als drei Jahrzehnten kommen immer noch Gäste mit Wünschen, von denen ich noch nie gehört habe. Vor ein paar Wochen rief mich ein Fremder an, der meine Nummer ebenfalls online gefunden hatte. Er wollte wissen, wie das so abläuft mit mir. Er druckste die ganze Zeit herum. Irgendwas will der doch, dachte ich. Und dann rückte er mit der Sprache raus. „Sag mal, machst du auch römische Dusche?“ „Wie bitte?“, fragte ich. Englisch, Französisch, Griechisch und so weiter, das sind ja alles gängige Begriffe. Aber von der römischen Dusche hatte ich noch nie gehört. Ich öffnete parallel zu dem Telefonat Google und tippte „römische Dusche“ in die

Suchzeile ein. Das Ergebnis muss man sich auf der Zunge zergehen lassen: „Römische Dusche“ bedeutet, sehr nett ausgedrückt, dem Partner in den Mund zu spucken (und es geht hier nicht um Speichel). Mir wurde schon allein beim Gedanken übel, was dem Anrufer bestimmt gefallen hätte. Aber er beendete dann schnell das Gespräch, als ihm klar wurde, dass er mit seinem Wunsch nicht bei mir landen würde. Okay, dachte ich, römisch duschen ist abgespeichert. Und sollte wieder jemand diesen Wunsch äußern, kann ich von vorneherein dankend ablehnen.

Die Bandbreite der Themen, mit denen man sich in meinem Job auseinandersetzen muss, ist größer, als man sich vorstellen kann. Grundkenntnisse in Chemie, um nur ein Beispiel zu nennen, auch die können hilfreich sein. Ein Gast namens Jochen brachte immer seine Gasflaschen mit in die Herbertstraße, sie waren mit Chloräthyl gefüllt. Er war ein unauffälliger Typ, dem man auf der Straße niemals angesehen hätte, was ihn anmacht. Aber wem sieht man das schon an? Er stand drauf, sich mit Chloräthyl zuzudröhnen, komplett abzuschießen, und konnte gar nicht schnell genug aufs Zimmer kommen, um sich die Maske aufs Gesicht zu drücken. Das gab ihm seinen ganz eigenen Flash. Ich habe das selbst nie ausgetestet. In der Straße nannten ihn alle nur „Chloräthyl-Jochen“, weil er nie ohne die Gasflaschen unterm Arm auftauchte. Das war schon ziemlich krass, es ist ja nicht ungefährlich, mit Gas zu arbeiten. Ich versuchte jedes Mal, an seine Vernunft zu appellieren. Ja, ich weiß, kann man sich schenken, denn wer so drauf ist, der will keine gutgemeinten Ratschläge hören. Trotzdem sagte ich zu ihm: „Nun mach doch mal langsam, Jochen, leg eine Pause ein“, und nahm ihm die Maske vom Gesicht. Ich ging kurz nach unten und als ich nach ein paar Minuten zurückkam, lag er schon wieder mit Maske auf dem Gesicht da und war in einer anderen Welt. Als ich diese Geschichte einer Freundin erzählte, fragte sie, warum der das nicht alleine zu Hause mache, wozu braucht er eine Domina? Gute Frage. Ich denke, er mochte das Ambiente eines Studios, die ganze Atmosphäre. Sein letzter Besuch ist eine Weile her. Mir ist es nicht unrecht, dass er nicht mehr kommt, auch wenn er ein Stammgast war. Sein Drang, sich zu betäuben wurde immer extremer und ich hatte Sorge, dass er es irgendwann übertreibt. Ich weiß auch nicht, ob er überhaupt noch lebt.

Er ist nicht der einzige Gast, der keine Grenzen kennt. Was manche Typen ihrem Körper zumuten, ist unfassbar. Bestes Beispiel dafür war „der Nürnberger", ein Gast, der eine Zeit lang regelmäßig zu mir kam. Von ihm wusste ich nur, dass er aus Nürnberg stammte. Ansonsten erzählte er nichts von sich. Die wenigsten tun das. Der Nürnberger stand darauf, dass man ihm Objekte in die Harnröhre einführte. Der Wunsch nach Cockstuffing – so nennt man das – ist keine Seltenheit. Zur Stimulierung der Harnröhre gibt es die unterschiedlichsten Hilfsmittel und Sextoys, vom menschlichen Finger über Harnröhrenvibratoren und Plugs, also Stecker, bis hin zu Sonden zur Elektrostimulation. Der Nürnberger aber mochte es, wenn man ihm Alltagsgegenstände in die Harnröhre einführte, die er selbst mitbrachte. Ein Kochlöffel aus Holz war noch die harmloseste Variante. Er war so dermaßen darauf fixiert, seine Harnröhre bearbeiten zu lassen, dass es mir manchmal zu bunt wurde, zum Beispiel als er einen Besenstiel mitbrachte. Ja, Sie haben richtig gelesen. „Sorry – das – geht – nicht", sagte ich ihm. Der menschliche Körper ist nun mal nicht unendlich dehn- und manipulierbar. Jungs, es gibt einen natürlichen Stopp. Man muss bei dieser Praktik ohnehin sehr vorsichtig und mit Fingerspitzengefühl vorgehen, da die Verletzungsgefahr groß ist. Der Nürnberger blieb immer mehrere Stunden und man würde staunen, wenn man sehen würde, was der alles in sich hineinstopfen ließ.

Wenn ich von den Gästen und ihren Bedürfnissen erzähle, tue ich dies, so verrückt, pervers oder lustig ihre Phantasien auch sein mögen, immer unter Wahrung ihrer Privatsphäre. Die meisten Gäste möchten anonym bleiben, daran halte ich mich. So gehört es sich, alles andere wäre unlauter. Wer in diesem Buch erkennbar erwähnt wird – egal ob Gast oder nicht – der hat sein Einverständnis gegeben. Auch prominente Menschen kommen in die Herbertstraße. Für sie gilt ebenfalls, dass Privates privat bleibt. Ich habe nie einen Unterschied gemacht, ob ein Gast ein Arbeitsloser oder ein Banker war, eine berühmte Persönlichkeit oder ein Normalo, solange er mich bezahlen konnte. Und wenn ein Promi meine Dienste buchte, war es meistens so, dass ich ihn gar nicht erkannte. Kurz vor meinem Wechsel in die Herbertstraße hatte ich mehrfach einen sehr berühmten Schauspieler bei mir. Eine Kollegin klärte mich auf. „Sag mal, weißt du eigentlich, wen du da gerade auf Zimmer hattest?" „Ja, einen Gast", meinte ich. Und sie: „Nee, ist klar, aber einen Promi, das war doch der – !" Okay, den Namen, den sie nannte, hatte ich schon gehört. Ich kannte auch einige seiner Filme. Auch Fernsehmoderatoren und Promiköche waren meine Gäste. Letzterer hatte einen Bodyguard dabei, was ich dann doch etwas übertrieben fand. Auch bei ihm hätte ich gar nicht gewusst, um wen es sich handelte, wenn mich nicht eine Kollegin angerufen hätte: „Du hattest gerade einen Starkoch am Fenster." Nach unserer Session fragte er mich, ob ich noch mit auf sein Hotelzimmer komme. „Kein Problem", meinte ich. Er hatte mich für meine Dienste bis dahin gut bezahlt. „Aber mehr Geld gebe ich dir jetzt nicht mehr", meinte er. Das hingegen war ein Problem. „Bei dir klingelts wohl", sagte ich und jagte ihn raus. Das nächste Mal, als ich ihn sah, kochte er im Fernsehen ein Ratatouille.

Der Gang von der Herbertstraße in den Hinterhof der 7a mit Blick auf mein Fenster

SECRET - BAR.de
Girls Girls

Ohne Kondom kein Zutritt ins Studio

Mein Werkzeug für die Gäste – kein Wunsch bleibt unerfüllt

Nur eine kleine Auswahl meiner High Heels

Der Gynäkologenstuhl bietet sich für raffinierte Spiele an

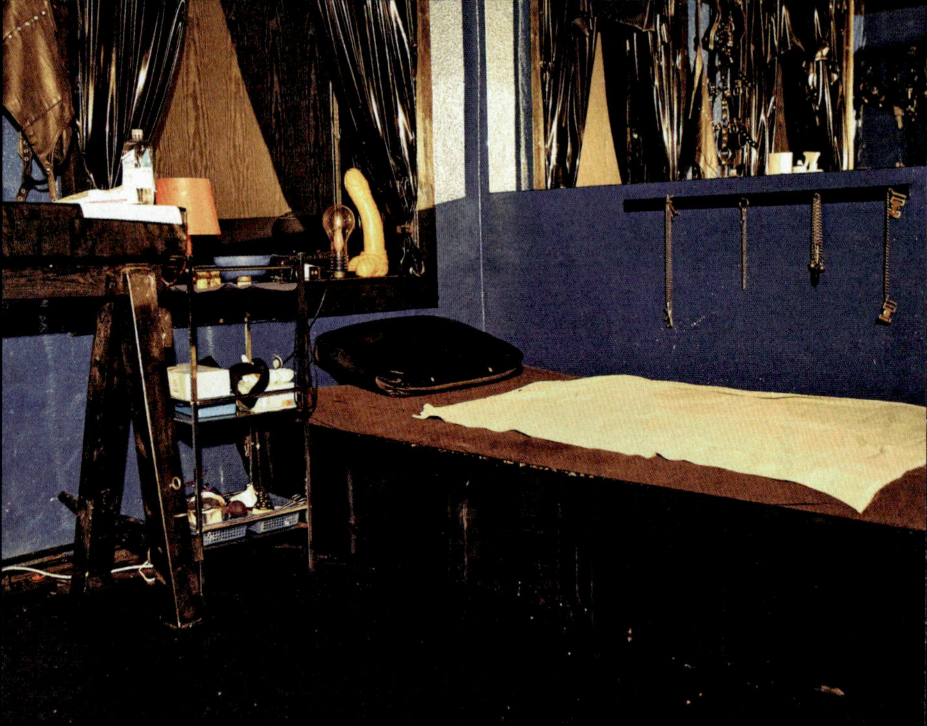

Der Blick in mein Studio

Die Ledermaske an der Wand meines Studios, sie begleitet mich seit 30 Jahren

Meine Krankenschwesterntracht aus Latex

Meine Einschulung in Bremen, 1970

Als 8-Jährige in einem Bremer Kinderheim – eines der wenigen Fotos, die überhaupt aus meiner Kindheit existieren

Mit Dobermann Mirco, 1983/84, er war mein ganzer Stolz, furchteinflößend, aber lieb und sanft

Im Tunesienurlaub, damals war ich circa 19 Jahre alt

Wochenendausflug mit meinem Sohn, wir ließen es uns immer gut gehen, 1995/96

Im Türkeiurlaub, der Schein trügt: drei Wochen in einem Hotel, das leider fürchterlich war, um 2001

Bonjour Tristesse – die Herbertstraße im Lockdown

French Quarter

In meinem Arbeitsoutfit

Die Nutella-Bande

Wir Frauen hatten keine Einblicke in deren Geschäfte.
Als ich später vernommen wurde, konnte ich nicht viel sagen.
Ich ging anschaffen und die kassierten.

Hamburg, 1982/83

Mit 18 hatte ich meinen ersten „richtigen" Zuhälter im Hamburger Milieu, dem noch weitere folgen sollten. Wobei, ganz korrekt ist das nicht, denn mit dem dritten Luden war ich richtig zusammen, ihn würde ich also nicht als meinen Zuhälter bezeichnen, auch wenn er als solcher sein Geld verdiente. Aber der Reihe nach. Ohne Schutz durch einen Zuhälter konnte man als Neuling auf der Reeperbahn nicht überleben. Das wurde auch mir schnell klar, keine der Frauen arbeitete frei. Zumindest kannte ich zu dem Zeitpunkt keine einzige. Ich hatte gerade erst angefangen, in der Davidstraße Nummer 11 anzuschaffen – von 8 Uhr abends bis 6 Uhr morgens durfte ich draußen stehen –, da lernte ich Alfred kennen. Er kam regelmäßig in seinem dicken Mercedes vorgefahren, um Birte abzuholen. Er hatte zwei Frauen laufen, neben Birte, mit der er liiert war, noch irgendeine andere, eine Durchlaufpostenhure, also eine, die nicht lange blieb. Alfred war ein Typ, der mir irgendwie gefiel, er machte was her. Mein Interesse wurde ihm zugetragen. „Die Kleine da, die Neue, der solltest du dich mal annehmen." Woraufhin er sich bei mir meldete. Er machte mich zu seiner Hure und als mein Zuhälter passte er auf mich auf. Besser der als irgendein anderer, dachte ich.

Es ist ein bisschen kompliziert, Außenstehenden die Beziehung zwischen Zuhälter und Prostituierten im Milieu zu erklären. Es war zum Beispiel so, dass es mich richtig stolz machte, dass ich Alfred mein Geld geben durfte und je mehr, desto besser, denn ich bildete mir ein, jetzt mag er mich noch mehr, jetzt bekomme ich von ihm noch mehr Zuwendung. So etwa lief das kranke Spiel von Abhängigkeit und Manipulation. Dennoch war es eine Form von Beziehung, die wir eingingen. Von einer „normalen", gleichberechtigten Partnerschaft zwischen Mann und Frau war das natürlich weit entfernt, aber damit hatte ich eh keine Erfahrung. Die Geschichte mit Alfred entwickelte sich nicht zum Guten. Auch wenn keine Liebe im Spiel war, wollte ich seine volle Aufmerksamkeit und nicht die zweite Geige spielen, die ich aber war. Seine Nummer eins hieß weiterhin Birte, mit der er mehr Zeit verbrachte als mit mir. Ich war für ihn nur eine weitere Hure, die ihm Geld einbrachte. Ich war damals wahnsinnig eifersüchtig auf Birte. Ich konnte es auch nicht ertragen, dass er mich ständig anlog, wenn es um sie ging. Wenn ich ihn anrief und fragte, ob Birte bei ihm sei, dann spürte ich sofort, wenn er mir eine Lüge auftischte. Damit traf er meinen wunden Punkt. Ich konnte es noch nie ab, wenn man mich für dumm verkauft, dann flippe ich aus. Die gesamte Situation machte mich fertig, ich entwickelte mich zu einer Stalkerin. Erkannte mich selbst nicht wieder. Warum war ich so verrückt nach diesem

Typen, der mich wie den letzten Dreck behandelte? Einmal fuhr ich in meinem Kontrollwahn zum ihm nach Hause, um zu checken, ob Birte bei ihm war. Angeblich wollte er sie nämlich nicht treffen. Sein Mercedes stand am Straßenrand, er war also zu Hause. Ich klingelte, keine Reaktion, dann hämmerte ich gegen die Tür, so laut, dass schon die Nachbarn aus ihren Wohnungen „Ruhe!" brüllten, bis er irgendwann aufmachte. „Spinnst du? Was willst du hier, du Irre?", pflaumte er mich an. „Ich hab' dir doch gesagt, ich bin allein." „Die ist da", brüllte ich, drückte die Tür auf und rannte in die Wohnung. Mein siebter Sinn sagte mir, sie hat sich versteckt. Und tatsächlich fand ich sie. Im Bettkasten hatte sie sich verkrochen. Wutentbrannt stürmte ich wieder nach draußen, lief zu Alfreds Mercedes – der war sein Allerheiligstes – und trat mit den Füßen rundherum Beulen ins Blech und machte Kratzer in den Lack. Es war mir so egal, ob ich dafür später auf die Schnauze bekam. In dem Moment tat es gut.

Nach einem halben Jahr ging es mit Alfred zu Ende, zum Glück. Denn dann kam Klaus ins Spiel, mein Zuhälter Nummer zwei. Ich glaube, Alfred war ganz froh, dass er mich, die Stressmaschine, loswerden konnte. Auch Klaus gehörte zur Nutella-Bande. Es gab damals mehrere rivalisierende Zuhälterorganisationen, die sich den Markt im Rotlichtviertel von St. Pauli aufteilten. Die Nutella-Bande kam Ende der 70er auf und kontrollierte bis in die 80er-Jahre einen Großteil der Prostitution. In der Nutella-Bande waren eher jüngere Zuhälter organisiert, die cooleren Typen, daher auch der Name. Sie fuhren dicke Sportwagen, trugen Rolex, machten einen auf dicke Hose, insgesamt gehörten schätzungsweise 80 Zuhälter und 300 bis 400 Prostituierte dazu, darunter auch Größen wie Klaus Barkowsky, der „schöne Klaus", der zu seinen besten Zeiten zwölf Frauen laufen hatte. Je mehr Frauen ein Lude hatte, umso höher kletterte er in der Hierarchie der Organisation. Schon länger im Geschäft als die Nutella-Bande war deren Konkurrenz, die GMBH. Während die Nutella-Bande in einigen Häusern rund um die Reeperbahn und im und um das Eros-Center aktiv war, kontrollierte die GMBH andere Bereiche von St. Pauli, wie die Silbersackstraße. Die GMBH hatte nichts mit einer GmbH zu tun, ihr Name setzte sich zusammen aus den Anfangsbuchstaben der Vornamen ihrer Führungsmitglieder. Dritte im Bunde war die Chikago-Bande, die als die gefährlichste Organisation galt, auch wegen ihrer Nähe zu Leuten wie dem Auftragskiller Mucki Pinzner, der später für Schlagzeilen sorgte. Alle drei Organisationen befanden sich in einem Dauerkonflikt. Immer wieder kam es zu Schießereien und Prügeleien. Im Lauf der Zeit verloren sie aber ihren Einfluss, andere Player kamen auf den Markt. Die alte Garde verschwand, die Luden wurden verhaftet, sind gestorben oder ausgestiegen. Alle Frauen, die mit den „Nutellas" zu tun hatten, bekamen eine Vorladung, das war Mitte der 80er-Jahre. Wir sollten bei der Polizei aussagen, was wir über die Machenschaften der Bande wussten, aber uns wurde vorher „angeraten", was wir sagen durften und worüber wir besser schweigen. Natürlich habe auch ich nur das Nötigste gesagt.

Wie alle Luden legte auch Klaus großen Wert auf die üblichen Statussymbole, auch er kurvte mit einer dicken Karre über den Kiez, in seinem Fall handelte es sich um einen dunkelblauen Porsche. Klaus war noch jung, mit Mitte 20 nicht so viel älter als ich, von der Statur her war er klein, hatte blonde Haare und trug einen Schnäuzer. Ich fand ihn ganz putzig. Ich wusste über ihn, dass er mit einer Soliden zusammenlebte, die damals studierte. Als ich Klaus kennenlernte und beschloss, zu ihm zu wechseln, ging ich zu Alfred und teilte ihm meinen Wunsch mit. Daraufhin trafen sich die beiden. „Du, Manuela hat jetzt Bock auf mich“, sagte Klaus, „wie regeln wir das?“ Sie handelten eine Ablösesumme für mich aus, die Klaus an Alfred zu zahlen hatte. Die Höhe erfuhr ich nicht. So wanderte ich von dem einen Zuhälter zum nächsten. Klaus hatte zwar seine Partnerin, aber außer mir keine weiteren Huren, die für ihn anschafften. Das war mir wichtig. Weil er noch ziemlich neu im Geschäft war und nur eine Hure hatte, war er in der Hierarchie der Nutella-Bande am unteren Ende angesiedelt.

Wir zogen irgendwann zusammen, in ein möbliertes Apartment in der Hein-Hoyer-Straße, das Klaus für uns anmietete. Ich denke, er war damals schon etwas in mich verliebt. Einmal im Monat fuhr er aber weiterhin ins Rheinland, wo seine Freundin wohnte, meistens blieb er ein paar Tage bei ihr. Das passte mir natürlich nicht, wenn er Zeit mir ihr verbrachte, gleichzeitig war es mir ganz recht, etwas Zeit für mich zu haben. Klaus war ein ruhiger Typ, den ich ganz gut um den Finger wickeln konnte. Wenn wir Sex hatten und er irgendwelche Spielchen oder Experimente wollte, sagte ich: „Okay, ich mache das, aber dann will ich heute Abend frei haben.“ Klaus willigte fast immer ein, er traute sich auch gar nicht, mir zu widersprechen, um keine Szene zu riskieren. Dass ich Stress machen konnte, hatte sich im

Milieu rumgesprochen. Unser Umgang miteinander war also eher locker. Anders als mit Alfred, der mir auch mal eine Ohrfeige gegeben hatte, wenn ihm etwas nicht in den Kram passte. Es klingt verrückt, aber mir machte das nichts mehr aus. Ich hatte vom Seelischen her so viele schlimmere Dinge erlebt, dass mich eine Ohrfeige nicht beeindruckte. Was nicht heißen soll, dass ich es gutheiße, wenn Frauen geschlagen werden. Im Gegenteil. Aber ich will auch nichts verklären oder schönreden. Was ich mir damals gefallen ließ, wäre für mich heute unvorstellbar. Aber die Realität war: Im Milieu ging es hart zu, Gewalt und Brutalität waren an der Tagesordnung. Wenn eine Frau ihre Meinung sagte, wenn sie zu ihrem Zuhälter zu frech wurde, setzte es was. Wir alle wussten, man gab besser keine Widerworte. Ich habe erlebt, wie Frauen ins Zimmer geholt und zusammengeschlagen wurden. Das war keine Seltenheit. Wenn sie zu wenig Geld verdient hatte, rief der Wirtschafter die Frau zu sich nach oben, in dem Moment wusste sie schon, was ihr blühte. „Da, guck auf deinen Block, guck drauf, was ist das?“, BAMM, und schon gab es eine Ohrfeige, einfach so. Wir durften auch nichts essen – es wurde im Laden gegessen –, bevor wir nicht die Kosten für die Miete drin hatten. Erst dann war es erlaubt, sich Essen zu bestellen und eine halbe Stunde Pause zu machen. Mich betrafen solche Strafmaßnahmen eigentlich nie, denn ich verdiente so gut, dass ich es mir sogar erlauben durfte, Widerworte zu geben.

In dieser Phase meines Lebens arbeitete ich nur in den Häusern, die zur Nutella-Bande gehörten. Die Zuhälter der Nutella-Bande und wir, ihre Frauen, verkehrten in eigenen Etablissements. Unser Club lag am Spielbudenplatz, Fremde hatten dort keinen Zutritt. Auch als Hure brauchte man jedes Mal die Erlaubnis des Luden, um in den Club zu gehen. Wir blieben unter uns, feierten miteinander. So gingen die Jahre ins Land. Ich wurde 20, dann 21 … Die Zeit flog dahin. Es passierte so viel und doch war alles irgendwie gleich. Wenn Klaus weg war, durfte ich einen Tag lang freimachen. Ich liebte es, dann ins Kino zu gehen, manchmal schaute ich mir den ganzen Tag nur Filme an, von der Nachmittags- bis zur Spätvorstellung drei, vier Filme hintereinander, egal was. Filme wie *Rocky* oder *Scarface* gefielen mir am besten. Tief im Kinosessel eingesunken, fühlte ich mich richtig gut, da konnte ich abschalten, das war meine Flucht in eine andere Welt. Ich gehe auch heute noch gerne ins Kino, wenn ich frei habe.

Nach einiger Zeit hatte ich genug von der Straße. Ich wollte nicht länger bei Wind und Wetter, im Winter bei eisigen Temperaturen, draußen stehen müssen. Das Eros-Center kannte ich mittlerweile ganz gut, dahin wollte ich wechseln. Klaus war einverstanden. „Manuela will hier nicht mehr, kann sie rüber ins Eros-Center?“, fragte er seine Chefs. Bei den Oberen in der Nutella-Bande stand ich hoch im Kurs, ich brachte ihnen schließlich eine Menge Geld, sie gaben mir ihren Segen. In den ersten Monaten lief es für mich auch im Eros-Center gut, aber dann wurde das Geschäft zunehmend schleppend. Es war an der Zeit, etwas in meinem Leben zu ändern und ich hatte auch schon einen Plan.

Der Ton ist heute rauer, brutaler

Alles entwickelt sich weiter.
Alles verändert sich in Zeiten von Social Media.
Auch die Prostitution.

Seit den frühen 80ern, als sich Nutella-Bande und GMBH noch bekriegten, hat sich manches verändert. Das Bild von St. Pauli ist ein völlig anderes geworden, wenn ich an meine Anfangszeit denke. Wer heute am Wochenende auf die Reeperbahn kommt, betritt eine Partymeile. Jugendliche und Touristen mischen sich mit den Alteingesessenen und den Paulianern. Das ist auch okay so. Früher war ja nicht alles besser. Am wenigsten verändert hat sich vielleicht die Herbertstraße, zumindest was die Optik angeht. Was die Gäste und die Frauen betrifft, ist aber bei uns nichts mehr so, wie es mal war. Vor 15 Jahren gab es kaum polnische, russische, kroatische oder rumänische Prostituierte in der Straße. Heute kommen die Huren aus aller Welt. Zwangsprostitution ist auch ein immer größeres Problem, konkret bekomme ich davon nicht viel mit, weil viele dieser Mädchen vor allem im Internet unterwegs sind oder ihre Dienste in anderen Bezirken in Hamburg anbieten, wo sie für 20, 30 Euro schnell einen im Gebüsch oder auf einem Parkplatz wegstecken. Insgesamt ist alles auch freizügiger geworden. Die Mädchen laufen halbnackt herum, nur in Bustier und Leggings, so eng, dass sie in der Porille sitzen. Auch ich war mit 20 alles andere als prüde, ich trug enge Röckchen, aber niemals eine Hose, die so kurz war, dass die Scheide unten rausguckte. Sieht man heute alles. Zudem hat die Geiz-ist-geil-Mentalität Einzug gehalten: Alles muss billig sein, am besten umsonst, auch der Sex. Stichwort Flatrate-Sex. Muss ich mehr sagen? Das drückt die Preise und die Bereitschaft der Gäste, für unsere Arbeit anständig zu zahlen. Früher legte der Gast, ohne mit der Wimper zu zucken, ein paar Hunderter auf den Tisch, man brauchte nicht weiter mit ihm herumzudiskutieren, zack, zack. Heute muss ich um jeden Euro feilschen, wodurch die ganze Session kaputtgeht. Würde der Gast sich gleich auf eine Summe festlegen und sagen: „Okay, das zahle ich dir, mach mir eine schöne Stunde", dann wäre das Thema Geld vom Tisch. Bei allem Wandel, die Prostitution wird trotzdem niemals aussterben. Es werden immer Gäste kommen, die Frage ist nur, zu welchem Preis. Je mehr Prostituierte den Markt überschwemmen, je größer das Angebot ist, desto schwieriger wird der Überlebenskampf der Frauen. Nichts gegen gesunde Konkurrenz, aber wenn die Frauen verrecken, weil sie nichts mehr verdienen, dann läuft etwas in die ganz falsche Richtung. Was nichts kostet, hat keinen Wert, so denken viele.

Auch der Respekt vor den Prostituierten und dem, was wir für die Gesellschaft leisten, ist vielfach flöten gegangen. Das ist ein schleichender Prozess, der vor Jahren eingesetzt hat, aber wir fühlen es alle, dass nicht nur die Gäste frecher und anmaßender sind als früher, wir beobachten das doch generell in der Gesellschaft. In der Herbertstraße erlebe ich das ganz konkret so: Ein Mann kommt an mein Fenster: „Wie viel?" Ich sage meinen Preis und bekomme die

Antwort (pöbelnd, aggro): „Ey, bist du blöd? Das zahl ich nie im Leben, Schlampe. Da vorne kostets nur 50." Und ich: „Guckst du bitte, wie ich aussehe? Was denkst du, was das wert ist?" Er: „Scheißnutte." Wenn ich Pech habe, schlägt er zum Abschied noch seine Faust gegen mein Fenster. Ja, es wird härter, brutaler, alles. Und dann bleibt einem nichts anderes übrig, als 50-Euro-Gäste gelegentlich mitzunehmen, aus reiner Verzweiflung. Die so gar nicht mir entsprechen. Weil sich doch jeder vorstellen kann, dass es für ein paar Euro kein Vollprogramm bei einer Domina geben kann. Es kommen Gäste ans Fenster: „Oh, du siehst aber gut aus, du siehst Hammer aus." „Dann komm mal rein." „Hm, ich guck noch mal, ich überlege es mir." „Na", sag ich, „was suchst du denn? Wenn ich schon gut aussehe?" Durch meine Art schaffe ich es, dass sie wiederkommen, aber manche glotzen nur oder gehen dorthin, wo es nur 50 Euro kostet. Ich hatte einen Gast, einen Dänen, der war so was von frech, dem hätte ich eine scheuern können. „Yeah, yes, sure, I come in," sagte er. Dann gingen wir nach oben, er legte seine 50 Euro auf den Tisch und schaute mich erwartungsvoll an. Er wartete, dass ich mich ausziehe. Was ich nicht tat. Da kannst du lange warten, dachte ich. Dann pöbelte er los. „Du hast mich angelogen!", schrie er mich auf Englisch an. Immer wieder: „You lied, you lied …!" Ich zu ihm, „Hose runter!" Und dann zog ich ihm ein Gummi über. „So, los jetzt!", befahl ich ihm. „Why? We have half an hour." „Nee", sag ich, „nix da! Come now! Time is over." Er soll kommen. Die Zeit, die er für seine 50 Euro bekommt, ist gleich vorbei. Er soll abspritzen und verschwinden. Und er wieder: „Lügnerin!" Zieh dich an und geh, denke ich genervt und sage es auch. Und dann stehe ich schon an der Tür und warte, dass er fertig wird. Er ist so was von beschränkt, wahrscheinlich auf Droge und läuft erst mal in meine Toilette rein. Rumms, gegen die Wand. Nicht mal den Ausgang findet er. Ich sage: „Hallo, hier gehts raus!“ Ja und dann schleudert er mir völlig verpeilt noch ein paar letzte Obszönitäten auf der Treppe entgegen. Weg ist er. Mit so was muss man sich heutzutage rumschlagen. Manchmal geht es auch gut aus. Letzte Woche hatte ich einen, der wollte mit mir rumhandeln. Ich sage: „Was willst du?“ „Massage. Nee, lieber noch Französisch.“ Ich sage: „Jaja, geh zur Tür.“ Soll er doch erst mal im Zimmer sein, dann schauen wir weiter. Französisch hat oben natürlich nicht stattgefunden, ich habe ihn erst angefixt mit Wichsen und zu ihm gesagt, er soll es jetzt selbst beenden. Hat er auch gemacht, braver Junge. Gab keine Widerworte. Alles klar. Dann ging der weg. Ich habe keine Lust auf Theater im Haus. Gab es ja alles schon. Wie mit dem, der mich gewürgt hat oder dem, der mein Zimmer zertrümmerte, von den beiden habe ich schon erzählt. Männer kommen zu mir, gucken mich an und sagen wirklich zu mir: „Ich würde dich gerne durchlecken. Machst du das?“ „Ja, klar“, sage ich dann, „geh mal zur Tür.“ Wenn er oben ist, sieht es anders aus. Dann frage ich: „Was war das, was du wolltest? Du siehst doch, wo du hier bist, oder?“ Ich hatte vor ein paar Monaten einen, der war 86, ein alter Opa. Er meinte gleich am Fenster: „Aber ich will dich schön durchlecken.“ „Ja, kannst du machen.“ Ich verwickelte ihn in ein quasi persönliches Gespräch, über seine Frau und seinen Wohnort und er folgte mir langsam nach oben. „Ja, ja“, sagte ich dort zu ihm, „das wird wohl nicht gehen. Ich lass mich nicht lecken und auch nicht anfassen. Was machen wir jetzt?“ Also habe ich ein bisschen getrickst, aber ich hatte ja mein Geld. Trotzdem nervt es mich, dass ich das tun muss, um über die Runden zu kommen. Es gibt aber auch Situationen, in denen mir die Gäste das Leben leicht machen. Auch das gehört zur Wahrheit. Da kam einer, jung, durchtrainiert, gutaussehend, mit einem Schwanz, so gewaltig, wie ich noch nie einen in natura gesehen hatte. Eine Rakete, eine Fleischpeitsche. Er drückte mir ein Bündel Geldscheine in die Hand, flitzte auf mein Zimmer, setzte sich hin und holte sein Teil raus. „Und wie ist es jetzt, willst du draufhopsen oder wie?“, fragte er frech grinsend. Und ich ganz naiv: „Worauf denn hopsen, auf den Stuhl, oder was?“ „Nee, ficken.“ „Nix ficken“, sagte ich. „Und wofür hab ich dann bezahlt?“ Daraufhin breitete ich meine Arme aus und zeigte auf mein ganzes Equipment. „Guck doch mal hier, für all das hast du bezahlt, so viele schöne Spielchen können wir machen.“ „Nee, lass mal. Da hab ich keinen Bock drauf, dann gehe ich lieber.“ „Schade“, meinte ich, „aber Geld gibts nicht zurück.“ Das störte ihn kein bisschen und er zog freundlich von dannen, um es bei einer anderen zu versuchen. Ich wünschte ihm Glück und wusste, er findet sowieso keine, die es mit seinem Kaliber aufnehmen kann.

Das alles sind ganz alltägliche Erlebnisse. Beispiele dafür, wie sehr es an Respekt mangelt, könnte ich ohne Ende erzählen. Man muss sich ein ganz schön dickes Fell zulegen. Letztens sagte einer: „Man sollte dir für das Geld die Toilette vollscheißen. Oder einem Penner das Geld geben, bei dem wäre es besser aufgehoben, du Scheißnutte.“ Es gibt nichts, was es noch nicht gab. Einer kam mit Pisse im Becher an und fragte herum: „Wenn du einen Schluck nimmst, kriegst du 100 Euro." Ich war zuerst nur angewidert und empört. Was denkt der sich? Und dann dachte ich, na, du Flitzepiepe, den Spieß kann ich auch umdrehen. Ich sagte zu meiner Kollegin nebenan: „Pass auf, den nehmen wir." Und zu ihm: „Gib schon her." Ich greife mir den Pisspott und tue nur so, als wenn ich trinken würde, schlürf, schlürf, verdrehe verzückt die Augen, oh wie köstlich, und er gibt mir die 100 Euro. Dreimal kam er noch zu mir ans Fenster, immer mit der gleichen Masche. Schneller konnte ich keine 300 Euro verdienen. SM dagegen ist umfangreich und auch anstrengend. Er ist ein Handwerk, das man beherrschen muss, mit all seinem Equipment und seinem Anspruch auf spielerische Grenzenlosigkeit – all das bei höchster Sicherheit und Hygiene. Und am Ende muss man davon leben können. Mit den Jahren wird das immer anstrengender, immer Kräfte zehrender.

Nur weil ich auf Stiefeln arbeite, habe ich mich nie als etwas Besseres gesehen. Nach dem Motto: Ich bin Domina, also was willst du? So ticke ich nicht. Habe ich nie gemacht. Aber ich kann mit Stolz sagen, ich habe mich durch mein Kobern in die Königsklasse hochgearbeitet und das sprach sich rum. Das schnelle Reden, das Überzeugen, das Locken und Reizen – das ist genau mein Ding. Wichtig ist am Ende aber, dass der Gast das bekommt, was er will. Und zufrieden geht. Das habe ich, glaube ich, meistens gut auf die Reihe bekommen. Wenn man mal von den 50-Euro-Geizkragen absieht. Und dann erlebe ich es, dass einer zu mir sagt: „Du bist die, die ich mein Leben lang gesucht habe. Ich bin über 70 und habe dich erst jetzt gefunden." „Ja", sage ich, „wärst du mal vor 20 Jahren gekommen!" Früher wurde ich ständig gelobt. Was für ein Po! Was für Beine! Dein Gesicht! Ich war schlank, wog knapp über 50 Kilo, dazu die hohen Absätze. Wäre ich größer gewesen, wer weiß, vielleicht hätte ich sogar modeln können. Ich selbst fand mich gar nicht so besonders. Wenn ich in den Spiegel guckte, fragte ich mich: Ja, was meinen die eigentlich? Aber irgendwann dachte ich, Mensch, wenn der Gast immer wieder zu dir kommt, er könnte sein Geld ja auch bei einer anderen lassen, muss was dran sein. „Du hast was an dir, das ich nicht erklären kann", sagt einer meiner Stammgäste. „Das gewisse Etwas." Was meint er damit? „Bleib so, wie du bist." Aber ich will immer besser werden, noch mehr aus mir machen, sage ich mir, aber vielleicht brauche ich das ja auch gar nicht. Ich muss im Prinzip nur so sein, wie ich bin und es läuft. Auch heute noch, in diesen rauen Zeiten.

Zuhälter mögen keine Stressfrauen – und ich bin eine

Die meisten Frauen sind mit „ihrem Mann" zusammen und damit meinen sie ihren Zuhälter. So kann man es sich auch schönreden. Ich stand noch nie drauf, „mein Mann" zu sagen, wenn er nicht mein Mann war.

Hamburg/St. Georg, 1984/85

Auf der Straße geht es hart zu. Da sind schon manche Klatschen rumgegangen bei den Frauen. Wenn zu wenig auf ihrem Block los war, wurden sie hochgeholt … Anschließend mussten sie wieder runter zum Geldverdienen. Geklatscht wurden sie von ihrem Freund, ihrem Zuhälter. Bei mir war das anders. Nicht weil meine Zuhälter bessere Menschen waren, sondern weil ich es gebracht habe. Ich schaffte ordentlich Kohle ran, ich war eine Verdienerin. Irgendwann fing es an, mich zu nerven, dass ich von meinem Geld einen Teil abgeben musste. Das war die Zeit, als ich begann, mich langsam von Klaus abzunabeln und eigene Wege zu gehen. Wenn heute einer käme und meinte, er müsse meinen Zuhälter spielen, würde ich dem einen Vogel zeigen. Womit sollte er mir denn drohen? Du hast mit mir zusammen zu sein, weil – ? Ja, weil was? Dem würde ich sagen: „Such dir eine andere! Und guck mal, wie alt ich bin!" Zuhälter mögen keine Stressfrauen und ich bin eine Stressfrau für die. Ich bin Power, ein Motor, ein Porschemotor. Wenn ich arbeiten gehe, laufe ich auf Hochtouren. Und sie müssten mir irgendwas bieten, was für mich ein Mehrwert wäre. Können die ja gar nicht. Was wollen die mir denn noch zeigen? Was wollen die mir noch beibringen? Was wollen die mir denn erzählen? Schutz? Brauche ich nicht. Ich habe gelernt, auf mich selbst aufzupassen. Rolex, Klunker, Reisen? Hatte ich alles. Kann ich mir selbst kaufen.

Das typische Anwerben durch einen Luden läuft folgendermaßen ab: Erst wanzt der Lude sich an die Frau heran, die für ihn anschaffen soll. Er quatscht sie in einer Bar oder Disco an. Was dann kommt, kann sich über Tage oder Wochen hinziehen. Er schläft auch nicht mit ihr, solange nicht klar ist, dass sie für ihn ackern geht. Er hält sie hin, macht sie heiß, lockt sie, wie toll es doch wäre, wenn sie ein bisschen was verdient. Also, es gibt so etwas wie ein System. Der Zuhälter geht mit ihr in Clubs, in Restaurants, kauft ihr hier und da auch eine Kleinigkeit – ein Paar Stiefel, eine Jacke, ein kleines Ringelchen, ein Dupont-Feuerzeug. Irgendwas Klitzekleines kaufen sie ihr, nichts zu Protziges, nur um die Frau auf den Geschmack zu bringen. Guck mal, alles das könntest du haben, wenn du es machen würdest. Es liegt an dir. Es gibt Frauen, die sagen schnell von sich aus: „Okay, ich probiers." Dann gibt der Zuhälter einer anderen Frau, die schon für ihn arbeitet, Bescheid: „Pass auf die Neue auf, lern sie an."

Der Lude liefert die Neue anfangs an ihrem Arbeitsplatz ab, holt sie nach der Schicht wieder ab, besucht sie zwischendurch: „Süße, wie läuft es denn für dich, bist du locker? Fällt es dir schwer? Hast du irgendwelche Probleme?" Und dann der entscheidende Satz: „Wenn du nach Hause kommst, weißt du ja, dann legst du das Geld in die Schublade." Und so bezirzt er sie und macht sie gleichzeitig von sich abhängig. Es gab eine Zeit, da war es wohl schwer, Frauen auf dem freien Markt kennenzulernen, in den Discos, sodass die Luden in ihren dicken Karren morgens um 5 Uhr die Straßen entlangfuhren und junge Frauen, die alleine unterwegs waren, ansprachen. „Na, Mädel, wo willst du denn noch hin? Komm, ich fahr dich schnell. Wir können doch noch was Nettes trinken gehen."

Weil das Geschäft im Eros-Center mau geworden war, überlegte ich, mir ein neues Pflaster zu suchen. Keine Ahnung, warum es plötzlich nicht mehr gut lief, es war einfach schwierig geworden, die Luft war vielleicht auch raus bei mir. Es musste jetzt mal wieder ein Tapetenwechsel her. In St. Georg, das hatte ich gehört, ließe sich auf dem Straßenstrich leichter Geld verdienen. St. Georg, ein Viertel gleich hinter dem Hamburger Hauptbahnhof gelegen, war dafür bekannt, dass hier die Drogenabhängigen anschaffen gingen. Um dort zu arbeiten, musste ich mir wieder das Okay von Klaus einholen. Ich schlug ihm vor, noch ein bisschen im Eros-Center weiterzuarbeiten: „Aber ich geh zwischendurch auch nach St. Georg und gucke, wie es da für mich läuft. Wenn es nicht klappt, bin ich wieder komplett zurück auf St. Pauli." Klaus musste sich auch wieder die Erlaubnis seiner Chefs bei der Nutella-Bande geben lassen. So kam es, dass ich dann komplett nach St. Georg ging. Der Spadenteich, ein Platz zwischen Dreieinigkeitskirche und Lange Reihe, wurde mein neuer Arbeitsplatz. Hier verdiente ich richtig gut. Der Rubel rollte wieder. In St. Georg fiel ich auf, weil ich keine Drogen nahm und dementsprechend frisch, proper und unverbraucht aussah, das blühende Leben im Vergleich zu den Junkie-Nutten. Mittlerweile war ich jetzt schon ein paar Jahre in Hamburg. Mein 21. Geburtstag nahte. Klaus fragte mich, ob ich einen Wunsch habe. Wie aus der Pistole geschossen sagte ich: „Ich will ′ne goldene Rolex." War immer schon mein Traum. Klaus, der sich in mich verliebt hatte, sagte daraufhin, ich könne alles, was ich in diesem Monat verdienen würde, behalten. Und von dem Geld dürfte ich mir meine Rolex kaufen. In den nächsten Wochen gab ich richtig Gas. Und pünktlich zu meinem Geburtstag hatte ich das Geld beisammen und stiefelte zu Wempe. Ich war wahnsinnig stolz, auch wenn viele dachten, die Uhr sei ein Fake. Klar, ich war 21, an den Fingern steckten Brillantringe und an meinem zarten Handgelenk baumelte die Goldrolex. Mit der Uhr stieg ich optisch in der Hurenhierarchie auf. Eine Rolex zeigte, wie weit man es gebracht hatte. Die niederen „Ränge" trugen Stahlrolex, dann kam die halb Edelstahl, halb Gold Rolex, als Nächstes Gold. Es folgten die Rolex mit Brillanten auf dem Zifferblatt, dann mit Brillanten am Kranz, zuletzt die Rolex, deren Armband auch noch mit Steinen besetzt war. Ich hörte nach Gold auf.

Klaus machte sich Hoffnung, dass aus uns mehr werden könnte, eine echte Beziehung. Ich mochte ihn zwar, aber mehr war da nicht von meiner Seite aus. Ich hätte ihn auch nicht „meinen Mann" genannt, wie es die anderen Frauen über ihre Zuhälter sagten. Noch wohnten wir zusammen in einem Apartment. Aber während meiner St. Georg-Phase hatte ich mich von ihm entfremdet, ich fühlte, die Sache mit ihm hatte keine Zukunft. Ich hatte den Point of no Return überschritten. Wenn ich den in einer Beziehung erreicht hatte, hätte mir der Mann eine Million hinlegen können. Ich hätte trotzdem gesagt: „Nein danke, es tut mir leid. Ich habe keine Gefühle mehr für dich."

Wuff!

Wir sind miteinander gewachsen,
ich kenne ihn seit mehr als 30 Jahren.
Er ist auch so ein roter Faden im Milieu.

Ich habe einen Stammgast, der liebt Hundespiele. Er mag es, an der Leine geführt zu werden, mit allem, was dazu gehört, Halsband, Leine und auf allen vieren. Man sieht den Menschen ja nicht an, auf welche sexuellen Spielarten sie abfahren und meinem Hundeliebhaber schon mal gar nicht. Er ist ein attraktiver Mann, mittlerweile in den besten Jahren, jetzt hat er grau melierte Haare, ist immer noch schlank und muskulös, eine insgesamt elegante Erscheinung. Ich saß noch nicht lange in der Straße, als er eines Tages an meinem Fenster auftauchte. Mit einer aufgeplatzten Augenbraue und Blut im Gesicht. „Was ist dir denn passiert?“, fragte ich ihn. Dazu sagte er nichts. Wer ihm eine verpasst hatte, wollte er auch später nicht verraten. Stattdessen kamen die drei Worte aus seinem Mund, die mir die liebsten sind: „Kann ich rein?“ Ich schaute ihn mir dennoch erst mal genau an. So gutaussehend, so lädiert, ob ich mir mit dem nicht unnötigen Ärger einfing? Aber irgendwie war er mir sympathisch und tat mir leid. Ich nannte ihm meinen Preis. Allerdings einen höheren, als ich ihn normalerweise forderte. Risikozuschlag muss sein, dachte ich insgeheim. „Ja okay, mach auf, ist egal wie viel“, sagte er. Er gab mir relativ schnell den Betrag, den ich verlangt hatte. Fängt gut an, dachte ich, Geld spielt bei dem wohl keine Rolle. Später erzählte er mir, dass er ein großes Unternehmen besitze – mit mehreren Hundert Angestellten.

Oben in meinem Studio angekommen, klärte er mich darüber auf, was genau er sich wünschte. Ich solle mit ihm eine Hundeausbildung machen, sagte er etwas schüchtern. Ach, dachte ich, wie soll das denn gehen? Und überlegte, was ich mit meinem – echten – Hund alles angestellt hatte. Der Gast sagte, er wolle auf allen vieren von mir Gassi geführt werden, mit Hundehalsband und an die Hundeleine angelegt, mit allem Pipapo: Bellen, Sitz, Platz und Aus. So legten wir dann los. Er nackt, ich aufgestrapst als Domina. Dabei küsste er, ein totaler Lederfanatiker, immer wieder meine Stiefel, zwischendurch legte ich ihm Brustklemmen an, um für etwas Abwechslung zu sorgen. Er war einer der Gäste, die auf Marathonsessions standen. Aber das war okay, denn zwischendurch machten wir immer wieder längere Pausen, in denen wir uns nur unterhielten. So redeten wir manchmal sogar zwei bis drei Stunden, über dies und das, über Gott und die Welt. Das machte uns beiden Spaß, mir gefiel sein Sinn für Humor. Er war gut darin, Witze zu erzählen, sodass ich mich jedes Mal fast wegschmeißen konnte. Als wir uns nach mehreren Treffen langsam etwas besser kannten, berichtete er mir immer mehr Privates aus seinem Leben und ich aus meinem (was ich selten tue). So erzählte er mir von seiner Ex, die in seiner Firma angestellt war und mit der er folgenden Deal hatte: Jedes Mal, wenn er im Büro Sex wollte, gab er ihr 1000 D-Mark in cash. „Bück dich!“, war das Stichwort. Er genoss die Macht über sie.

Wenn er dreimal am Tag wollte, bückte sie sich dreimal am Tag und kassierte 3000 D-Mark und dann passierte wieder zwei Wochen gar nichts. Irgendwann hatte sie sich ein Auto zusammengespart und kündigte. Zu seinem Leidwesen. Damals war also er noch derjenige, der dominierte. Bevor er bei mir landete, hatte er es bei einer anderen Domina versucht. „Einmal und nie wieder", sagte er. Sie hatte ihn in eine kleine Zelle – so groß wie ein Dixi-Klo – eingesperrt, darin war ein Telefon, auf dem sie ihn anrief und Befehle erteilte. „Aufstehen, wenn ich mit dir rede! Und jetzt auf die Knie!" Es sei eklig gewesen, sagte er, da hatte ein Hund hingepüschert und das sollte er auflecken. Er wollte nur noch weg. „Ich gebe dir 500 D-Mark, wenn du mich rauslässt", sagte er zu ihr. Und sie: „Hier wird nicht gegangen. Du bleibst hier, solange ich das will." Irgendwann konnte er die Flucht ergreifen. Ob das alles so stimmte, kann ich natürlich nicht wissen. Ich denke aber, weil er mir vertraute, war er ehrlich. Wenn eine Sprechpause beendet war, ging es wieder in die Vollen. Weiter im Programm. „Jetzt wollen wir wieder ernst werden", befahl ich. „Runter! Auf alle Viere!" Dann kroch er wieder vor mir herum, schnüffelte an seinem Poppersfläschchen, einem Aphrodisiakum, von dem er erst recht ganz wild wurde und schleckte ausgiebig an meinen Stiefeln herum. Als das irgendwann zu langweilig wurde, ließ ich ihn spiralförmig durch meine Nieten lecken. Die Zeit mit ihm verging schnell. Warum er wollte, was er wollte, auf diese Frage hatte ich keine Antwort. Ihm selbst stellte ich sie gar nicht erst. Mich interessierten nur zwei Fragen: Gefällt es ihm? Bleibt er noch länger? Nach seinem ersten Besuch hörte ich eine Weile nichts von ihm.

Erst Monate später, an einem Sonntag, sagte eine der anderen Frauen zu mir: „Du, der läuft wieder." „Wer?", fragte ich, ohne aufzublicken, weil ich mich gerade schminkte. Da klopfte es an meine Scheibe. Seit seinem Besuch hatte ich schon wieder so viele neue Typen gehabt, dass ich ihn nicht gleich erkannte. „Haben Sie Sprechstunde?", fragte er. „Natürlich." Ich ging zur Tür, um ihn reinzulassen. Da klickerte es langsam. „Warst du nicht schon mal bei mir?" „Ja, war ich, wuff." Von da an kam er regelmäßig und war schon bald ein treuer Stammgast. Er trug immer viel Bargeld mit sich herum, aber einmal dauerte seine Session so lange, dass er anschreiben lassen musste. Er war immer korrekt und zahlte seine Schulden pünktlich. Im Laufe der Zeit variierten wir unsere Hundespiele. Anfangs waren sie auf die Räume meines Studios beschränkt, später führte ich ihn an der Leine durch den Hinterhof, wo ihn auch andere Leute sehen konnten. Dann probierten wir es auf der Straße, was etwas heikel war. Denn einerseits gefiel es ihm gerade, wenn andere dabei zusahen, andererseits wollte er auf keinen Fall erkannt werden. Deswegen trug er draußen immer eine Maske. Irgendwann befahl ich ihm, weil ich spürte, dass ihn das erregte: „Los, raus auf die Straße und diesmal ohne Maske!" So machte ich ihm den Mund wässrig. „Mach ich nicht, will ich nicht", zierte er sich, aber er ließ es geschehen und zeigte sich ganz offen. Es war das Spiel mit dem Risiko, das sein Kick war. Für mich war dieser Fetisch Neuland und ich war konzentriert dabei, mir immer neue Variationen auszudenken. Ich ließ ihn aus dem Hundenapf trinken, an fremden Zimmern schnüffeln, ich kaufte Hundefutter, das er fressen musste, ich ließ ihn

Türrahmen und Böden abschlecken oder die Schuhe der Wirtschafterin. Ich kippte eine ganze Poppersflasche in die Toilette, drückte seinen Kopf rein, bis er völlig berauscht und willig für alles war. Das alles zog sich über zehn, elf Stunden. Er liebte auch Face-Sitting, das war jedes Mal der Abschluss einer Session. Face-Sitting bedeutet, dass man sich mit dem Po aufs Gesicht des anderen setzt. Fürs Finale holte ich mir die Unterstützung von zwei Kolleginnen. Wichtig war, sie mussten kräftiger sein als ich. Denn mein Hundefreund liebte dicke Ärsche. Die eine senkte dann ihren fülligen Hintern auf sein Gesicht, während die andere ihn keulen musste, bis er abspritzte. Immer wenn er sich verabschiedete, sagte er (aber nur in den ersten Jahren, später nicht mehr), er wolle nicht wiederkommen. „Ich glaube, ich mach das nicht mehr. Das wars für mich." Vielleicht schämte er sich in diesen Momenten, auf jeden Fall fühlte er sich nicht wohl in seiner Haut. Lange hielt der Vorsatz nie an. Sein Fetisch gewann immer die Oberhand, spätestens nach zwei Wochen stand er wieder vor der Tür. Als die Frequenz seiner Besuche zunahm, litten irgendwann seine Hände und seine Knie. Vom ständigen Rumhoppeln auf allen vieren bekam er blutige Schürfwunden. Wenn sich das mal bloß nicht entzündet, dachte ich und besorgte ihm in einem Sportgeschäft Knieschoner und Handschuhe wie für einen Profisportler, die er zum Schutz ab jetzt tragen musste. Eines Tages lief während eines Gassigangs ein Tourist neugierig durch den Hinterhof. Als er uns sah, machte er Riesenaugen und blieb einfach stehen, rührte sich nicht weg und gaffte. Nach ein paar Minuten blaffte ich ihn an: „Genug geglotzt, jetzt mal schön verschwinden." Vielleicht verstand er mich nicht, wahrscheinlich wars ihm auch egal, auf jeden Fall bewegte er sich keinen Millimeter. Klar, was er hier gerade sah, erlebte er bestimmt nicht jeden Tag. Eine Domina in voller Montur führte ihr menschliches Hundchen aus. „Los, kläff ihn weg!“, befahl ich. Und mein Gast legte sich richtig ins Zeug, bellte und knurrte den Typen an, ein echter Pitbull hätte nicht furchterregender sein können. Und wäre er nicht an der Leine gewesen, er hätte den Gaffer angesprungen und vielleicht sogar gebissen. Der Tourist nahm Reißaus und ich war stolz auf meine Erfolge in der Hundeerziehung. Das sind Situationen, dir mir Spaß machen, das bleibt nicht aus. Brenzlig wurde es einige Zeit später, als ich mit meinem Hundegast einen ganz besonderen Ausflug unternahm, bei dem wir beinahe aufgeflogen wären. Davon werde ich noch berichten.

Freigekauft

Ich wollte einmal im Leben heiraten,
aber das ist mir nicht gelungen.
Ich habe mich immer schnell entliebt,
ich weiß auch nicht, warum.
Ich habe Probleme, zu lieben.

Hamburg, 1985

Im Souterrain des Hauses in der Hein-Hoyer-Straße, in dem Klaus und ich eine Wohnung gemietet hatten, befand sich ein Friseursalon mit einem Kosmetikstudio. Der Laden war eine Institution auf St. Pauli. Viele der Frauen aus dem Milieu ließen sich hier verschönern und die Haare machen. Auch ich war Stammkundin. Und wann immer ich nicht gut drauf war oder jemanden zum Quatschen brauchte, im Salon im Keller hatte immer jemand ein Ohr für mich. Ich war damals in der Phase, mich von Klaus freizumachen, überhaupt wollte ich nicht mehr länger für einen Zuhälter arbeiten, auch wenn mir alle davon abrieten. Auf mich alleine gestellt würde ich im Milieu untergehen, warnten mich andere Frauen, trotzdem schreckte mich das nicht davon ab, mein Vorhaben umzusetzen. Bei passender Gelegenheit sagte ich zu Klaus, ich wolle nicht länger mit ihm zusammen sein, ich würde unser Arrangement beenden. Ich weiß noch, dass Klaus aus allen Wolken fiel. Er mochte mich ja und verstand nicht, dass seine Gefühle nicht erwidert wurden. Ich war froh, dass er dennoch Verständnis zeigte. Er werde mir keine Steine in den Weg legen, sagte er, aber – und jetzt kommts – für meine Freiheit müsste ich natürlich einen marktüblichen Preis zahlen. Er wolle 10.000 D-Mark Abstecke von mir haben, so nannte man das früher. „Okay, zahle ich", sagte ich zu ihm. Allerdings könne ich diese Summe nicht auf einen Schlag aufbringen, ich würde sie abstottern. Ihm war das nur recht, denn so hatte er die Gelegenheit, mich weiterhin zu treffen, wenn er sich die Raten abholen kam. Insgeheim hoffte er, dass ich vielleicht einen Rückzieher machte und zu ihm zurückkam. Mittlerweile war er aus unserem Apartment ausgezogen, während ich zunächst dort wohnen blieb. Jede Woche fuhr er mit seinem neuen, schicken roten Mercedes SL vor, um Geld abzukassieren. Außerdem hatten wir damals noch einen gemeinsamen Hund, einen Dobermann, um den er sich weiterhin kümmerte. Also, wir waren schon ziemlich verschweißt. Klaus ließ nicht locker. Bei jedem Treffen ging das Spiel von vorne los: „Ich mag dich wirklich, Manu, ich will einfach nicht, dass wir uns trennen. Gib mir noch 'ne Chance, bitte." Und ich gebetsmühlenartig: „Nein, Klaus, ich will nicht mehr, hör endlich auf." Einmal schickte ich ihm sogar einen Brief, in dem ich ihm klipp und klar schrieb, er solle mich endlich in Ruhe lassen. Kurz nachdem ich den Brief abgeschickt hatte, war ich wieder einmal zur Kosmetikbehandlung, als Klaus in den Salon kam, völlig fertig, und sich vor mich hinkniete. „Ich verkaufe mein Auto, ich kaufe dir eine Eigentumswohnung, du kannst alles von mir haben, aber bitte sei wieder mit mir zusammen." Er tat mir schon ein bisschen leid, wie er um meine Gunst bettelte, aber für kein

Geld der Welt wollte ich einen Rückzieher machen und das sagte ich ihm auch. Er werde noch das restliche Geld für die Abstecke bekommen, mehr sei nicht drin. Ich drückte auch regelmäßig Kohle ab, bis die 10.000 D-Mark abgestottert waren. Von da an war ich so was wie Freiwild im Milieu, zum ersten Mal gehörte ich niemandem und musste auf mich selbst aufpassen, gleichzeitig konnte ich tun und lassen, was ich wollte. Ich wusste, wenn ich jetzt einen Mann kennenlernte, dann würde diese Beziehung ganz anders sein als zu meinen Zuhältern.

In dieser neuen Lebenssituation hatte ich auf einmal Lust, etwas ganz anderes auszuprobieren. Ich ging weiter auf St. Georg arbeiten, aber ich fühlte mich ausgelaugt, das Anschaffen ödete mich an. Und dann tat ich etwas, das ich nie zuvor auch nur in Erwägung gezogen hatte: Ich suchte mir einen Job, eine richtige Arbeitsstelle. Ohne Schulabschluss waren meine Möglichkeiten natürlich begrenzt, eine Alternative zur Prostitution, einen Plan B, hatte ich mir auch nie überlegt. Aber über Kontakte fand ich bald schon einen Job als Putzfrau in einem Hotel. Putzen geht immer, dachte ich und putzen kann ich. Morgens um 5:30 Uhr saß ich in der U-Bahn, damit ich pünktlich um 6 Uhr meinen Dienst antreten konnte. Dann acht Stunden lang Hotelzimmer schrubben – im Akkord. Den Dreck fremder Menschen wegmachen. Es wird niemanden überraschen, dass ich sehr schnell desillusioniert war. Ich weiß nicht, was ich mir vorgestellt hatte, aber so was nicht. Es gab nichts, was mir an der Arbeit Spaß machte. Und schlecht bezahlt war sie obendrein auch noch. War das die ersehnte Freiheit? Hatte ich dafür 10.000 D-Mark Abstecke gezahlt? Immerhin hielt ich fast ein halbes Jahr lang durch, dann begann der Ausstieg vom Ausstieg. Neben dem Putzen ging ich wieder auf St. Georg anschaffen, dort wohnte ich mittlerweile auch. Ich arbeitete wieder auf dem Straßenstrich und in Stundenhotels. Den Putzjob kündigte ich schließlich – ich war froh, wieder das zu tun, was ich gut konnte. Das war das erste und letzte Mal, dass ich außerhalb der Prostitution Geld verdiente habe.

In dieser Phase, zwischen Noch-Putzen und Schon-wieder-Anschaffen lernte ich im damaligen Top Ten, einem legendären Musikclub auf der Reeperbahn, in dem sich auch viel Milieu herumtrieb, Carlos kennen, besser bekannt als „Scholle", ein Zuhälter vom alten Schlag. Was sich zwischen uns entwickelte, war etwas Besonderes, das kann ich nicht anders sagen. Und bis heute begleitet er mich auf die ein oder andere Weise – und ich ihn. Scholle ist ein St. Pauli-Urgestein. Er wurde in der Nähe des Fischmarktes geboren, wo er als Kind Schollen stibitzt hat, daher sein Name. Er ist jetzt 73 Jahre alt. Typen wie ihn gibt es auf dem Kiez heutzutage nicht mehr. Er hat sich als Jugendlicher immer nur auf St. Pauli herumgetrieben.

„Solange ich denken kann, kenne ich die Herbertstraße", sagt Scholle. „Ich bin schon als Kind da durchgeschlichen. Früher standen die Freier Schlange, heute die Frauen." Im Kiez sah Scholle seine Berufung, aber der Vater befahl ihm, eine Lehre zu machen. Anschließend könne er tun und lassen, was er wolle. Scholle machte eine Ausbildung zum Schlosser, schmiss nach Beendigung der Lehre hin und heuerte mit 18 als Kellner im legendären Hans-Albers-Eck an. Dabei lernte er ein Mädchen kennen, das ihn – gerade volljährig – zum Zuhälter machte. „Wir brauchen doch Geld", sagte sie zu Scholle, „ich geh anschaffen und du passt auf mich auf." Toll, dachte Scholle, das machen wir. Dann musste er aber zur Bundeswehr, war 18 Monate in Plön und bei seiner Rückkehr nach Hamburg war die Freundin weg. Scholle hatte aber schon eine neue Geschäftsidee. Er mietete sich in ein Theater in der Großen Freiheit ein und brachte Livesex auf die Bühne. Das lief so gut, dass ihm der Besitzer bald wieder kündigte, um das Geschäft allein zu betreiben. Er lernte wieder ein Mädel kennen, die Freundin eines Freundes. „Die war hinter mir her wie sonst was", sagt Scholle. „Sie war eine Hure und wollte mit mir zusammen sein." Scholle redete mit ihrem Freund und regelte die Abstecke. „Sie ging arbeiten und ich pulte mir in der Nase." Als Nächstes fragte sich Scholle, wie er es schafft, sein Business weiter auszubauen. Er hatte gehört, dass in der Davidstraße 16 ein Puff leer stand. Den wollte er übernehmen. Es fehlten ihm aber 30.000 D-Mark, er fragte überall herum, wer ihm das Geld leihen könnte. Niemand wollte ihm helfen. Eines Tages ging er in den GMBH Club, dort traf er den „schönen Mischa" (Michael Luchting, das M der GMBH). Scholle war an diesem Tag stinksauer und angesoffen. Was denn los sei, fragte Mischa. Scholle schimpfte rum, das seien doch alles Wichser, keiner würde ihm was leihen. Mischa fragte: „Wie viel brauchst du?" Zusammen fuhren sie in Mischas cremefarbenem Rolls-Royce Corniche Cabrio zu ihm nach Hause. Mischa ging an seinen Tresor, legte 30 Mille bar auf den Tisch und verabschiedete Scholle mit den Worten: „Und jetzt hau ab und mach deinen Puff und gib mir das Geld irgendwann mal wieder." Nach drei Monaten bekam er sein

Geld zurück, so gut lief Scholles Puff in der „David 16". Das alles fand damals in den 70er-Jahren statt. Scholle ist Mischa auf ewig dankbar. Der übrigens ein tragisches Ende nahm. Irgendwann verließ er Hamburg und lebte auf Gran Canaria, dort wurde er verhaftet, kam in den Knast. Kaum war er wieder draußen, erhängte er sich.

Scholle selbst war immer ein Einzelkämpfer, er hat sich nie einer der Gruppierungen angeschlossen, weder der Nutella-Bande noch der GMBH. „War nicht einfach", sagt Scholle heute. „Man kannte mich und mein Umfeld, auch meinen alten Freund Kuddel Meyer, die Nummer eins auf St. Pauli – wir konnten uns aufeinander verlassen. Man hatte Respekt vor mir. Trotzdem hat mir mal einer mit einem Baseballschläger den Kopf eingehauen. 14 Tage war ich im Krankenhaus. Die Polizei verhörte mich, aber ich machte keine Aussage. So was regelte man selbst. Meine Jungs sagten: ‚Du musst was unternehmen, das kannst dir nicht gefallen lassen.' Ich hatte auch schon einen Plan geschmiedet, besorgte mir eine Kanone und einen Baseballschläger. Erst schieße ich ihm in beide Knie und dann haue ich ihm den Schläger über den Schädel, überlegte ich mir. Und was hörte ich als Nächstes? Irgendwer anders hatte den Typen im Hotel Luxor totgeschlagen – was für ein Glück für mich, ich musste nichts mehr machen. Dann dachte ich: Immer mit einer Kanone durch die Gegend zu rennen, ist auf Dauer scheiße. Ich fing mit Kampfsport an, trainierte wie ein Ochse Karate." So schaffte Scholle es, sich auf dem Kiez Respekt zu verschaffen. Als Zuhälter war er mittlerweile eine echte Größe. Eines Tages kam der schöne Klaus zu ihm und fragte, ob er bei Scholle, in der „David 16", einsteigen könne. „Ich fragte, was hast du denn?", erzählt Scholle. „Im Moment nichts. Zumindest kein Geld, aber sieben Weiber", antwortete der schöne Klaus. „Also wie ich", bemerkte Scholle. „Ab morgen bist du mein Partner." Der Puff hatte sieben Zimmer, dazu 14 Frauen, war also rund um die Uhr doppelt belegt. Als Nächstes stieg Scholle dann auch noch ins Eros-Center ein.

Wir verkehrten also schon länger in denselben Kreisen, im Paralleluniversum Hamburger Rotlicht, aber persönlich begegnet sind wir uns erst in der besagten Nacht im Top Ten. Ich kam zum Partymachen hin, er zum Anwerben neuer Mädchen. Scholle fragte eine Bekannte: „Wer ist die kleine Zierliche mit den dunklen Haaren da in der Ecke?" „Das ist die Manu." Dann winkte er mich zu sich, wollte mich für sich gewinnen. Wir kamen ins Gespräch und hatten gleich einen guten Draht, vor allem als klar wurde, dass wir eine Gemeinsamkeit hatten: die Liebe zu Pferden. Pferde (bzw. Ponys) waren mein Ein und Alles damals im Heim in Bremen. Carlos erzählte, er gehe oft reiten. Ein Lude im Sattel? – Konnte ich mir nicht vorstellen. Menschen, die gut mit Pferden können, haben ja eine sensible Ader, die müssen einfühlsam sein, denke ich. „Komm mal mit!", sagte Scholle und schleppte mich aus dem Top Ten raus zu seinem Auto. Er öffnete den Kofferraum seines blauen Mercedes und da lag, das werde ich nie vergessen, ein Reithelm. Das fand ich so klasse, der Typ gefiel mir. Danach gingen wir zusammen nach Hause und landeten im Bett. Von da an waren wir zusammen. Er war deutlich älter als ich, Mitte dreißig, wohnte in einem Haus mit Swimmingpool vor den Toren Hamburgs und er war lange schon mit einer Frau zusammen, die er aber nicht mehr liebte. Eine, die auch für ihn anschaffen ging. Als ich ihn kennenlernte, ging die Beziehung zu der Frau schließlich in die Brüche. Sie zog aus und ich marschierte bei Scholle ein. Für einige Zeit führten wir ein eheähnliches Verhältnis. Während der Woche ging ich in St. Georg arbeiten, von 10 Uhr bis 18 Uhr, also ziemlich geregelt, während Scholle seinen Geschäften auf St. Pauli nachging. Ich machte den Führerschein, denn jetzt war ich eine Pendlerin. Scholle schenkte mir einen grünen Honda, mein erstes Auto. Das Geld, das ich auf dem Strich verdiente, musste ich zu Hause in eine Schublade legen. Scholle sagte: „Du legst dein Geld da rein, aber wenn du was brauchst, nimm es dir." Klar, so gesehen gab ich wieder mein Geld ab, aber es fühlte sich anders an als früher. Man kann eine Beziehung im Milieu nur schwer mit einer Partnerschaft im soliden Leben vergleichen. Bei uns zumindest gab es klare Regeln und Absprachen. Ja natürlich, das Milieu war nicht Hollywood, aber wer weiß schon, was sich bei den Soliden hinter der oftmals so perfekt erscheinenden Fassade abspielt.

Am Wochenende machte ich frei, dann war gemeinsamer Hausputz angesagt oder wir kümmerten uns um den Garten. Und um Rocky, das war Carlos' Rottweiler. Wenn ich Geld für Einkäufe brauchte, durfte ich an die Schublade rangehen, das war ganz normal. Ich hätte auch das gesamte Geld nehmen können, kein Problem. Aber dass ich meinen Verdienst nicht dort reingelegt hätte, das wäre nicht infrage gekommen. Scholle war aber dennoch mein Partner, nicht mein Zuhälter. Irgendwann hat er sogar um meine Hand angehalten. Aber das war zu einem Zeitpunkt, als mir die

Nähe schon zu viel geworden war. Ich befand mich bereits im „Entliebungsmodus" und lehnte den Antrag ab.

„Ich mochte dich irgendwie. Ich hatte Bock auf dich, denn du warst komplett anders als andere. Du warst zuverlässig, hattest deine gerade Linie, bist deinen Weg schnurstracks gegangen", sagt Scholle. „Ich habe dich einmal geschlagen, das war eine Ohrfeige, wegen einer Lappalie, die größten Streits entstehen ja aus Lappalien." Ich hatte ihn verbal niedergemacht, das war wieder eine meiner Eifersuchtsszenen, bei der ihm dann die Hand ausrutschte. Wenn mir etwas nicht in den Kram passte, konnte ich zickig und unausstehlich sein. Ich hatte an diesem Abend zu viel getrunken und wieder einmal hatte ich es geschafft, Scholle zum Ausrasten zu bringen.

Ich lief vor ihm weg, schloss mich in einem Zimmer ein, während er gegen die Tür hämmerte. Nach einer Weile wurde es ruhig, ich dachte, jetzt hat er aufgegeben und schloss auf. Das war ein Fehler. Danach sagte ich, wenn er mich noch einmal schlägt, würde ich sofort meine Koffer packen.

Es kam nicht wieder vor. Nach etwa eineinhalb Jahren trennten wir uns dennoch. Scholle bedauerte das Ende unserer Beziehung, aber wir gingen im Guten auseinander. Den grünen Honda durfte ich behalten.

Einmal im Leben hatte ich heiraten wollen – einer meiner Vorsätze. Den habe ich gerissen. Bevor es ernst werden konnte, war ich entliebt, ich weiß nicht, warum. Ich habe Probleme, intensiv zu lieben. Meinen Sohn liebe ich von ganzem Herzen. Ein Kind zu bekommen, das war ein weiterer Vorsatz, das ist mir gelungen. Meinen Sohn werde ich bis an mein Lebensende bedingungslos lieben, aber bei Partnerschaften, wenn sie eine gewisse Strecke hinter sich haben, will mir das nicht gelingen. Vielleicht waren es immer die Falschen, an die ich geraten bin. Wenn ein Mann mich verletzte, psychisch oder körperlich, konnte ich ihm nie verzeihen.

Ich zog wieder in die Hamburger Innenstadt, wo mich Scholle regelmäßig besuchte, um mir meine Post vorbeizubringen. Ich fühlte mich an die erste Zeit nach der Trennung von Klaus erinnert. Vielleicht können es Männer mit ihrem Stolz einfach nicht ab, wenn es die Frau ist, die den Schlussstrich zieht. Auch Scholle wollte mich zurückgewinnen. Wenn er mich draußen stehen sah, hielt er mit seinem Wagen neben mir. „Steig doch ein, Manu, lass uns noch mal reden."

Kurz nach unserer Trennung kam er ins Gefängnis. Noch während unserer Beziehung hatte er für ein paar Wochen in U-Haft gesessen und war wegen Zuhälterei zu insgesamt 18 Monaten verurteilt worden, die Reststrafe musste er jetzt absitzen. Zu diesem Zeitpunkt wohnte ich im Stadtteil Winterhude, Bachstraße, gleich hinter den Mundsburg-Hochhäusern. Auch wenn wir nicht mehr zusammen waren, fühlte ich mich Scholle weiterhin verbunden. Jeden Abend, pünktlich auf die Sekunde um 19 Uhr, rief er mich aus dem Knast an. Für drei Minuten, die waren ihm erlaubt. Dann machte es klick, Verbindung beendet. Das haben wir etwa neun Monate lang so gehalten, bis er rauskam. Jeden Abend um die gleiche Uhrzeit. Ich glaube, er hat immer nur mich angerufen.

Mir selbst ging es damals nicht gut, davon ließ ich Scholle aber nichts wissen. Von jetzt auf gleich stürzte ich in eine echte Krise, fühlte mich ausgelutscht von den ganzen Jahren und dachte, das kann es nicht gewesen sein. Seit mehr als zehn Jahren arbeitete ich als Prostituierte, plötzlich war bei mir die Luft raus. Ich hatte keine Lust mehr zu stehen, darauf zu warten, dass Gäste kommen. Heute weiß ich, dass ich mich in einer schweren depressiven Phase befand und es ganz schlimm hätte enden können, wenn ich nicht rechtzeitig Hilfe gefunden hätte. Ich litt unter Verfolgungswahn, war gefühlsmäßig so komplett durcheinander, dass ich es gar nicht beschreiben kann. Zum Beispiel hörte ich Schritte in meinem Zimmer, obwohl ich in Wirklichkeit alleine war. Ich sah alles doppelt, hörte alles dreifach so laut. Wenn unten Leute vorm Haus redeten, mein Apartment lag zur Straße hin, dachte ich, die stehen bei mir in der Wohnung. Auslöser meines Zusammenbruchs war möglicherweise ein Abend in einer Disco, der böse endete. Ich zog mit einer Bekannten um die Häuser, in einem Club lernten wir ein paar Leute kennen, die uns mit zu sich nach Hause nahmen. Von dem Moment an setzt mein Erinnerungsvermögen aus. Das Nächste, was ich weiß: ich war in einer fremden Wohnung mit ganz vielen Menschen, die ich noch nie gesehen hatte. Ich war desorientiert, schweißgebadet. Dann wieder ein Zeitsprung. Jetzt befand ich mich mitten auf einer Straße, sah einen Bus auf mich zukommen, brachte ihn wild mit den Armen wedelnd zum Halten und schrie den Fahrer an: „Helfen Sie mir, ich bin verrückt!" – immer wieder. Dann war ich im Krankenhaus, wo man mir Medikamente und eine Infusion gab. Man hatte mir K.-o.-Tropfen in einem Getränk verabreicht, sagte mir ein Arzt. Meiner Freundin, mit der ich unterwegs gewesen war, ging es ähnlich dreckig wie mir. Dieses Erlebnis fiel in die Zeit, als Scholle gerade in den Knast gekommen war. Wird schon wieder besser werden, sagte ich mir. Mein Zustand aber verschlechterte sich. Was war nur los? Diese Traurigkeit, diese Stimmungsschwankungen, was immer es war, es überkam mich einfach. Ich zog mich zurück, war zeitweise nicht einmal mehr in der Lage zu arbeiten. In der Budapester Straße, beim heutigen Millerntor-Stadion, gab es einen Neurologen, der mir empfohlen worden war. Ich suchte ihn auf. Er nahm sich Zeit, hörte sich an, was ich über meinen Zustand berichten konnte. Anschließend meinte er, wir würden es jetzt mit einer Therapie mit IMAP-Spritzen versuchen, dabei handelt es sich um ein Langzeit-Antipsychotikum. Das werde ich auch nie vergessen: Diese riesigen Spritzen in den Hintern, die taten ordentlich weh. Dann dauerte es noch mindestens fünf oder sechs Wochen, bis die Wirkung eintrat. Aber die Behandlung funktionierte. Von da an ging es langsam bergauf, ich fühlte mich wieder sicherer, hörte auch keine Stimmen mehr, die schlimmste Phase war überwunden. Ich ging wieder arbeiten, was auch höchste Zeit war. Die Symptome kamen zum Glück nie wieder. Aber wenn ich daran zurückdenke, sind sie sofort wieder präsent und ich fürchte mich, jemals wieder so hilflos und abgehängt zu sein. Wenig später schaffte ich den Sprung in die Herbertstraße und damit nahm mein Leben wieder voll Fahrt auf. Ich war wieder dabei!

Am Tag seiner Haftentlassung trafen Scholle und ich uns in der Hamburger Innenstadt und gingen zusammen in einem Steakhaus essen. Ich hatte das Gefühl, irgendwie sträubte er sich davor, nach Hause zu fahren. Nach dem

Restaurantbesuch schlenderten wir noch lange durch die Gegend. Als kleines Dankeschön für meine Unterstützung kaufte er mir ein Parfum, das ich damals sehr mochte. Später schenkte er mir sogar einen Blaufuchsmantel, ein dramatischer Fummel. Das war zu einer Zeit, als das Pelztragen noch en vogue war.

Scholle fand es gut, dass ich in der Herbertstraße als Domina arbeitete. „Da fasst dich wenigstens keiner an", war sein Kommentar dazu. 1993 oder 94 kündigte er seine Puffs und stieg aus, weil es sich finanziell nicht mehr für ihn rentierte. Er hatte die goldenen Zeiten erlebt, aber die waren jetzt vorbei. Scholle wechselte in den Finanzsektor, Bereich Warentermingeschäfte. Ein paar Jahre war er damit sehr erfolgreich, aber dann lief etwas schief, was sich meiner genauen Kenntnis entzieht. Ich weiß nur, dass er noch mal für ein paar Jahre im Knast landete. Heute ist er immer noch umtriebig, aber völlig solide. Scholle ist einer, dem die Ideen, was er als Nächstes auf die Beine stellen könnte, nie ausgehen.

Unser Kontakt ist nie ganz abgebrochen. Zuletzt ist er wieder intensiver. Ich glaube, er mag mich immer noch sehr. Irgendwann hatten wir noch mal eine kurze Affäre. Aber das war schnell wieder vorbei. Wenn er sich telefonisch meldet, sabbeln wir wie alte Freunde. Und das ist ja auch eine Menge wert. Weshalb Scholle mir immer wichtig sein wird, das liegt auch an seiner Mutter Sonja, die 2004 gestorben ist. Ich lernte sie kennen und lieben, gleich nachdem ich mit Scholle zusammengekommen war. Wir verstanden uns auf Anhieb, trafen uns regelmäßig, auch noch nachdem ich mich von Scholle getrennt hatte. Ich konnte sie jederzeit besuchen, wir haben viel miteinander gelacht. Ich konnte über alles mit Sonja reden. Sie hatte das Herz auf der Zunge, sagte immer das, was sie dachte. Darin waren wir uns sehr ähnlich, in der direkten Art. So eine Mutter, dachte ich immer, hätte ich gerne gehabt. Als sie noch jünger war, arbeitete Sonja in der Davidstraße als Putzfrau und wenn es eine Razzia gab, behauptete sie gegenüber den Polizeibeamten: „Was wollt ihr denn? Ich bin hier die Puffchefin." Auch meinen Sohn liebte sie innig. Er nannte sie immer „Oma Sonja". Die beiden waren ein Herz und eine Seele. Ihre letzten Jahre verbrachte Sonja in einem Altenheim, wo ich sie einmal in der Woche besuchte. Das war unser festes Ritual. Dann wurde sie krank, sie litt an Krebs und starb nach einer OP. Ich konnte mich von ihr mit einem Kuss auf die Stirn an ihrem Totenbett verabschieden.

Es vergeht kein Tag, an dem ich nicht an sie denke.

An später habe ich nie gedacht

Stände ich finanziell so da, wie ich es mir wünsche,
würde ich sofort aufhören, auf jeden Fall.
Ich bin die Älteste in der Herbertstraße.

Mit dem Alter ändert sich viel, das kann man sich als junger Mensch gar nicht vorstellen. Man denkt, je oller, je doller und dass mit der Reife eine Gelassenheit ins Leben kommt – alles Unsinn. Selbst mein früher so robustes und unerschütterliches Selbstbewusstsein ist immer häufiger niedergeschmettert. Jetzt habe ich manchmal sogar Angst, die Treppen runterzugehen, weil ich mir einbilde, ich könnte runterfallen und mir den Kopf aufschlagen. Im Autoverkehr werde ich übervorsichtig, weil ich Angst habe, dass nur einer über die Straße rennen muss und ich den anfahre. Ja, ich habe mich verändert. Mit Mitte 50 und die 60 vor Augen ging es los. Welche Sicherheit habe ich eigentlich, frage ich mich heute. Warum habe ich es nicht geschafft, mir ein finanzielles Polster und somit auch Unabhängigkeit zu erarbeiten? Ich hatte so viele Chancen und habe sie nicht genutzt. Ich hätte trotz der Prostitution ein reelles Leben führen können. Stattdessen habe ich die Kohle so, wie sie reinkam, auch wieder rausgeschmissen. Weil ich nie an später dachte, bloß das „Später" ist jetzt die Gegenwart. Ich dachte, es geht so weiter. Alt werden? Ich doch nicht. In der Herbertstraße war ich immer diejenige mit der meisten Power. Eine richtige Malocherin. Ich bin da so durchmarschiert, weil ich wusste, ich will Geld verdienen. Ich war bekannt in der Straße als Manuela, die „dreist" gearbeitet hat. Ich war frech, forsch und einfallsreich, manche Kolleginnen neideten mir den Erfolg. Es gab Gäste, mit denen habe ich im Zimmer Ballett veranstaltet, eine irre Choreographie. Da ging es vom Stuhl aufs Bett, vom Bett auf den Boden, vom Boden in den Käfig und von da zurück auf den Stuhl. Ich war immer in Action und Bewegung mit den Gästen. Wenn man es mit mir zu tun hatte, kam nicht eine Minute Langeweile auf. Bei mir gab es keinen Blümchensex. Deswegen kam ich an. Mein Einsatz ist heute noch genauso groß wie früher, aber er kostet mich mehr Kraft. Ich bin schneller erschöpft und brauche selbst mal eine Pause, aber das dürfen die Gäste nicht mitbekommen. Mit denen, die pflegeleicht sind, kann ich umgehen, da fällt es mir nicht schwer. Aber es gibt Gäste, die fordern unheimlich viel. Und sie tun das zu Recht. Ist ja nicht ihr Problem, dass ich nicht mehr die Jüngste bin.

Ich achte auf mich. Gehe zum Beispiel regelmäßig zum Arzt. Das ist sowieso wichtig in meinem Job. Was medizinische Checks angeht, bin ich sehr akribisch. Ich lasse mir mehrmals im Jahr Blut abnehmen, gehe oft zum Frauenarzt. Auch zur Krebsvorsorge. Ich war bislang zum Glück immer gesund, war nie ernsthaft erkrankt. Okay, als junge Frau hatte ich mal einen Tripper, aber nicht von der Arbeit, den hatte ich mir privat eingefangen. Wie oft man sich auf Geschlechtskrankheiten testen lässt, bleibt jeder Frau selbst überlassen. Früher gab es die Regel, dass jede Prostituierte einmal die Woche beim Gesundheitsamt antanzen musste. Man musste auf den „Bock". Bockschein nannten wir das amtsärztliche Gesundheitszeugnis, das Prostituierte als „Personen mit häufig wechselndem Geschlechtsverkehr" vorweisen mussten. Mit dem Bock war der Untersuchungsstuhl beim Gynäkologen gemeint. Wenn Frauen mal eine Zeit lang nicht zur Untersuchung erschienen waren, fuhr ein Kleintransporter vor und sammelte alle ein, die nicht zum Gesundheitsamt gegangen waren. Heute ist es so, dass jede Frau es halten kann, wie sie denkt. Es ist nicht mehr vorgeschrieben. Einschneidend war für uns alle das Aufkommen von HIV in den 80er-Jahren. Aids veränderte die Welt im Rotlicht, ab jetzt hieß es: nur noch mit Gummi. Trotzdem hatten wir Frauen große Angst, weil wir auch zu wenig über diese neue Krankheit wussten. Das Geschäft flaute damals ab. Es gab (und gibt) immer noch Gäste, die wollen es ohne Gummi. Habe ich nie verstanden, wie man sich dieser Gefahr aussetzen kann. Ich kenne zum Glück keine Frau aus dem Milieu, die sich infiziert hat.

Die Frage, wie lange ich den Job noch mache, müsste eigentlich lauten: Wie lange kann ich ihn noch durchhalten? Wie lange macht mein Körper das noch mit? Ich achte auf meine Gesundheit, versuche, mich einigermaßen gesund zu ernähren, trinke kaum Alkohol, nehme keine Drogen – nicht mehr! Ich muss fit bleiben, wenn ich mich weiterhin in der Herbertstraße behaupten will. Allein mit Erfahrung holt man sich keine Gäste aufs Zimmer.

Christiane F. und ich

Manchmal denke ich, ich bin einen ganz ähnlichen Weg gegangen wie Christiane F., nur mit einer anderen Droge.

Hamburg, 1986

Beide rutschten wir in ein Milieu ab, für das wir viel zu jung waren. Beide wurden wir abhängig. Beide wurden wir aber auch Mutter eines Sohnes, der vielleicht unsere Rettung war. Die Sucht, die mich fast kaputtgehen ließ, hat mit den Drogen von Christiane F. aber nichts zu tun. Bei mir war es die Spielsucht. Meine Zockerei in St. Georg.

Normalerweise stand ich am Spadenteich oder an der Kirchenallee, an der Rückseite des Hauptbahnhofes, auf dem Straßenstrich. Aber man kann ja nicht den ganzen Tag auf einer Stelle rumstehen. Wenn mir langweilig wurde, weil das Geschäft mau war, schlenderte ich umher und erkundete die Gegend, lief über den Steindamm, wo es eine Spielbank gab. So war es auch an diesem Tag, an dem es mit der Zockerei losging. Ich hatte gerade ein paar Hundert D-Mark in der Tasche, als ich an der Spielbank vorbeikam und dachte, schau ich da halt mal rein, ich hab ja grad nichts Besseres zu tun. Es geschah aus einer Laune heraus, aus Neugier, aus Langweile. Irgendetwas zog mich unbewusst an und ließ mich nicht mehr los. Von der ersten Sekunde an war es um mich geschehen. Ich weiß noch, als wäre es gestern gewesen, ich saß an dem Gerät und das hat geleuchtet und meine Augen haben auch geleuchtet. Und es war mir egal, dass ich 700 D-Mark, alles an Geld, was ich dabeihatte, verspielte. In dem Moment war ich eins mit dem Apparat und fühlte mich einfach nur gut und aufgehoben. Ich blieb vier oder fünf Stunden an diesem ersten Tag von vielen, die folgen sollten, am Automaten hocken. Das Zocken war geil, ein Gefühl, das ich gar nicht beschreiben kann. So was hatte ich noch nie erlebt. Ich liebte das Spiel am einarmigen Banditen. Und nur den. Die anderen Maschinen oder so etwas wie Roulette waren für mich uninteressant. Immer nur der Einarmige. Er wurde mein Liebhaber, mein Sehnsuchtsort, dem ich verfallen war. Völlig pleite verließ ich irgendwann die Spielbank, erschöpft und euphorisiert zugleich. Es dauerte ein paar Tage, bis ich wiederkam. Anfangs ging ich nur alle zwei Wochen zocken, dann einmal pro Woche, dann täglich. Mein Alltag sah so aus: Am Vormittag fing ich wie immer an zu arbeiten. Sobald ich am Nachmittag oder frühen Abend ein paar Hundert D-Mark zusammenhatte, konnte mich nichts mehr halten und ich lief zur Spielbank. Alle meine Einkünfte habe ich verspielt. Und wenn ich neues Geld brauchte, bin ich raus auf die Straße zum Anschaffen, kam aber so bald wie möglich zurück, um wieder alles zu verlieren. Oder ich fuhr nach Hause und plünderte meine Geldreserven. Ich war ein Junkie, nicht besser als die Drogenhuren, auf die ich immer von oben herabgesehen hatte. Im Moment des Spiels war ich auf einem Trip, im Rausch: was kommt jetzt, ob ich gewinne? Mensch, da muss doch noch was kommen! Wenn ich vor dem Einarmigen saß, hätte die Welt untergehen können, ich nahm nichts um mich herum wahr, meine Augen leuchteten, während ich das Geld reinsteckte und zog, reinsteckte und zog, der immer gleiche Rhythmus. Später gab es einen Einarmigen mit Knöpfen, da brauchte man nur noch draufzudrücken. Ich hatte meine eigene Fingertechnik, wo ich nur klack, klack, klack gemacht habe. Du konntest gar nicht schnell genug drücken, um dann einen Gewinn abzuwarten. Man schmeißt Geldstücke rein, setzt die Walzen mit den Symbolen in Gang, zieht am Hebel oder drückt auf den Knopf und dann rasten die Walzen ein. Steht da, sagen wir mal „bar, bar, bar", dann kommen Hunderte Geldstücke aus dem Automaten und dann hast du je nach Einsatz 500 D-Mark oder 1000 D-Mark gewonnen. Meistens aber lief es anders ab. Und je mehr von meinem Einsatz der Automat schluckte, je weniger mein Geld wurde, desto genervter war ich und dann schossen die Gedanken nur so durch den Kopf: Woher bekomme ich jetzt sofort Nachschub? Ich war völlig fokussiert auf den Automaten, verließ ihn nur, wenn ich zur Toilette musste, schnell gepüschert, Hände gewaschen, schon war ich zurück bei meinem Lover. Es kam vor, dass ich von mittags 12 Uhr bis um 3 Uhr oder 4 Uhr morgens vor der Maschine saß. Einmal hatte ich aber Glück und gewann tatsächlich ein richtig schönes Sümmchen von 25.000 D-Mark, mein höchster Gewinn in all den Jahren. Der machte meine enormen Verluste aber bei Weitem nicht wett. Nach Abzug der Steuern zahlte man mir das Geld an der Kasse aus, in kleinen Scheinen. Das machten die in der Spielbank sehr geschickt: die Kundschaft immer zum Weiterspielen zu animieren. Ich weiß, spätestens jetzt hätte ich aufhören sollen, aber süchtig und vernünftig – das geht nicht zusammen. Selbstverständlich habe ich weitergespielt. Von meinem Gewinn kaufte ich mir ein paar Klamotten, aber der größte Teil landete wieder auf dem Konto der Spielbank.

Meine Spielsucht hat mich lange begleitet. Von Anfang 20 bis Mitte 30. Zwischendurch hörte ich für ein Vierteljahr auf, wurde aber wieder rückfällig und dann ging alles wieder von vorne los. Über einen Zeitraum von zwei Jahren spielte ich jeden verdammten Tag, etwa von meinem 25. bis 27. Lebensjahr. Meine Sucht überschattete alles in meinem Leben, jede berufliche wie private Entwicklung. Ich schäme mich heute noch für die vergeudete Zeit, all die Stunden, die ich im Casino verbrachte, anstatt sie mit meinem Sohn zu teilen. Aber ich konnte nicht anders. Das war eine andere Realität. Was ich meinem Sohn mit meiner Zockerei antat, blendete ich aus. Ich glaube aber fest daran, dass er es letztendlich war, der mich – unbewusst – davon abhielt, noch mehr ins Verderben zu rennen und mich die Notbremse ziehen ließ.

Ich habe nie einen Entzug gemacht. Letztlich brachte ich aus reinem Selbsterhalt die Kraft auf, mich von der Spielsucht zu befreien. Wie so oft im Leben konnte ich mich auf mich selbst verlassen. Also, wenn ich wirklich etwas durchziehen will, wenn ich sage: So, jetzt geht überhaupt nichts mehr – und wir reden jetzt nicht vom Rauchen im Auto, sondern von etwas, das mir echten Schaden zufügt, wie die Spielsucht, das Koks (dazu komme ich noch) – dann kann ich mir gegenüber gnadenlos sein. Anders geht es dann aber auch nicht. Finanziell und psychisch war ich durch die Zockerei am Ende. Ich wusste, auch wenn ich jetzt mit dem festen Vorsatz die Spielbank verlasse, Schluss zu machen, das wird nur so lange anhalten, bis ich mich finanziell erholt habe, dann komme ich wieder. Um das zu vermeiden, ließ ich mich bei der Spielbank sperren. Mit der Sperrung würde es unmöglich sein, jemals wieder einen Fuß in das Casino zu setzen. Und auch in keines der anderen bundesweit, da sie alle vernetzt sind. Wenn ich heute ein Casino betrete und meinen Ausweis vorlege, wird mein Name eingegeben und dann erscheint sofort der Warnhinweis: Diese Person hat keinen Zutritt. Sich wieder entsperren zu lassen, ist ein umständlicher Akt.

Die Sperrung war also meine Rettung. Ich war nicht nur pleite, ich hatte richtig Schulden angehäuft. Wie viel Geld ich im Laufe der Jahre verloren habe, kann ich nicht beziffern. Ich weiß aber, dieses Geld wäre meine Rente gewesen, mein Ausstieg aus dem Milieu. Wenn ich von verpassten Chancen gesprochen habe, das war eine. Ein gigantisches, beschissenes Eigentor. Eigentlich passte es nicht zu mir, die Kontrolle über mein Leben an eine Sucht abzugeben, weil mir doch sonst immer klar war, was ich wollte. Aber jeder Mensch braucht sein Ventil. Um Luft rauszulassen, bevor der Reifen platzt. Für alles, was sich anstaut, im Geschäft, im Privatleben. Ich meine, das Ackern war ja schön und es war gut, dass ich Geld verdiente, gleichzeitig aber blieben meine Sehnsüchte unerfüllt: Ich dachte an die Zukunft, an einen Partner, eine Familie. Und nur wenn ich am Einarmigen saß, konnte ich alles hinter mir lassen. Ich habe auch ein Jahr lang Koks genommen, aber diese Droge konnte mich nie so beherrschen wie die Spielsucht. Das Spielen war etwas anderes, es überkommt mich heute noch dieses Kribbeln, diese Spannung, wenn ich nur daran denke, das geht nie weg.

Ich würde wieder Tausende Euro verzocken, wenn ich vor einer Maschine säße. Und dann weiß ich: Ich bin gesperrt, ich kann da nicht rein, Gott sei Dank! In meiner Hardcorezeit hatte ich einen wiederkehrenden Albtraum. Ich träumte, dass ich alles verloren hatte, alles. Dann wurde ich wach mit dem Gedanken: Es ist nicht wahr, es ist nur ein böser Traum. Das habe ich nicht gemacht!

Aber es war kein Traum, es war real.

Die Gäste mögen meine Handschrift

„Du haust am besten", sagt er zu mir.
Wird wohl so sein, muss ja so sein, denke ich,
sonst würde er nicht immer wieder zu mir kommen.

Manche Gäste wollen ausgelacht werden. Künstlich zu lachen ist allerdings schwieriger, als man denkt. Ein Rechtsanwalt, Stammkunde, buchte mich, damit ich über seinen Schwanz lache. Er lag dabei nackt auf dem Bett, wie ein Krebs auf dem Trockenen, mit Dildo hinten drin und sagte: „Und jetzt lach über mein Teil." Ich holte mir eine Kollegin dazu, zu zweit lacht es sich leichter. Während wir also kicherten und gackerten, hat er sich befriedigt. Je lauter wir lachten, desto besser fand er das. Die Session dauerte in der Regel zwei Stunden. Ich mochte ihn, er war ein netter Typ, immer freundlich und zuvorkommend. Was es mit dem Lachen auf sich hatte, habe ich nie herausgefunden. Bei einem anderen, einem Gast mit sehr speziellen Vorlieben, fiel mir das Lachen nicht schwer. Sein Fetisch bestand darin, ein Schwein zu sein und damit meine ich das Tier und nicht Schwein im Sinne von Arschlochtyp. Er kam an mein Fenster und als ich ihn ansprach, hat er, anstatt etwas zu sagen, einfach nur gegrunzt. Da konnte ich schon nicht mehr an mich halten. Er kam insgesamt zweimal zu mir, ein älterer

Mann, von kleiner Statur, die Haare zurückgegelt. Beim ersten Mal wusste ich natürlich noch nicht, was er wollte. Aus seinem Grunzlaut wurde ich nicht schlau. Er druckste herum. „Was denn jetzt? Raus mit der Sprache!", herrschte ich ihn an. Na ja, er wolle so ein bisschen im Schweinestall rummachen. Okay, dachte ich, der hört sich gern versaute Storys an und rollt sich ein bisschen auf dem Boden rum. So jedenfalls stellte ich es mir vor. Ich ließ ihn rein, brachte ihn in mein Zimmer, kassierte ab und lief nach unten, um das Geld wegzupacken. Als ich wieder oben war, saß er schon nackt und auf allen vieren im Zimmer und machte wieder diese Grunzgeräusche: „Grunz, grunz, oink, oink." Mit „Human Puppies" hatte ich durch meinen Hundefreund schon einschlägige Erfahrungen, aber ein Schwein? Das war mir noch nicht untergekommen. Ich weiß, es war nicht nett von mir und tat mir in dem Moment auch leid, aber ich konnte mich nicht bremsen, ich bekam einen hysterischen Lachanfall. Und ständig weiter dieses Grunzen. Ich lief in den Flur und rief meine Kollegin. „Maja, komm her, das musst du gesehen haben!" Dann standen wir beide vor ihm und lachten, aber das störte ihn überhaupt nicht. Er zog das mit dem Schweinsgehabe durch. Ich selbst musste auch nicht viel tun, damit er auf seine Kosten kam. Ich ließ ihn quietschen, grunzen und sagte dann irgendwann „So, die Zeit ist rum, jetzt wichs mal schön und mach hinne." Er gab sein Bestes, konnte aber nicht kommen. „Dann beenden wir das jetzt hier", meinte ich. Er zog sich wieder an, ohne sich zu beschweren und verschwand. Vor einem halben Jahr stand er plötzlich wieder vor mir. Ich habe ihn sofort erkannt. „Na, du kleines Schwein! Ist es mal wieder so weit?"

Als Antwort grunzte er. Ich fragte ihn, ob er reinkommen wolle. Und wieder nur: „Grunz, grunz." Dann erinnerte er sich daran, dass er sprechen konnte. „Ja, will ich." Aber erst später, er wolle sich noch ein bisschen umschauen. „Grunz, grunz." Und ging weg. Nach einer Stunde kam er wieder und weil ich wusste, wie es weitergehen würde, meinte ich nur: „Los, du Schwein, geh zur Tür!" Sobald er im Flur war, schmiss er sich auf alle Viere und lief grunzend hinter mir die Treppen rauf und rein ins Zimmer, wo er sich die Klamotten vom Leibe riss. Es folgte das gleiche Programm wie beim ersten Mal. Als er sich später anzog, kamen wir ins Plaudern. Ich stellte ihm die Frage, die ich ansonsten vermeide, weil es mich auch nichts angeht: Warum? „Wie bist du auf diese Schweinssache gekommen? Ich habe hier schon so einiges gesehen, aber das …!" Hätte er gesagt, das geht mich nichts an, wäre das okay gewesen. Aber ruhig und ernst fing er an zu erzählen. Vor einigen Jahren machte er Urlaub auf einem Bauernhof. Zu dem Betrieb gehörte ein Schweinestall. Durch Zufall ergab es sich, dass er einmal alleine bei den Schweinen war. Er fing an, ein Schwein zu kraulen und zwar am Hinterteil. Dem Schwein gefiel das, erzählte mein Gast, zumindest verhielt es sich so. Es scheuerte und drückte sich gegen seine Hand und gab lustvolle Geräusche von sich, die so klangen, als fühlte sich das Schwein so richtig wohl. „Dem Schwein ist durch meine Kraulerei einer abgegangen", sagte er. Und er wollte sich genauso fühlen, wie das Schwein sich fühlte. Und seitdem hätte er diesen Wunsch, den er bei mir auslebte. Aha, dachte ich, komische Geschichte. Immerhin eine Erklärung. Meistens gibt es keine. Manche haben einfach nur eine Macke. Kann man nicht anders sagen. Einer lief immer mit einem Hühnerkorb durch die Straße, darin bewahrte er seine Habseligkeiten auf. Warum? Keine Ahnung. Manchmal höre ich Sätze wie: „Vor zehn Jahren war ich noch nicht so drauf." Irgendwas knallt bei den Menschen im Kopf durch, denke ich. Es gibt einige, die sagen: „Ich möchte mich wieder wie bei meiner Mutter fühlen, als sie mich gewindelt hat. Kannst du das auch machen?" Viele haben keine konkrete Vorstellung davon, was es heißt, dominiert zu werden. Sie erleben so etwas bei mir zum ersten Mal und kommen auf den Geschmack. Sie fragen am Fenster: „Was machst du denn alles?" Und das lässt sich gar nicht in ein paar Worte fassen. Ich sage dann: „Du, ich kann dir jetzt nicht alles erzählen, aber komm doch rein und wir lassen es auf uns zukommen." Andere sagen: „Ich wills probieren, lass dir was einfallen." Und genau das ist die Herausforderung an mich. Ich taste mich heran, um genau an den Punkt zu kommen, dass der Gast das bekommt, was ihn erregt, auch wenn ihm das vorher selbst nicht bewusst war. Ich frage zwischendurch: „Ist das gut so?" „Oh, ja!" Und dann merke ich, da habe ich einen Punkt getroffen, da steht er drauf. Gleichzeitig kenne ich meine Grenzen – sexuelle Praktiken, die ich nicht kontrollieren kann und die verletzungsanfällig sind. Das Arbeiten mit Katheter ist so ein Beispiel, die Gefahr einer Blutvergiftung ist hoch. Nadeln durch die Brustwarzen stechen – das ist in Ordnung, solange alles steril abläuft. Dazu braucht es auch ein ruhiges Händchen und eine Portion Erfahrung. Beides habe ich. Es gibt Gäste, die wollen richtig derbe gestochen werden (da sage ich dann Stopp!) und andere, die wollen es nur mal probieren. Denen setze ich eine oder zwei Nadeln und gut ist. Was ich anbiete, das mache ich korrekt. Darauf kann man sich bei mir verlassen.

Die Gäste mögen meine Handschrift. So wie „Rohrstock-Fred", der kommt nur zu mir, weil ich genau die Art von Schlag draufhabe, die ihm gefällt. Er steht auf Rohrstockbehandlung, also mit dem Rohrstock auf den Hintern und jede Domina hat ihre eigene Technik. Er mag es ausgesprochen, wie ich den Stock auf seinem Allerwertesten klimpern lasse. 300, 400 Hiebe, ohne dass die Haut verletzt wird, immer mit Pausen. Da hatte ich selbst schon Schwielen an den Händen. Wenn ich Fred schlage, stehe ich mit beiden Beinen fest auf dem Boden und schwinge den Arm bei jedem Hieb mit. Bei einem anderen meiner Rohrstockliebhaber – Anwalt, stinkereich, penibel aber nett – sitze ich auf dessen Rücken, während ich seinen Popo malträtiere. Ich schwinge den Stock aus dem Handgelenk heraus, was auch ganz schön auf meine Knochen gehen kann. Der Gast will exakt eine Stunde bleiben und lässt sich 60 Minuten lang im Schnelltakt schlagen. Zack, zack, zack, zack, zack … dabei zählt er jeden Hieb mit und wehe, wenn er sich verzählt hat, dann fängt er wieder von vorne an. Das ist für mich ganz schön anstrengend.

Ich weiß nicht, was Rohrstock-Fred an mir gefressen hat, aber er mag mich besonders gern. Ich versohle ihn so gut wie keine andere, sagt er. Hört man doch gerne, wenn man Domina ist. Er ist eine treue Seele, schreibt immer mal Nachrichten oder schickt Whatsapp-Blümchen. Ich könnte schon einen Garten bepflanzen, so viele Blümchen hat er mir gesendet. Er fragt auch immer wieder, ob wir nicht mal woanders eine Session machen können. Aber das gibts bei mir nicht. Fred ist noch vom alten Schlag (Achtung Wortwitz!), ein älterer Herr, zurückhaltend, bisschen komisch von der Art her, also, ich kann zwar normal mit ihm reden, aber irgendwie gibt es eine Distanz, obwohl er schon viele Jahre Stammgast ist. Auch wenn der ein oder andere Gast mir ans Herz gewachsen ist, ist mein Job ein Job, da will ich nichts romantisieren. Ich bin eine Domina, ich erfülle Wünsche und Begierden, ich bin keine Psychotante oder Seelenklempnerin, auch wenn ich wahrscheinlich mehr Seelen repariert habe, als mir bewusst ist.

Die Welt dreht sich weiter

Wie der Rattenfänger von Hameln. So war ich. Ich wusste, wie ich an die Männer rankomme. Ich wollte immer irgendwie besonders rüberkommen.

Hamburg, 1988/89

Als ich in die Herbertstraße wechselte, gehörte ich mit meinen gerade mal paarundzwanzig Jahren eigentlich zum alten Eisen, wenn man bedenkt, wie lange ich schon dabei war. Aber damit war ich nicht allein, jede Frau im Milieu hat eine Geschichte, die sie hierhergebracht hat, jede von uns trägt einen Rucksack. Es passiert ja nicht einfach so, dass man auf dem Strich landet. Im Job also konnte man mir so schnell nichts vormachen. Die private Manu aber war immer noch eine junge Frau mit Träumen. Das Leben außerhalb des Milieus wollte ich genießen. Ich ging shoppen oder traf mich mit Freunden, mit denen ich Party machte, zum Beispiel im Crazy Boy im Pulverteich, ein Laden bekannt für Männerstrip. Ich feierte gerne, tat die Dinge, die auch andere junge Leute in dem Alter unternehmen. Gleichzeitig nahm ich meine Arbeit ernst. Und wenn ich eine Arbeit annahm, dann war ich zu 100 Prozent dabei. Das Private musste in dem Fall hintenanstehen. Nach Davidstraße, Eros-Center und St. Georg war der Platz in der Herbertstraße für mich wie ein Sechser im Lotto. Das wusste ich zu schätzen, das wollte ich nicht riskieren und packte meinen neuen Job voller Elan an. Erst recht, als das Studio frei wurde, das ich mietete. Von Anfang an lief es gut, richtig gut. Von da an betrachtete ich die Welt und was um mich herum geschah aus meinem Fenster heraus. Es war ein Kommen und Gehen, ich aber blieb. Die Welt veränderte sich und ich saß immer noch im Fenster. Mein Blick nach draußen auf die „Lindenstraße" des Lebens. Im Jahr nach meiner Stiefelpremiere fiel die Berliner Mauer. Auch an diesem geschichtsträchtigen Tag saß ich in der Herbertstraße. Die großen Ereignisse in der Welt bekamen wir hier im Kleinen auf eine besondere Art und Weise zu spüren. Nachdem die DDR ihre Grenzen geöffnet hatte, strömten die DDR-Bürger in den Westen, auch nach Hamburg auf die Reeperbahn und zu uns in die Herbertstraße. Gäste aus der DDR erkannte man meistens sofort am Dialekt, ich mochte sie, die Ossis, mag sie noch immer. Sie sind freundlich und dankbar und damals, nach der Wende, hatten sie Nachholbedarf und zeigten sich offen für viele Spielarten. Ich habe sie meistens als spendabel erlebt. In ihren Bedürfnissen könnte ich keine Unterschiede zu den Wessis ausmachen. Manche wussten zunächst gar nicht, was eine Domina ist, das musste man ihnen erst erklären, aber das kommt auch bei Wessis vor.

Meine Anmachsprüche variierte ich gerne mal, so dass sie immer zeitgemäß waren. Zum Beispiel sagte ich: „Hey, du, kommst du mal? Ich will dich was Politisches fragen." Das war natürlich erst einmal ungewöhnlich. Die Männer blieben stehen und kamen zu mir rüber, waren neugierig. „Was willst du denn wissen?", fragten sie. Und ich: „Ob du mal eben reinkommen willst?" „Hä? Das ist doch nichts

Politisches!" „Nee, ist es nicht", sagte ich, „aber das wäre was Geiles." Und schon hatte ich sie in ein Gespräch verwickelt und am Haken. Die Rattenfängerin aus der Herbertstraße. Man musste sich schon gut überlegen, zu welcher Zeit man mit welchen Sprüchen auf sich aufmerksam machte. Ich wollte auch außergewöhnlich rüberkommen, nicht nullachtfünfzehn wie viele andere. Ich habe mich den Gegebenheiten immer angepasst, die Zeit steht nicht still in der Herbertstraße. Das erlebten wir auch, als der Euro eingeführt wurde. Für uns war das großartig, zumindest in der ersten Zeit, da die meisten den Euro und die D-Mark gleichsetzten, davon profitierten wir. Auch Großereignisse wie die Fußballweltmeisterschaft in Deutschland schwemmen uns die Massen in die Straße, ebenso wie Veranstaltungen in Hamburg wie die Harley Days, der Hafengeburtstag oder der Schlagermove. Dann brummt das Geschäft. Nur wenn das Wacken Open Air im Hamburger Umland stattfindet, bei dem rund 80.000 Heavy-Metal-Fans zusammenkommen, dann arbeite ich am liebsten nicht, dann kommen plötzlich ganz gruselige Typen in die Straße.

Soweit zu den Veränderungen drumherum. Auch bei mir tat sich was. Rein optisch habe ich mich im Laufe der Zeit verändert. Ich würde sagen: verbessert. Mein Outfit hatte ich perfektioniert und auch körperlich hatte ich an meiner Optimierung gearbeitet. Ich hatte mir die Brüste vergrößern lassen. Das hatte ich schon immer vorgehabt. Als ich in der Herbertstraße anfing, saß ich da noch mit meinen kleinen Brüstchen, so wie Gott mich schuf. Mein BH war immer ein bisschen gepusht, weil ich so flach war. Insgesamt ließ ich mir dreimal die Brüste vergrößern. Nach der ersten OP war mein Busen noch recht übersichtlich, weil das Gewebe langsam gedehnt werden musste, um auf meine heutige Größe zu kommen. Der ersten Brust-OP unterzog ich mich bei einem Frauenarzt, also nicht mal bei einem plastischen Chirurgen. Das Ergebnis war sehr schmerzhaft, weil sich die Brust verhärtete. Die beiden weiteren Brustvergrößerungen ließ ich professionell bei plastischen Chirurgen durchführen, die auf solche Eingriffe spezialisiert waren. Nach der zweiten OP war ich größentechnisch schon mehr dort, wo ich hinwollte, aber es reichte mir noch nicht. Beim dritten Arzt bekam ich die Größe, die ich wollte. Trotz der Brust-OPs konnte ich stillen, was ich zwei Monate lang machte. Die Vergrößerungen wirkten sich gut aufs Geschäft aus, ich war ein Hingucker. Ich fühle mich aber auch wohl in meiner Haut, ich habe das nicht nur für das Geschäft gemacht. Mein Busen passt zu mir, ich finde auch, dass er natürlich aussieht. Das war mir wichtig, alles muss passen, natürlich sein, man darf nichts übertreiben. Viele denken auch, ich habe die Lippen aufgespritzt, dabei habe ich meine dicken Lippen von klein auf.

Manche wollen gar nicht viel

*Viele der Männer sind egoistisch,
sie wollen nur ihren Service, kommen rein,
Höhepunkt und tschüss.*

Da der Job ganz schön schlauchen kann, sind Gäste, die sich leicht befriedigen lassen, immer willkommen. Das ist für mich dann wie Wellness. Wie zum Beispiel einer, der damit zufrieden ist, ausgestreckt auf einer roten Lackdecke zu liegen und meinen Namen zu rufen: „Manueeeelaaaaa!!!" Immer wieder. „Manueeeelaaaaa ...!" Besonders mag er es, wenn ich zeitweise nach draußen gehe und ihn alleine lasse, weil er dann nach mir rufen muss, damit ich zurückkomme. Diese Zeit nutze ich zum Kaffeekochen oder für einen Plausch mit einer Kollegin. Aber allzu lange kann ich auch nicht wegbleiben, weil der Gast sonst das ganze Haus zusammenbrüllt. Das zieht sich über Stunden. Ich selbst muss gar nichts weiter machen. Nur eins ist wichtig: die rote Lackdecke, ohne sie läuft nichts bei ihm. Das nenne ich einen dankbaren Gast. Kann gerne wiederkommen. Manche Gäste bringen mir auch Geschenke mit. Ich hatte mal einen, der brachte mir immer Blumen oder Klamotten, die er extra für mich gekauft hatte. Das allein war ja schon nett, aber in jedem Geschenk hatte er auch noch einen Geldschein versteckt. Das fand ich dann ganz besonders nett. Weil er so großzügig war, wollte ich mich einmal revanchieren und ihm etwas besonders Gutes tun. Da ich, die Domina, unberührbar bin, holte ich eine Kollegin zu unserer Session dazu, eine „Normale", keine Domina. Sie war dafür bekannt, keine Tabus zu kennen: Die machte alles, ließ sich in den Mund spritzen, die Nippel lecken, alles, was der Gast wollte. Ich sagte zu meinem spendierfreudigen Gast: „Ich werde dich heute dafür belohnen, weil du immer so nett zu mir bist." „Ist gut", meinte er, klang aber skeptisch. Daraufhin holte ich die Kollegin zu mir aufs Zimmer und ließ die beiden alleine. „In einer halben Stunde bin ich zurück, ihr könnt euch jetzt ein bisschen beschnuppern." Schon nach 15 Minuten schaute ich ins Zimmer, um kurz nach dem Rechten zu sehen. Der Gast lag hilflos auf dem Bett, meine Kollegin mitten auf ihm drauf, lutschte an ihm herum. Und als er mich sah, rief er verzweifelt: „Bitte schick sie weg, bitte, hilf mir!" Ich: „Aber warum denn? Die macht doch wirklich alles!" „Ja, eben drum", flehte er, „gerade deswegen." So kann es also auch gehen.

Ein anderer, er war gerade wieder da, will auch gar nicht viel, aber das, was er will, bekommt er nicht. Ich muss vorwegschicken, er konsumiert zu viele Drogen, das macht es nicht immer leicht mit ihm. Sein Fetisch besteht darin, dass er mich küssen will. Das ist natürlich ein absolutes No-Go. Sorry, gibts bei mir nicht. „Ich zahl dir 500", bettelt er trotzdem, „gib mir nur einen Kuss, einen Zungenkuss." Er versucht es immer wieder. Das macht aber keine Prostituierte, auch nicht für 500. Eine Zeit lang kam er jeden Tag vorbei. Ihm gehört ein großes Geschäft in der Hamburger Innenstadt. Wenn er kein Bargeld dabeihatte, bezahlte er mit Gutscheinen für seinen Laden. Auf die Weise konnte ich mir nach und nach die Wohnung schön einrichten, mit Dingen, die ich mir normalerweise nie geleistet hätte. Dann gab es einen, der mochte es, wenn er gebrauchte OBs auslutschen durfte, ja, das sind schon ganz spezielle Gäste ... Aber sagte ich nicht zu Anfang: Es gibt nichts, was es nicht gibt ...

Drogen bin ich bei der Arbeit immer wieder begegnet, einfach weil viele Gäste konsumieren. Ich hatte auch so meine Phasen, bin aber nie hängengeblieben. Es war ein Gast, der mich darauf brachte, eine Zeit lang Kokain zu nehmen. Bei einer Session mit ihm habe ich dann auch was gezogen. Weil er manchmal bis zu sieben Stunden blieb, dachte ich irgendwann, ach, was solls, probiere ich es mal und nahm die erste Nase. Dieser Gast war einer aus der Kategorie „Sprechfreier", bei dem man ständig erzählen muss. Mit Drogen klappt das halt besser, das Koks ließ mich quatschen und quatschen. Der Gast hatte ganz genaue Vorstellungen davon, was ich ihm erzählen sollte. Die Ausgangssituation seiner Phantasie war immer die gleiche: Er versteckt sich unter einem Schreibtisch in der Firma, die ihm tatsächlich gehört. Und ich sitze am Schreibtisch, trage einen kurzen Rock, aber keinen Slip. Und dann befehle ich ihm, dass er mir zwischen meine Beine gucken soll. Und diese Story musste ich in unendlich vielen Varianten erzählen, immer neu und anders ausgeschmückt. Manchmal dachte ich, jetzt kann ich echt nicht mehr, mir fällt auch nichts Neues mehr ein. „Nimm doch auch mal", sagte er zu mir und legte mir eine Line von seinem Koks hin. Und ja, ich gebe zu, damit klappte es besser. Damit fing es an, dass ich konsumierte. Aber nur mit ihm, nur mit diesem Gast. Anfangs jedenfalls ...

Im Geliebtwerden war ich nie gut

Ich habe sexuelle Bedürfnisse wie jede andere Frau auch, da ist nichts durcheinander gerutscht. Natürlich fallen mir manche Sachen leichter, weil ich sie vom Beruf her kenne. Ich habe keine Berührungsängste.

Hamburg, 1990

Am Thema Mögen und Geliebtwerden bin ich in die Brüche gegangen. Im Prinzip bin ich in der Hinsicht ein Wrack. Ich habe sogar damit Probleme, wenn ein Mann zu mir sagt, dass er mich mag, weil ich denke, er mag mich nur, weil ich schon zehn Sachen für ihn getan habe oder er sagt es nur, um freundlich zu sein. Bei mir muss ein Mann unheimlich lange warten, bis ich ihm glaube, was er sagt. Aber wenn es so weit ist, lasse ich mir für ihn auch das Bein abhacken. Ich bin leider, was mir in meinem Job zugutekommt, aber im Privaten hinderlich ist, ein ungeduldiger Mensch. Darunter muss mein soziales Umfeld manchmal leiden und das bedauere ich wirklich. Beispiel: Paul ruft mich an meinem freien Tag morgens um halb acht an. „Was willst du so früh? Ich bin noch am Pennen", blaffe ich ihn an. Lege auf. Kurz danach denke ich, Mensch, ich wecke ihn manchmal sogar 6 Uhr oder noch früher, weil ich gerade dann etwas von ihm will. Also rufe ich ihn an und entschuldige mich. Da sagt er: „Manu, macht nichts, ist ja meine Schuld gewesen.“ „Nee, nee“, sage ich, „es tut mir leid, dass ich so aggressiv war.“ Ich weiß, dass ich manchmal zu hart mit den Menschen umgehe, ich versuche, mich zu bessern. Weil ich mir mit meiner Art das Leben oft schwer gemacht habe. Vor allem in meinen Beziehungen. Ich hatte immer wieder Verhältnisse, aber kaum längere Beziehungen. Die längste hatte ich mit dem Vater meines Sohnes.

Ihn lernte ich kennen, da war ich 26 Jahre alt und arbeitete schon auf Stiefeln. Wir hatten einen gemeinsamen Bekannten. Bei mir im Haus wohnte damals ein Transvestit, den ich manchmal besuchte. Über diesen Nachbarn trafen wir uns zum ersten Mal. Ich mochte meinen Ex auf Anhieb. Er sah gut aus, hatte Humor, war schlagfertig. Ein Mann ganz nach meinem Geschmack. Er erzählte, aus was für einer tollen Familie er komme, der Vater sei Arzt und so weiter. Stimmte nur alles nicht, wie ich später erfuhr, er fand mich gut und wollte sich besonders interessant machen. Was mich eigentlich weniger interessierte. Mir kam es bei Männern nie darauf an, wie sie finanziell bestückt waren und ob bei ihnen was zu holen war. Privat ist privat und Geschäft ist Geschäft. Im Job wollte ich so etwas wissen, aber privat steckte ich nicht meine Grenzen danach ab, ob einer Sozialhilfeempfänger war oder Manager. Das war mir egal. Der falsche Arztsohn und ich verabredeten uns. Ich weiß noch, wie nervös ich vorher war. Ich hatte mich ordentlich aufgestrapst, die Haare gelockt, ich trug sie einen Tick länger als jetzt, ich suchte mir ein Lederkostüm aus, das ich anziehen wollte, schöne Nahtstrümpfe, High Heels. In dieser Aufmachung stolzierte ich zu unserem ersten richtigen Date. Wir hatten einen Treffpunkt vereinbart, an dem ich überpünktlich ankam, dort wartete ich auf ihn. Kurz danach erschien er und schaute sich um – und an mir vorbei. Bin ich unsichtbar oder was, dachte ich. Erst nach einer Weile erkannte er mich. Die verschlunste Nachbarin seines Transvestiten-Freundes und diese aufgedonnerte Tusse im Lederkostüm – sie waren ein und dieselbe Person! Wir mussten beide über meine Verwandlungskünste lachen. Na ja, und so ging es los mit uns. Schnell rückte mein Ex damit raus, dass er gar nicht aus einer Arztfamilie stammte und war erleichtert, dass mir das so was von egal war. „Hauptsache du bist da, alles andere interessiert mich nicht. Ich selbst habe keine Familie. Ich will nicht mit deiner Familie zusammen sein, sondern mit dir“, sagte ich. Er jobbte mal hier, mal da, kannte Gott und die Welt, hatte einen illustren Bekanntenkreis, das gefiel mir. Langweilig wurde es mit ihm nie. Ein bisschen Geld hatte er auch, aber ich verdiente eindeutig mehr zu dem Zeitpunkt. Weshalb er schon nach kurzer Zeit bei mir einzog. In den ersten Monaten unserer jungen Liebe waren wir ständig auf Piste, aber dann war unser Sohn unterwegs. Die Party war vorbei und mit ihr unser unbeschwertes Verliebtsein.

Wenn aus Stammgästen Freunde werden

Bei den vielen Gästen, die ich hatte, muss mir doch irgendwann auch mal einer im normalen Leben über den Weg laufen. Ich glaube, einmal ist es passiert, aber ich weiß es nicht mit Sicherheit.

In meiner Anfangszeit in der Herbertstraße hatte ich nur Laufkundschaft. Gäste kamen, Gäste gingen, alles war neu, alles vermischte sich in einer gesichtslosen Masse. Nach einer Weile kam der ein oder andere Gast immer wieder, so entwickelte sich kontinuierlich meine Stammkundschaft. Grundsätzlich tue ich mich schwer damit, mir die Gesichter der vielen Gäste, die ich habe, zu merken. Deswegen kann es sein, dass ich auch im normalen Leben dem ein oder anderen schon mal irgendwo begegnet bin. Auf der Straße, beim Bäcker oder an der Fleischtheke. Einmal, glaube ich, stand ich in der Schlange im Supermarkt hinter einem Mann, der bei mir gewesen war, beschwören kann ich es aber nicht. Logisch, dass ich ihn nicht angesprochen habe, er mich natürlich auch nicht. Was hätte er auch sagen sollen: „Mensch, ich kenne dich, bist du nicht die Manu? Die mir letzte Woche so richtig hart den Arsch versohlt hat …

Oh, Entschuldigung, ich hätte gern 100 Gramm von der Salami und ein bisschen Rinderhack …"

Gesichtserkennung war also nicht unbedingt mein Ding, aber wenn es darum ging, welcher Gast welche Wünsche hatte, war auf mein Erinnerungsvermögen meistens Verlass. So was ist bei mir abgespeichert.

Aus Stammkunden wurden manchmal Weggefährten und aus Weggefährten Freunde, wenn sie lange blieben, bestes Beispiel ist der treue Paul. Manche sind mir wirklich ans Herz gewachsen. Dazu zählt auch mein Hundefreund, von dem ich schon erzählte. Vertrauen nimmt eine ganz zentrale Rolle im Verhältnis von Domina und Freier ein. Der Hundegast ist einer, der sich immer korrekt verhalten hat. Soll heißen, er hat immer das eingehalten, was er gesagt hat. Machte er Schulden, konnte man sich darauf verlassen, dass er einen nicht im Regen stehen ließ. Er wiederum vertraute mir zu 100 Prozent, öffnete sich mir gegenüber wie niemandem sonst auf der Welt. Auch wenn ich nicht immer verstehe, was die Menschen umtreibt, warum sie diese oder jene Begierde haben – ich respektiere sie, ich nehme sie ernst. Und selbst wenn mich manche Absurdität zum Lachen bringt, dann ist das immer situationsbedingt, aber ich lache nicht den Menschen aus. Mein Hundegast hat eines Tages offenbart, dass er sich noch etwas ganz Besonderes von mir wünschte. Aber, so meinte er auch, es sei mit einem gewissen Risiko verbunden. Er hatte das große Verlangen, in einem öffentlichen Park Gassi geführt zu werden, die Gefahr, entdeckt zu werden, machte für ihn den Reiz aus. Davon schwärmte er mir immer wieder vor, ein ganzes Jahr lang redete er über nichts anderes. Ich war skeptisch, die

Herbertstraße ist das eine, ein öffentlicher Park etwas ganz anderes. Er fragte auch eine andere Frau, zu der er manchmal ging, ihn im Park auszuführen. Es war klar, wenn es so weit ist, machen wir die Outdoorsession zusammen und gemeinsam überlegten diese Kollegin und ich, wie das Ganze vonstattengehen könnte. Erst einmal war zu klären, wo die Aktion stattfinden sollte. Der Jenischpark, eine Grünanlage im noblen Stadtteil Othmarschen, nahe der Elbe gelegen, wäre vielleicht ein passender Ort, meinte meine Kollegin, die auch gleich sagte, ihr Freund, er jobbte als Taxifahrer, würde uns helfen. Im Jenischpark sei abends nicht so viel los, sagte sie. Ich fuhr nach Othmarschen und checkte die Lage. Na ja, es war Juni, tagsüber waren dort eine Menge Leute unterwegs. Deswegen entschieden wir uns für eine Nacht- und Nebelaktion. Eine Woche später war es so weit. Gegen 23 Uhr wartete ich oben in meinem Studio auf den Startschuss. „Los gehts!“, rief meine Kollegin von unten und wir verfrachteten den Gast ins Taxi ihres Freundes. Wir fuhren zusammen zum Jenischpark. Ich in Joggingoutfit, mein Gast, nackt, mit Halsband und Leine, meine Kollegin und ihr Freund – wir vier stiefelten in die Parkanlage, wo sich unser Gast so richtig austoben konnte. Natürlich begegneten wir auch zu dieser späten Stunde anderen Spaziergängern, die mit ihren Hunden Gassi gingen, konnten uns aber jedes Mal rechtzeitig in die Büsche schlagen. Nach einer Stunde endete unser kleines Abenteuer. Mein „Hund“ war zufrieden. Ich weiß nicht, was überhaupt passiert wäre, hätte man uns erwischt. Eine Anzeige wegen Erregung öffentlichen Ärgernisses? Vielleicht wären wir auch nur ausgelacht worden. Ich meine, wir hatten ja nichts Schlimmes getan. Im Nachhinein, dachte ich, war alles doch ganz harmlos und im Grunde eine lustige Abwechslung.

Der Gast fragte mich auch mal, ob er zu mir nach Hause kommen dürfe, er wollte meine Wohnung, die Wohnung seiner „Herrin", nackt putzen. Normalerweise hätte ich sofort abgelehnt, aber weil ich ihn schon so lange kannte, hätte ich bei ihm eine Ausnahme gemacht, denn ich zog gerade um und dachte mir: Dann lass ich ihn doch mal schön meine alte Wohnung putzen, bevor ich raus bin. Aber es kam nicht dazu, weil er plötzlich nicht mehr in der Herbertstraße auftauchte. Keine Ahnung, was passiert war, ob er private Probleme hatte, ob er krank wurde. Ein ganzes Jahr ließ er sich nicht blicken. Eines Tages kam er wie aus dem Nichts wieder angewackelt. Und alles ging wieder von vorne los.

Wenn langjährige Gäste auf einmal nicht mehr auftauchen, mache ich mir natürlich Sorgen. Manchmal höre ich, dass jemand gestorben ist, aber es ist die Ausnahme, dass ich davon überhaupt erfahre, weil es nur in den seltensten Fällen auch private Kontakte gibt. Von den wenigsten Gästen kenne ich den vollen Namen. Mein Hundegast wusste nach unseren vielen Treffen auch einiges aus meinem Leben. Er sagte schon vor einiger Zeit zu mir: „Mensch, Manu, was du alles erlebt hast. Du müsstest ein Buch schreiben. Aber nur, wenn ich auch darin vorkomme." An ihn muss ich oft denken, während ich meine Geschichte zu Papier bringe. Ich glaube, er wäre stolz auf mich. Weil ich es wirklich mache. Bis vor zwei Jahren kam er zweimal in der Woche. Von heute auf morgen war er verschwunden. Ich würde mich freuen, ihn wiederzusehen. Er müsste jetzt Anfang 70 sein. Ob er noch lebt – ich weiß es nicht. Ich habe auch keine Chance, etwas über ihn herauszubekommen. Ich weiß von seinen intimsten Wünschen, kenne seine Geheimnisse, ich weiß Dinge von ihm, die sonst niemand kennt, aber die Frage, wer er wirklich ist, könnte ich nicht beantworten. Er hat nie versucht, mich anzufassen, allenfalls hat er mir ganz sanft den Popo gestreichelt. Und weil ich ihn mochte, sagte ich manchmal zu ihm: „Du darfst meine Brust anfassen." Und das erlaube ich ja sonst kaum einem. Er strich sehr vorsichtig über meinen Busen, aber im Prinzip wollte er das gar nicht. Viel zu viel Respekt hatte er vor mir, seiner Domina.

Einige sind gegangen, wie „Ajour", Croupier in einer Spielbank, wir nannten ihn so, weil er immer „à jour" sagte, wenn er ans Fenster kam (was als Begrüßung gar keinen Sinn machte). Er starb vermutlich an Krebs. Matze, der dicke Anwalt, der sich immer auslachen ließ, bekam in jungen Jahren und ganz plötzlich einen Herzinfarkt. Meine Kollegin Vanessa, die ich sehr mochte, wir waren zeitweise gut befreundet, erlag ihrem Lungenleiden. Ihre Putzfrau fand sie eines Morgens tot in der Wohnung. Das sind nur einige wenige Namen. Ich nenne sie an dieser Stelle stellvertretend auch für die vielen anderen, die Kolleginnen, die ich vermisse. Deren Schicksale ich aber nicht kenne. Traurig macht es mich, wenn ich Sätze höre wie: „Ach, die? Die ist doch schon lange tot", oder „Keine Ahnung, ob der überhaupt noch lebt." So will man doch nicht enden. Einfach weg sein, anonym, von der Bildfläche verschwunden. Dann wünschte ich mir manchmal etwas mehr Miteinander in der Herbertstraße, eine Verbundenheit unter uns Frauen, die es aber so leider nicht gibt.

Eine schwierige Schwangerschaft

Ich hatte mir vorgenommen,
dass ich mit 28 schwanger sein möchte.
Und das war ich dann auch.

Hamburg, 1992

Ich hatte von Anfang an immer klare Vorstellungen davon, was ich erreichen und wie ich sein wollte. Der wichtigste Vorsatz war die Mutterschaft. Ganz früh schon hatte ich diesen Traum, nein, den festen Entschluss: Ich will später ein Kind haben. Und diesem Kind, egal ob Junge oder Mädchen, wird es besser ergehen als mir. Es wird eine Mutter haben, die sich kümmert, die dieses Kind lieben wird. Dafür würde ich schon sorgen, wenn die Zeit reif dafür wäre. Mit Anfang 20 war sie es noch nicht, damals hätte ein Kind nicht in mein Leben gepasst. Ich hatte andere Prioritäten, war aufs Arbeiten fokussiert. Ich wollte mir auf der Reeperbahn erst einen Namen machen, ich wollte etwas darstellen. Aber mit 28 Jahren wäre ich dann sicherlich so weit. Warum ich mir ausgerechnet dieses Alter in den Kopf setzte, kann ich nicht sagen, aber komischerweise klappte es mit 28.

Dass ich überhaupt schwanger wurde, war keine Selbstverständlichkeit. Ich hatte zu dem Zeitpunkt bereits drei Schwangerschaftsabbrüche hinter mir. Was das bedeutet, muss ich nicht erklären. Bei den Abbrüchen Nummer zwei und drei war ich volljährig, den ersten hatte ich mit 16. Ich weiß bis heute nicht, von wem ich damals schwanger war. An meinen Zustand kann ich mich aber genau erinnern: Ich war von den Socken, total überfordert mit der Situation. Die Vorstellung, mit 16 ein Kind zu bekommen, hat mir wahnsinnige Angst gemacht. Wie hätte das funktionieren sollen? Finanziell war ich nicht abgesichert. Zu dieser Zeit war ich auf der Flucht vorm Jugendamt, trieb mich auf den Straßen der Rotlichtviertel von Bremen und Hamburg rum, verbrachte dort sogar häufig meine Nächte. Ich lebte vom Anschaffen, konnte mir aber keine Pause erlauben, ohne existentiell völlig abzuschmieren. Hätte ich das Kind bekommen, hätte ich nicht weiterarbeiten können. Auch konnte ich mir absolut nicht vorstellen, ein Kind zu erziehen. Ja, ich ging anschaffen und war irgendwie unabhängig, aber eigentlich war ich selbst noch ein Kind. Deswegen war die Entscheidung für einen Schwangerschaftsabbruch klar. Trotzdem war ich traurig und voller Ängste und musste mir immer wieder sagen: Es ist eine einfache Sache, ein kleiner Eingriff, nur eine Ausschabung. Weil ich die Schwangerschaft erst ziemlich spät festgestellt hatte, war meine Sorge, über dem Zeitpunkt für einen legalen Abbruch zu sein. Ich sah mich schon nach Holland fahren, wo die Gesetze liberaler waren, darüber hatte ich mich informiert. Ich hatte Glück im Unglück, es war noch nicht zu spät, ich konnte den Eingriff bei einem Frauenarzt durchführen lassen. Wie ich mich danach fühlte, als 16-jähriges Mädchen, als jugendliche Prostituierte? Auf jeden Fall nicht gut und auch total widersprüchlich: erleichtert und gleichzeitig ziemlich mies. Wahrscheinlich so, wie sich jedes Mädchen in dem Alter nach so einer Erfahrung gefühlt hätte. Jeder der drei

Abbrüche ging mir nah, auch wenn ich mir jedes Mal wieder einredete, ist ja nur eine Ausschabung. Natürlich wusste ich, dieser Eingriff hat mit der Tötung eines Kindes zu tun. Ich war aufgewühlt und traurig, aber ich stand zu meiner Entscheidung. Ich habe funktioniert. Was wären die Konsequenzen gewesen? Dass ich mit dickem Bauch nicht hätte weiterarbeiten können, dass ich nicht in der Lage gewesen wäre, ein Kind großzuziehen, ohne Vater, denn einen Partner hatte ich nicht (ich war übrigens nie schwanger von einem Freier, weil ich immer ein Kondom benutzte). Ich wäre nicht besser dran gewesen als meine eigene Mutter damals. Und das war das Letzte, was ich mir gewünscht hätte. Und deshalb musste ich mich so entscheiden. Es gab auch niemanden, dessen Rat ich hätte einholen können, bei dem ich meinen Müll abladen oder den ich fragen konnte: Was meinst du? Soll ich das tun? Oder lieber nicht? Wichtige Entscheidungen musste ich immer mit mir selbst ausmachen, mein ganzes Leben lang. Das war mit 16 so und es hat sich bis heute, mit 57, nicht geändert. Man spricht über Themen wie ungewollte Schwangerschaften auch nicht mit den anderen Frauen aus dem Milieu. Wie gesagt, mit der Solidarität ist es nicht weit her. Privates und Geschäftliches wird streng getrennt. Wenn ich einer Kollegin eine persönliche Frage stelle, bekomme ich zur Antwort: „Sei mir nicht böse, aber das ist mir zu privat." Vielleicht ist das auch gut so.

Als ich mit 28 schwanger wurde, geschah das mit voller Absicht. Ich war total in meinen neuen Freund verknallt und wusste, mit ihm wollte ich ein Kind bekommen. In der Herbertstraße hatte ich mittlerweile ein gutes Standing und ich hoffte, durch eine Pause vor und nach der Geburt würde ich den Job schon nicht riskieren. Sicher sein konnte ich mir da natürlich nicht. Seit meinem 20. Lebensjahr hatte ich die Pille genommen, als ich mit meinem Freund zusammenkam, setzte ich sie ab. Das wusste er auch und war einverstanden. Vorsorglich hatte ich mir Schwangerschaftstests in die Herbertstraße bestellt. Als meine Regel ausblieb, machte ich den ersten Test. Das Ergebnis: ein Streifen. Also negativ. Ich war enttäuscht. Beim nächsten Versuch: zwei Streifen. Positiv! Ich war schwanger. Und euphorisch. Ich ließ mir das Ergebnis vom Arzt bestätigen. Dann sagte ich zu meinem Freund: „Du wirst Vater." Er war genauso aus dem Häuschen wie ich. Ich wusste sofort, dass es ein Junge wird. Ich habe es gespürt.

Als ich feststellte, dass ich schwanger war, war die Liebe zwischen meinem Freund und mir schon erkaltet. In dem Moment dachte ich, jetzt bricht alles auseinander, privat stand die kleine Familie auf dem Spiel, nach der ich mich so sehnte. Wir blieben trotzdem erst einmal zusammen. Ich habe noch bis zum fünften Monat weitergearbeitet, bin natürlich in dieser Zeit sehr viel vorsichtiger mit mir umgegangen. Als normale Prostituierte hätte ich sofort pausiert, aber auf Stiefeln zu arbeiten, klappte ganz gut auch mit einem immer dicker werdenden Bauch, solange er sich einigermaßen kaschieren ließ. Geschlechtsverkehr hatte ich als Domina sowieso nicht und meinen Bauch antatschen durfte auch keiner der Gäste. Irgendwann war klar, dass ich ein Kind erwartete. Da war die Wanne so dick, dass nichts mehr ging. Von da an blieb ich zu Hause in dem 1-Zimmer-Apartment. Langsam musste ich mich um eine größere Wohnung kümmern. Ich hatte ein bisschen Geld zusammengespart, um die nächste Zeit ohne Einkünfte überbrücken zu können. Ich wollte mich auch nicht auf den Kindsvater verlassen müssen, was eine kluge Entscheidung war. Wir fanden recht schnell eine 2-Zimmer-Wohnung im Sonnenland, einer Großwohnsiedlung aus den 60ern in Hamburg-Billstedt. Das ist ein sozialer Brennpunkt, ein Ghetto, für Menschen aus sozial schwierigen Verhältnissen, damals jedenfalls war das noch so. Aber immerhin, wir hatten eine Bleibe. Ich schaffte es sogar noch in meinem Zustand, die neue Wohnung zu putzen und auf Vordermann zu bringen, damit wir es etwas wohnlich hatten. Es war höchste Zeit für einen Umzug. In meinem alten Apartment war es zu eng geworden, in jeder Beziehung. Ich hockte nur noch zu Hause, dann wurde die Schwangerschaft schwierig und die Beziehung zum Vater meines Kindes immer anstrengender. Er brachte manchmal Typen zum Übernachten mit nach Hause, während ich völlig fertig auf dem Bett lag. „Wie stellst du dir das denn vor? Hier in dem einen Zimmer?“, brüllte ich. „Ja, hier auf dem Sofa!“, keifte er zurück. „Nee, mache ich nicht mit, dann verschwinde ich.“ Und rannte vor lauter Wut nur mit T-Shirt und ansonsten nackt raus auf die Straße. Die Lage zu Hause eskalierte immer häufiger. Da passte es gut, dass wir nach Sonnenland umzogen, wo wir ein bisschen auf Abstand gehen konnten. Aber dann hatte ich irgendwann während der Schwangerschaft eine Blutung. Ich wurde völlig panisch. Mein Arzt wollte mich für die restliche Zeit in die Klinik schicken, weil die Gefahr einer Fehlgeburt oder einer Frühgeburt bestand. Aber monatelang im Krankenhaus zu liegen, das war eine Horrorvorstellung. Ich versprach, dass ich von jetzt an extrem gut auf mich aufpassen würde. „Ich schaffe das!“, sagte ich. „Kein Stress, keine Aufregung, nur noch liegen und ruhen und das bis zur Geburt.“ Und das habe ich dann auch irgendwie gewuppt.

Damals gab es noch eine Entbindungsklinik nahe der Mundsburg, in der Finkenau. Dort kam mein Sohn zur Welt. Eine normale Geburt, also kein Kaiserschnitt. Der Vater war bei der Geburt dabei. Noch nie im Leben habe er so viel Blut auf einmal gesehen, sagte er hinterher. Typisch Mann, ausgerechnet an so was zu denken. Ja, und dann war ich Mutter. Mit 28 Jahren. Ich hatte mich mit diesem Kind in meinem Bauch so inniglich verbunden gefühlt und war so gespannt, wie es jetzt aussieht. Ich war überrascht, dass sein Köpfchen ein bisschen eierig wirkte, was aber nur daran lag, dass er mit der Glocke geholt worden war. Als er dann neben mir im Bett lag, konnte ich meinen Blick nicht mehr von ihm abwenden. Ich hatte die ganze Zeit ein Auge auf ihn. Ob er schläft, ob er atmet, ob alles gut ist. Ich bin wohl eine ganz schöne Glucke, vom ersten Moment an und bis heute. Der Vater meines Sohnes fand zum Glück einen Job in einer Reifenfabrik in Harburg, musste aber schon bald aussetzen, weil er sich den Arm brach. Wir hatten abgemacht, dass ich erst wieder arbeiten gehe, wenn das Baby die Flasche bekommt. Ich war weiterhin die Hauptverdienerin und das wollte ich auch bleiben, da mir meine Unabhängigkeit wichtig war. Ich wollte aber auch erst mal zu Hause bleiben und mit meinem Kind zusammen sein. Ich wollte diese Zeit genießen. Zum Glück bekam ich Geld vom Sozialamt. Als ich zum Amt ging, um die Unterstützung zu beantragen, hatte ich ein bisschen Muffen, weil ich nicht sicher sein konnte, wie man dort auf meinen Beruf reagieren würde. Ich hatte mich aber dazu entschieden, nicht drumherum zu reden, sondern einfach frei heraus zu sagen, wie ich mein Geld verdiente. Manchmal können einen die Menschen auch positiv überraschen, der Typ auf dem Arbeitsamt war so ein Fall. Als er hörte, was ich mache, zuckte er nicht mal mit der Wimper, ich bekam meine beantragte Unterstützung. Eine Zeit lang kamen wir gut über die Runden. Die Umstellung war dennoch auch hart. Plötzlich hatte ich unendlich viel Zeit, außer meinem Sohn und dessen Vater aber keine privaten Kontakte, zu denen mein Alltag als junge Mutter gepasst hätte. Manchmal wusste ich nicht, was ich den ganzen Tag lang machen sollte. Ich packte meinen Sohn manchmal morgens um 6 Uhr in den Kinderwagen und eierte mit ihm durch die Gegend, setzte mich in irgendein Frühstückscafé, lief wieder nach Hause und habe im Prinzip gewartet, dass der Vater von der Arbeit kommt und ich immerhin erwachsene Gesellschaft habe.

Klar war, ich würde sobald wie möglich zurück in die Herbertstraße gehen. Nach dem desillusionierenden Ausflug in die „normale" Berufswelt, die Monate als Putzfrau, sagte ich mir, ich mache nur noch das, was ich gut kann. Punkt. Ich bin zwar offen für neue Erfahrungen, aber die muss ich wollen und mir war ein sicheres Auskommen wichtiger als ein solides Leben. Ich hatte auch gar nicht den Wunsch nach etwas anderem. Klar, es hätte irgendwelche Jobs gegeben, Preise auf Lebensmittel draufpacken oder im Lager arbeiten. Das wollte ich nicht, das kann man doch verstehen. Ich hatte mich entschieden, dass ich ein finanziell sorgloses Leben möchte. Ich wollte mir nie die Frage stellen müssen, kann ich mir das leisten oder nicht? Ich wollte auch meinem Kind etwas im Leben bieten.

Lebensgeschichten – jeder bringt sein Schicksal mit

Wenn ich im Fenster sitze und warte,
dann fallen sie mir wieder ein.
Diese Verrückten, die der Job mit sich bringt,
all diese schrägen, liebenswerten Vögel.

Ich versuche, auf meine Gäste einzugehen. Ich höre ihnen zu, wenn sie mir Geschichten aus ihrem Leben erzählen wollen, ob die nun wahr sind oder erfunden, weil sie das Gequatsche geil macht. Oft ist Letzteres der Fall. Der Gast muss sich dennoch gehört fühlen. Und ich muss wenigstens so tun, als würde mich sein Gerede interessieren. Allerdings merke ich mir die vielen Storys nicht. Sie sind Teil des Spiels, gehören zum Geschäft. Was ich dabei denke oder fühle, ist für die meisten Gäste sowieso nicht wichtig. Das ist aber auch okay so. Die Gäste kommen vom Hölzchen aufs Stöckchen, sie reden darüber, was sie beschäftigt, was in der Familie abgeht, eigentlich reden wir über alles. Und dann kommen Menschen zu mir, die ragen heraus aus der Menge, deren Geschichte weckt mein Interesse. Ich hatte zum Beispiel einen Arzt. Er wollte zuerst gar nicht reinkommen und schlich immer um mich herum. „Mensch, was ist nun?“, fragte ich. Er druckste rum: „Ich weiß nicht.“ Irgendwann kam er doch rein und bezahlte für eine Stunde. Er sagte:

„Weißt du, ich hätte nie gedacht, dass ich zu dir komme.“ Dann sprang er auf. „Ich geh noch mal zum Automaten, hole Geld. Eine Stunde reicht nicht aus.“ Als er zurückkam, sagte er: „Ich will gar nichts von dir. Ich will auch keinen Verkehr.“ Bis dahin hatte ich kaum etwas gesagt, ich hatte ihn reden lassen und sagte nur: „Verkehr gibt es sowieso nicht.“ „Ich will auch keine dominanten Spiele“, sagte er als Nächstes. Und ich fragte mich im Stillen: Ja, was will er denn? Und dann fing er an, aus seinem Leben zu plaudern. Er sei Kinderarzt, was ich niemals erwartet hätte. Er erzählte dann, was seinen Beruf ausmache, warum ihn seine Arbeit manchmal sehr belaste, was anstrengend sei und was weniger schön. Er berichtet von seinen jungen Patienten, von Krankheiten. Für ihn war das eine Therapiestunde, für mich ein interessantes Gespräch, an das ich mich bis heute erinnere.

Jeder Mann, der meine Dienste in Anspruch nimmt, hat seinen Rucksack dabei. Einige, denke ich, haben ganz schön zu schleppen. Einer kam verkleidet als Frau, aber ganz schlecht gemacht – er trug hohe knallrote Hackenstiefel, ging aufs Zimmer, zahlte Unmengen an Geld und wollte dann mit mir und einer anderen Frau in ein Pornokino für Schwule gehen. Wir waren ein seltsames Trio, ich, die Domina, meine Kollegin, auch Domina, und dann der Gast in einem völlig schrägen Outfit. So liefen wir drei übers Pflaster zu einem Kellerkino am Hans-Albers-Platz, unweit der Herbertstraße. Wir luden den Gast dort ab, durften selbst aber nicht mit runter, Frauen haben da keinen Zutritt. Die unterirdischen Gänge sind nur für Männer, die miteinander alles Mögliche anstellen. Als mein Gast, noch derangierter als zuvor, nach einer gefühlten Ewigkeit wieder zurück war, fragte ich ihn, wie es im Keller aussieht. „Schau doch selbst", sagte er und ich schlich mich runter. Es stank nach Pisse und Sperma. Ich sah Kabinen mit Löchern in den Wänden, in die man den Piephahn durchstecken kann, wenn auf der anderen Seite einer ist, der wichst oder bläst oder sonst was macht. Und in jeder Kabine hing ein kleiner Fernseher, auf dem liefen Pornos. In einigen der Kabinen ging es ab. Ich hörte es und sah es, weil sich die Typen nicht daran störten, dass die Türen aufstanden. Ich hatte schnell genug gesehen und wir machten uns wieder auf den Weg zurück in die Herbertstraße. Einmal klatschte mein Gast in Frauenklamotten mit seinen Absätzen längs auf den Boden, so besoffen war er. Die andere Frau und ich trugen zum Glück flache Schuhe, mussten uns dennoch sehr anstrengen, um ihn wieder aufzuheben. Die Leute um uns herum amüsierten sich, was wir nicht so prickelnd fanden. Und dann waren wir wieder in meinem Studio, wo es mir auf einmal richtig gemütlich vorkam. Der Gast hatte den Ausflug ins Pornokino genossen. Erschöpft hing er in den Seilen. Geschminkt wie eine Schlampe.

Als Mutter in der Herbertstraße

Und einmal wollten sie ihn mir wegnehmen.
Da bin ich aber anmarschiert.

Hamburg, 1993

Ich blieb ein halbes Jahr nach der Geburt meines Sohnes zu Hause. Dann wurde es höchste Zeit, dass ich wieder Geld verdiente. Mein Wiedereinstieg nach der Schwangerschaftspause klappte problemlos. Ich genoss es, wieder an Bord zu sein. Und hatte eine Leichtigkeit in mir, weil ich meinen Job beherrschte. Die Selbstverständlichkeit, dass ich selber entscheiden konnte, tat mir und meinem Selbstwertgefühl gut. Das Studio, das ich vor der Babypause gemietet hatte, bekam ich zwar nicht wieder, aber ich konnte mir eines mit einer Kollegin teilen, die andere Schichten hatte als ich. Einen Großteil meines Inventars allerdings hatte ich an eine Kollegin verkauft, zu einem Zeitpunkt, als nicht absehbar war, wann ich weitermachen könnte. Auch wenn mir alles so vertraut war in der Herbertstraße, plötzlich als Mutter hier zu sein, das fühlte sich völlig neu an. Das Bewusstsein „Ich habe jetzt ein Kind" und die damit einhergehende Verantwortung, standen über allem. Ich denke, es macht keinen Unterschied, ob man eine Spitzenmanagerin ist, eine Verkäuferin oder eine Domina. Jede Mutter macht sich doch ständig Sorgen um ihr Kind, mir ging es da kein bisschen anders. Nicht wenige in der Herbertstraße sagten hinter meinem Rücken: „Das schafft die sowieso nicht mit Kind. Früher oder später ist sie hier weg." Ich selbst kenne auch kaum Frauen in der Straße, die Kinder haben. Es ist kein Gehabe, wenn ich sage, dass einige schon immer neidisch auf mich waren, weil ich mein Geld verdient und mein Ding durchgezogen habe. Und jetzt hatte ich auch noch ein Kind. Insgeheim wünschten sich andere auch, eine Familie zu haben. Dass ausgerechnet mir, die man eh schon beäugte, das gelungen war, passte einigen nicht in den Kram. Ich kam in den Laden, saß am Fenster, wenn ich meinen Stuhl verlassen habe, dann nur mit Gast oder weil ich püschern musste. Dann fuhr ich nach Hause – zu meinem Kind. Wie viel Stress all das für mich bedeutete, ließ ich mir nicht anmerken. Das permanent schlechte Gewissen, nicht bei meinem Sohn sein zu können, drang nicht nach außen. Durch diese Fassade ließ ich keinen blicken. Ich wollte auch nicht die Genugtuung der Neider befriedigen. Während ich anschaffen ging, wurde mein Sohn zu Hause von seinem Vater betreut. Der Gedanke, ob alles gut lief, während ich in der Herbertstraße saß, war allgegenwärtig. Ständig hatte ich den Drang, zu Hause anzurufen, um nachzufragen, ob alles in Ordnung war, aber auch mein Handy bimmelte ständig, wenn der Herr Papa nicht weiter wusste: „Er weint die ganze Zeit, was kann ich tun?" Er war anfangs ein bisschen überfordert, er hatte es auch nicht leicht, denn unser Sohn war ziemlich mamabezogen. Die ersten Monate hatte ich ihn kaum eine Sekunde aus den Augen gelassen. Als ich ihn neulich nach seiner frühesten Kindheitserinnerung fragte, da erinnerte er sich nicht an die Streitereien seiner Eltern, sondern an diese Geschichte: „Ich war drei Jahre alt, da habe ich Papa auf dem Balkon ausgesperrt. Du warst nicht da. Papa, nur mit Unterhose bekleidet, ist kurz raus auf den Balkon und irgendwie habe ich die Tür abgesperrt. Dann bin ich weggegangen und ließ ihn draußen, obwohl es saukalt war. Ich reagierte auch nicht auf sein Klopfen und Rufen. Fand das wohl irgendwie lustig. Er hatte aber totale Panik, dass ich mich alleine in der Wohnung verletze. Komisch, dass ich mich daran erinnern kann. Irgendwann habe ich ihn doch reingelassen. Er war überhaupt nicht böse. Es war ja auch nichts passiert. Papa war derjenige, der zu Hause blieb. Du hast gearbeitet. Du warst die Geldmaschine."

Trotz unserer Probleme schafften wir Eltern es, uns für unser Kind zusammenzureißen. Anders wäre es auch nicht möglich gewesen, dass ich nach so kurzer Zeit wieder voll in den Beruf eingestiegen wäre. Bis zum vierten Lebensjahr unseres Sohnes hielten wir dieses „Arrangement" aufrecht. Es war nicht alles schlecht, wir hatten auch bessere Phasen, wenige, aber dann sprachen wir sogar von Heirat. Die schlechten Zeiten verdrängten das leider schnell wieder. Ich habe damals lange versucht, meinen Traum von einer glücklichen Familie nicht aufzugeben. Aber letztendlich war die Trennung unausweichlich. Als unser Sohn vier war, setzte ich seinen Vater vor die Tür. Diese Zeit markiert für mich gleichzeitig einen emotionalen Tiefpunkt und einen kompletten Neuanfang. Von nun an musste ich einen echten Spagat hinlegen: Alleinerziehende Mutter und Domina in Deutschlands verruchtester Straße. Ich will mich gar nicht beschweren, aber leichter wurde mein Leben durch die Trennung nicht. Mal wieder ging ich nicht den Weg des geringsten Widerstands.

Für unseren Sohn war die Trennung natürlich eine traurige Erfahrung, die ich ihm gerne erspart hätte. Er vermisste seinen Vater natürlich. Der Kontakt brach zunächst ganz ab, wurde aber später wieder besser. Mit meinem Sohn im Schlepptau zog ich ein paar Mal um, wir blieben mehr oder weniger in der gleichen Ecke Hamburgs, in Billstedt. Erst wohnten wir in einer Altbauwohnung, später mietete ich eine Doppelhaushälfte. Hier blieben mein Sohn und ich die längste Zeit. Sein Zimmer war ziemlich klein. Darüber hat er sich immer ein bisschen beschwert, aber alles in allem hatten wir hier eine gute Zeit zusammen.

Überschattet wurde das alles von einem Sorgerechtsstreit, als mein Sohn etwa sieben Jahre alt war. Ich möchte keine Schuldzuweisungen machen. Aber man hatte mich beim Jugendamt angeschwärzt. Weil ich Prostituierte war, wollte man mir meinen Sohn wegnehmen, obwohl ich das alleinige Sorgerecht hatte. Ich sei nicht in der Lage, mich um meinen Sohn zu kümmern. Ich wurde vom Jugendamt vorgeladen, um zu den Vorwürfen Stellung zu nehmen. Ich war auf 180 und marschierte mit einer Riesenwut im Bauch dahin. Da saß ich vor dem Sachbearbeiter und fühlte mich wie auf der Anklagebank. Ich hatte mir vorgenommen, nichts schönzureden und erzählte klipp und klar, was ich beruflich machte. Der Bearbeiter hörte mir zu und stellte immer wieder Zwischenfragen. Zum Beispiel wollte er wissen, wie es meinem Sohn meiner Einschätzung nach denn ginge, wer sich um ihn kümmere, während ich arbeiten sei und so weiter. Ich hatte damals schon eine Tagesmutter, davon berichtete ich ihm. „Frau Freitag, ich sehe Ihren Sohn als wohl behütet und gut versorgt, machen Sie sich keine Gedanken. Ich kann mir keine tollere Mutter für Ihren Sohn vorstellen, als Sie es sind", sagte der Sachbearbeiter. Er traf dann auch noch meinen Sohn, um sich ein Bild zu machen. Anschließend sagte er zu mir: „Ich sehe, dass Ihr Sohn gut drauf ist, eine gute Erziehung genießt, soweit ich das beurteilen kann. Also, es gibt keinen Grund, dass ich Ihnen Ihr Kind wegnehme, geschweige denn irgendwas anderes in die Wege leite. Sie behalten das Sorgerecht." Mir fielen sehr, sehr viele Steine vom Herzen. Was es bedeutet, aus einer Familie herausgerissen zu werden, musste man mir nicht erklären.

Im Laufe der Zeit entspannte sich das Verhältnis zwischen meinem Ex und mir. Die Distanz tat uns gut. Ich versuchte, ihn in die Erziehung immer wieder miteinzubeziehen. Wenn mein Sohn und ich phasenweise Probleme hatten, Reibereien, wie sie zwischen Eltern und Kindern immer mal vorkommen, dann schlug ich ihm vor, für ein paar Tage zu seinem Vater zu ziehen. Dann rief er seinen Vater zwar an, aber ist doch meistens daheim geblieben. Ich weiß, dass unsere Beziehung nicht immer einfach war, sicherlich habe ich nicht immer alles richtig gemacht. Aber ich habe mich sehr bemüht, meinen Sohn zwischen verschiedenen Optionen wählen zu lassen, wenn es darauf ankam. Er sollte nicht so bevormundet werden wie ich als Kind.

Von Montag bis Freitag arbeitete ich jede Nacht durch. Tagsüber musste ich schlafen. Deswegen engagierte ich eine Tagesmutter, die sich während der Woche um meinen Sohn kümmerte. Eigentlich war es eine Tages- und Nachtmutter, weil er auch bei ihr übernachtete. Am Montagmorgen fuhr ich ihn in den Kindergarten oder später in die Schule, freitags holte ich ihn von der Schule oder bei der Tagesmutter ab. Irgendwann sagte er zu mir, er wolle lieber bei mir sein und nicht mehr zu der Tagesmutter gehen. Das waren Momente, in denen mir das Herz brach. Wie sollte ich ihm das nur erklären? Ich sagte, auch ich würde gerne die ganze Zeit bei ihm sein, aber dann könnten wir uns nichts mehr leisten, keine schöne Wohnung, keine Urlaube, nichts wäre mehr drin, weil wir dann vom Staat leben müssten. Ob das die richtige Erklärung für ein kleines Kind war, das sich nach seiner Mutter sehnte? Womöglich nicht. Aber ich wusste es nicht besser. Wir telefonierten jeden Tag miteinander, ich wollte so viel wie möglich von seinem Alltag mitbekommen. Später erfuhr ich, dass es ihm bei der Tagesmutter überhaupt nicht gut ging, aber ich hätte anders nicht gewusst, wie wir überleben sollten. Ich zahlte der Tagesmutter eine Menge Geld, viel zu viel. „Sie war trotzdem schlecht zu mir", sagt mein Sohn heute und das tut mir unendlich leid. „Sie war emotional grausam, ich bekam oft Stubenarrest oder wir saßen am Tisch zum Abendessen und wenn ich irgendwie Geräusche gemacht habe – geht ja gar nicht ohne –, dann herrschte sie mich an: ‚Hör auf zu schmatzen, nimm deinen Teller und geh auf dein Zimmer!' Dort musste ich dann allein essen." Er hatte ein ganz kleines Zimmer neben der Küche, in dem auch eine Waschmaschine und der Trockner standen. Ich hätte vielleicht auf die Warnsignale hören und ihn da wegholen sollen, ich hätte aber im gleichen Zug eine neue Tagesmutter finden müssen. Das war mein Dilemma. Die Tagesmutter wohnte in unserer Nachbarschaft, sie hatte selbst drei Kinder und ich dachte, das passt doch, so hatte mein Sohn gleich Unterhaltung. Und wenn irgendwas passiert wäre, war ich in greifbarer Nähe. Dann zog sie fort, weil sie ein neues Haus fand, das etwas weiter entfernt war. Ich ließ meinen Sohn trotzdem bei ihr. Er hat geweint, wenn ich ihn zur ihr gebracht habe. Es brach mir das Herz, wenn er anrief, „Mama, Mama, ich bin so traurig." Manchmal fuhr ich abends hin und fragte: „Was ist hier los?" Die Tagesmutter hat sich natürlich gerechtfertigt und herausgeredet. Ich wusste selbst, dass mein Sohn auch anstrengend sein konnte. Er hat auch ständig Blödsinn gemacht. In der Schule löste er aus Spaß den Feuerwehralarm aus oder er erzählte rum, seine Lehrerin sei Alkoholikerin. Das war auch nicht ohne. Deswegen war ich immer ein bisschen hin- und hergerissen, ob die Tagesmutter nun wirklich so schlimm war. Trotzdem hatte sie kein Recht, so mit ihm umzugehen. Irgendwann zog ich die Reißleine. Ich fand Ersatz für die Tagesmutter, ein sehr nettes Ehepaar, bei dem sich mein Sohn wohl fühlte. Er sagt selbst, es war ein Unterschied wie Tag und Nacht. Und als er 14 wurde, sagte ich zu ihm: „Ab jetzt machen wir es anders: Du bekommst deinen eigenen Schlüssel und bleibst nachts allein." „Aber nur, wenn ich einen Hund kriege, oder eine Katze", war seine Forderung. Er wusste schon, wie man mich austrickst. Wir fanden eine Katze über das Inserat einer Züchterin. Morle, kohlrabenschwarz, zog bei uns ein. Mein Sohn war glücklich. Eine Katze allein ist aber doch ein bisschen einsam, überlegte ich. Deswegen holte ich heimlich noch eine zweite Katze, wieder bei der Züchterin. Minou, schwarz-weiß, total putzig, aber frech wie sonst was. Als ich sie abholte, fegte sie mir ordentlich eine bei meinem Versuch, sie durch die Gitterstäbe ihres Transportkäfigs zu kraulen. Irgendwann kam mein Sohn von der Schule nach Hause und da saß

Minou auf unserem Sofa. Mein Gott, was ist er ausgeflippt vor Freude! So hatte ich ihn selten erlebt. Minou und mein Sohn waren unzertrennlich. Unsere Katzen wurden beide 14 Jahre alt.

Die Wochenenden waren, von wenigen Ausnahmen abgesehen, für meinen Sohn reserviert. Wir hatten kein festes Programm, ich nahm mir aber vor, immer etwas mit ihm zu unternehmen. Wir besuchten Freunde, gingen ins Schwimmbad, ins Kino, den Wildpark Schwarze Berge. Wir fuhren auch mal nach Paris, ins Disneyland. Also, wir haben immer irgendwas gemacht. Er hat eigentlich alles bekommen, was er wollte. Wenn er sich etwas wünschte, habe ich versucht, ihm diesen Wunsch zu erfüllen. Manchmal sind wir zweimal im Jahr in den Urlaub geflogen, nach Fuerteventura, Tunesien, Italien, ach, überall waren wir und ließen es schon mal krachen, sparten an nichts. Um meinem Sohn alles das zu ermöglichen, ging ich arbeiten.

Wie ist denn eine Domina als Mutter? Diese Frage habe ich oft gehört. Ja, wie soll sie schon sein? Wie jede andere Mutter auch. Wenn ich mich selbst beschreiben müsste, würde ich sagen, ja, ich war eine strenge Mutter. Und dominant in dem Sinn, dass ich klare Regeln hatte und mir nicht auf der Nase herumtanzen ließ. Ich erinnere mich an ein kleines, aber typisches Ereignis, als mein Sohn etwa fünf Jahre alt war. Wenn er frech wurde und ich zu ihm sagte: „Geh in dein Zimmer!“ Dann wusste er, dass mit mir nicht zu spaßen war. Aber trotzdem wollte er das letzte Wort haben und fing damit an, sein Zimmer leer zu räumen und alles in den Flur zu schmeißen. Und dabei rief er immer nur: „Ich bin ein böser Junge. Ich bin ein böser Junge. Ich bin ein böser Junge …" Immer weiter. Fünfzigmal rief er das, ich saß im Wohnzimmer und zählte mit. Er wusste schon, wie er mich provozieren konnte, das hatte er drauf. Und ich dachte, was mache ich jetzt? Ich bin aufgestanden und sagte: „Du kannst die ganze Nacht weiter rumbrüllen und alles durch die Gegend werfen. Denk nur daran, du musst alles selbst wieder einräumen." Und weil ich so ruhig und emotionslos blieb, war bei ihm sofort die Luft raus, sein Wutanfall wie verflogen.

Manchmal waren wir wie Feuer und Wasser. Auch weil ich selbst so meine Launen aus dem Job mit nach Hause brachte. Das konnte ich leider nicht immer abstellen. Lief das Geschäft gut, war ich gut drauf. Hatte ich einen schlimmen Tag, an dem ich es als anstrengend empfunden hatte, acht oder zehn Stunden zu sitzen und trotzdem nichts zu verdienen, kam ich völlig fertig nach Hause. Dort wollte mein Sohn noch dies und das, dann habe ich eingekauft, die Wohnung sauber gemacht. Ich war oft überfordert und bin schneller ausgerastet, als es nötig gewesen wäre oder ich gab ihm patzige Antworten, weil ich genervt war. Wenn ich unter Druck stand, konnte ich ungerecht werden. Mein Sohn sagte zu mir vor gar nicht langer Zeit: „Bei anderen Menschen ist das mal eine Phase im Leben, wenn sie gerade Finanzsorgen oder andere Probleme haben. Bei dir, in deinem Job, war es ein Dauerzustand, weil nie planbar war, was du verdienst." Ich weiß, die Jahre, die ich meinen Sohn bei der Tagesmutter unterbrachte, haben etwas zwischen uns kaputtgemacht, was sich nur langfristig wieder reparieren lässt. Dieser stille Vorwurf ist heute noch vorhanden. Er hat seine eigene Sicht und das kann ich ihm nicht verdenken.

„Klar, wenn man nur am Wochenende zusammen ist, kann man nicht davon reden, ein inniges Verhältnis zu haben", sagt mein Sohn. „Es gibt ja nicht dieses eine Raster, was ist gut, was ist schlecht. So etwas entwickelt sich mit dem Großwerden und den Lebensumständen. Aber wenn man unter der Woche bei einer Tagesmutter ist, entwickelt man eben eine andere Beziehung zu seiner Mutter als ein Kind, das jeden Tag Mama und Papa 24 Stunden um sich hat, das ist völlig normal."

Je älter mein Sohn wurde, um so mehr Fragen stellte er mir. Jedes Kind will wissen, was die Eltern arbeiten. Vor dieser Frage graute es mir.

Bis an die Schmerzgrenze und darüber hinaus*

Ich meine, der hat stundenlang am Stück an seinem Pimmel gewichst, das musst du dir mal vorstellen. Das war schon Hardcore.

Was für mich normaler Arbeitsalltag ist (der mich manchmal sogar langweilt, weil sich ja alles wiederholt und alles schon mal da war), treibt den meisten Menschen die Schamesröte ins Gesicht. Für sie überschreite ich qua Jobbeschreibung sämtliche Grenzen und breche alle Tabus. Das spüre ich auch jedes Mal, sobald ich jemandem erzähle, womit ich mein Geld verdiene. Aber auch ich erlebe Dinge, die mir so in meinen mehr als drei Jahrzehnten Herbertstraße noch nicht untergekommen sind und die mich staunend zurücklassen. Was es nicht alles gibt, denke ich mir dann. Und manchmal auch: Nee, Leute, das geht nicht, da mache ich nicht mit.

Mario, noch ein Anwalt (ich habe eine Menge Juristen in meiner Stammkundschaft), ist ein sehr zuvorkommender Gast. Er steht wie eine Eins, sobald man seine Brustwarzen berührt und dann wichst er dabei. Am liebsten hat er es

* Dieses Kapitel ist nichts für Zartbesaitete. Wer bisher schon dachte, ist mir zu heftig, was die Manu erlebt, sollte zum nächsten Kapitel springen.

natürlich, wenn eine Frau das für ihn macht. Aber er zählt auch zu denen, die zwölf Stunden bleiben. Du kannst von keiner verlangen, dass sie zwölf Stunden lang durchwichst. Mario aber will genau das. Deswegen hole ich mir Unterstützung, eine andere Frau oder sogar zwei oder drei. Mario steht und wichst oder er wird gewichst. Ich schaue mir das Spektakel ruhig an, sitze nur da und sage: „Guck sie an, wie sie dasitzt, guck sie an, deine Herrin." Und er: „Oh ja, sie sieht so toll aus, wie sie die Beine übereinanderschlägt." Und ich wieder: „Guck sie an, deine Herrin, und Maria, sieht sie nicht schön aus?" Maria ist eine Kollegin, sie konnte immer schon gut wichsen, darum habe ich sie gerne dabei. „Kannst du nicht einen Gast von draußen reinlocken?", fragte er. Das ist für ihn eine Steigerung, also andere Gäste anzusprechen oder Fremde von der Straße zu holen, die dabei zugucken, wie er sich wichst. Das würde er geil finden, sagte er. Jedenfalls haben wir ein paar Mal andere Typen gelockt. Mich durften sie natürlich nicht anpacken, aber Maria, die ist keine Domina, macht bei solchen Spielchen mit. Manchmal wurden die Typen, die umsonst dabei sein durften, zu gierig und wollten immer mehr: „Ja, blas mal ordentlich", sagten sie zu Maria. Oder: „Du, kann ich dich auch ficken?" Und sie: „Spinnst du, du bist hier umsonst!" So viel zum Thema: Wenn man jemandem den kleinen Finger gibt …

Einmal holte ich zu einer Session von Mario auch meinen Paul dazu. Er sollte auf dem Bett liegen und wichsen, genauso wie der Gast und dabei Pornos gucken. Paul, der Grauhaarige, ist dafür bekannt, dass er gerne schläft. Er kann immer und überall ein Nickerchen machen. Und während er wichste, schlief er plötzlich ein, wichste aber immer weiter. Und dann fing er sogar an zu schnarchen und wichste und wichste und der Gast guckte auf Pauls Ding und fand das alles ganz geil – ich dachte, was ist denn das hier jetzt? Und rief laut: „Paul!" „Ja, was ist denn? Ist doch alles okay", sagte er, jetzt wieder wach. Ich meine, der Gast hat bis zu zehn Stunden am Stück an seinem Pimmel gewichst, das muss man sich mal vorstellen. Das war schon Hardcore. Paul sagte mir am nächsten Tag, sein Glied sei immer noch glühend rot, er wolle gar nicht wissen, wie es Mario geht, der noch länger gewichst hatte.

Einmal sind wir, eine Kollegin und ich, nach einer Megasession mit Mario zur Bank gefahren, weil er Geld holen musste. Eines muss ich vorwegschicken: Wenn er zu mir ins Studio kam, hatte er immer eine Aktentasche aus Leder bei sich, ein ganz biederes Teil. Ich habe ihn nie ohne sie gesehen und war neugierig, was er da so Wichtiges mit sich herumtrug, hatte aber nie die Gelegenheit, einen Blick hineinzuwerfen. Ich setzte ihn mit meinem Wagen vor der Bank ab, da ich noch in voller Montur, sprich Lederkluft, war, wollte ich ihn besser nicht begleiten. Wäre ein bisschen auffällig gewesen. Er also verschwand im Bankgebäude, meine Kollegin und ich warteten im Wagen. Auf der Rückbank, neben meiner Kollegin, lag sie, die geheimnisumwitterte Aktentasche. In der Hektik hatte Mario wohl vergessen, sie mitzunehmen. „Was meinst du, was er da drin hat?", sagte ich. „Weiß nicht", meine Kollegin war weniger an dem Inhalt interessiert. „Na los, mach sie schnell mal auf, schau rein!", sagte ich. Sie ließ das Schloss aufschnappen und hob den Deckel an. Dann guckte sie rein und drehte die Aktentasche in meine Richtung. Ich sah eine Flasche

Mineralwasser und eine sorgfältig in der Mitte gefaltete Zeitung. Das wars. Mehr nicht. Drogen, Sextoys, Unterwäsche, irgend so etwas hatte ich mir vorgestellt, das zu einem Typen passte, der darauf aus war, den Dauerwichsrekord zu brechen. Aber eine Flasche Wasser und eine Zeitung? In dem Moment kam er aus der Bank heraus, stieg in meinen Wagen und zahlte seine Schulden. Anschließend lieferten wir ihn in seiner Kanzlei ab, wo er bei einem Glas Wasser seine gebügelte Zeitung lesen konnte.

Ich bin ja eine, die generell alles so nimmt, wie es ist. Manche Praktiken lehne ich allerdings konsequent ab, die mache ich halt nicht. Ich lasse die Finger von Dingen wie Näharbeiten an einem Gast. Ich habe einen, der mag es, wenn er extrem viel Kochsalzlösung in die Eier bekommt und wenn ich extrem sage, meine ich es so. Er will einen ganzen Liter in die Hoden gespritzt bekommen, dann hat er solche Rieseneier, dass sein Schwanz nicht mehr zu sehen ist. Dieser Gast hat sich das komplette Equipment sogar selbst zusammengekauft, alles für den Klinikraum: Tropfständer, Zugänge … Steht jetzt alles bei mir rum und ich weiß gar nicht wohin damit. Er bat mich mal, ihn zu einer anderen Prostituierten zu begleiten, die das machen würde, was er wollte. Ich sollte mir das ansehen. Okay, dachte ich, warum nicht. Die Frau arbeitet nicht in der Herbertstraße, sondern privat. Sie ist mit allen Wassern gewaschen. Als wir ankamen, sagte sie gleich: „Du kriegst gleich ′ne schöne Procain-Ladung." Und dann wollte sie ihm das Ding reinrammen. Ich hielt sie auf: „Willst du die Nadel nicht erst desinfizieren?" „Ach ja, hab ich vergessen", sagt sie, „kann ich machen." Und ich war mir sicher, vergessen hatte sie das nicht. Dann schoss sie ihm die Nadel in die Eier und er war sogleich im Glück. Es ist manchmal schwer, die Wünsche der Gäste umzusetzen. Ich versuche das zu umspielen, will den Gast nicht verärgern, nur wenn es zu derbe wird, schicke ich ihn weg. Beim Umgang mit meinem eigenen Ekel bin ich abgehärtet. Manchmal denke ich schon: Wie kann man so was wollen? Muss das denn sein? Es gab einen stadtbekannten Unternehmer, wir nannten ihn bezeichnenderweise „Scheiße-Lutz". Er war mal ein bildhübscher Mann, Modeltyp, alle Weiber drehten sich nach ihm um, wenn er in die Straße kam. Früher jedenfalls. In meinem Studio aber wollte er immer aussehen wie eine Schlampe: zerrüttet, kaputt, die Schminke verschmiert, die Perücke schief auf dem Kopf. Er stand darauf, mit Fäkalien eingerieben zu werden und Geschichten darüber zu hören, wie er in diesem Zustand im Treppenhaus steht. „Ich stehe im Flur, dann sieht meine Nachbarin mich und wird ganz heiß." Solche Storys laberte er selbst oder ließ sie sich in allen Varianten erzählen. Früher war er ein erfolgreicher Geschäftsmann, bis er sich selbst zerstört hat. Jetzt hat er kein Geld mehr, alles ist weg. Heute ist er ein Wrack, auch optisch. Weil er so durchgeknallt ist.

Einige Frauen machen alles, was die Gäste wollen, sie kennen keine Tabus. Die gehen über das hinaus, was meine Schmerzgrenze wäre. Es kommen Männer, die am Sack aufgeschnitten werden wollen, sodass man ihnen die Eier austauscht und all solcher Mist. Das ist Tatsache. Oder sie möchten, dass man ihnen die Vorhaut zunäht. Und damit eins klar ist: So was ist keine Seltenheit. Hinterher soll man die Vorhaut natürlich auch wieder aufmachen, klar, aber erst einmal zunähen. Also, an die Vorhaut habe ich mich irgendwann rangewagt, hochgehalten und die Nadeln durchgestochen, das ging ganz gut, aber nicht komplett zugenäht. Und alles muss steril sein. Aber dann höre ich von einem Holländer, dem eine Domina den Schwanz zugetackert hat. Oder von einem Gast, der Chirurg ist und somit wissen müsste, auf was er sich einlässt, wenn er sich schneiden lässt. Er hatte angeblich so tiefe Schnittwunden, dass das ganze Zimmer vollgeblutet war. Wenn Blut im Spiel ist, dann bin ich sowieso raus.

Zu mir kam ein Mann, der sagte, ich solle ihn ordentlich quälen: Ich sollte ihm mit spitzen Nadeln in die Eichel stechen, aber richtig heftig, nämlich nicht in die Harnröhre (ist auch sehr beliebt), sondern in die Knospe. Schön mit Lidocain betäuben und dann alles mit Nadeln bestücken, viele Nadeln und richtig tief – wie ein Käseigel, so wollte er gestochen werden. Das ist nichts für mich, entschied ich und dachte an eine Kollegin in einem anderen Haus. Die wäre die Richtige für so eine derbe Aktion. „Pass auf", sagte ich ihr, „ich geb dir jetzt eine Nummer, ruf den mal an." Sie bedankte sich und meinte noch, sie werde mir Bescheid geben, wenn der Gast bei ihr sei. Ich könne dann doch vorbeischauen. Sie holte mich tatsächlich dazu, als die Session bereits in vollem Gang war. Ich war echt geschockt. Sie hatte den Typen dermaßen massakriert, dass ich nicht hingucken konnte. Und alles ohne Betäubung, sie hatte die Nadeln einfach in den Schwanz gerammt. Was ihn aber nicht gestört hat, das sollte ich erwähnen. Er wollte es genau so! Dabei blutete er aus dem Penis, es war ein einziges Schlachtfeld. „Ich kann nicht mehr, tut mir leid, ich muss gehen“, mehr konnte ich nicht sagen. „Aaaaach Quatsch, der mag das“, meinte sie und trat dem Gast mit Wucht in den Sack. „Und jetzt kriegt der noch ′ne Nadel rein! Na, ist das schön?“ Er hat irgendwann kapituliert und gesagt, es sei genug, dann wurde die Behandlung abgebrochen. Sobald ein Gast meint: „Stopp, ich will nicht mehr“, muss sofort Schluss gemacht werden. Man kann auch vor der Session ein Safeword abmachen. Danach fragen die Gäste oft. Ich mache ohnehin nicht die ganz brutalen Sachen und sage meinen Gästen: „Du, wir nehmen die einfache Variante. Wenn du sagst: ‚Aua, das tut weh‘, oder ‚Nicht weitermachen‘, weiß ich, dass ich aufhören soll.“

Manche Geschichten sind lustig zu erzählen, aber eigentlich bitterernst. Einer kam ans Fenster und fragte, ob er mich fisten darf. Ich sage ja klar, aber pscht, er solle nicht so laut reden, das darf keiner mitkriegen. Ja, gut, sagte er. Wie viel? Ich nannte meinen Preis. Er zahlte am Ende viel mehr, hat nicht einmal meinen Po gesehen, geschweige denn angefasst. Denn im Endeffekt wollte er selber gefistet werden. Ich schob ihm einen sehr kleinen Dildo rein, um soft und vorsichtig anzufangen. Und plötzlich war das Teil weg, ich bekam ihn nicht mehr raus! Das Ding blieb verschollen. Ich lief zu einer Kollegin rüber, die auch schon lange im Geschäft ist und alles erlebt hat. „Bleib mal ruhig, Manu, das kriegen wir schon hin“, beruhigte sie mich. „Wir versuchen es erst einmal mit Abführtabletten.“ Ich bot ihr Geld, war mir alles egal, Hauptsache sie holte den Dildo wieder raus. Ich malte mir schon ein Horrorszenario aus: Krankenhaus, Notaufnahme, OP, am Ende verklagte mich der Gast noch. Meine Kollegin blieb gelassen und nahm meinen Gast mit auf ihr Zimmer, wo sie ihm einen Einlauf und Tabletten verpasste. Nichts passierte, gar nichts! Langsam übertrug sich meine Panik auch auf den Gast. „Tja, du musst wohl ins Krankenhaus", sagten wir, „geht nicht anders." Wir zogen ihn an, er war schon schweißgebadet. Und schwups, in dem Moment flutschte das Ding aus ihm heraus. Zweimal ist mir so ein Missgeschick widerfahren. Einmal musste ich den Gast tatsächlich in ein Krankenhaus bringen. Das ist aber lange her und man konnte ihn dort auch ohne OP von dem Dildo befreien. Glück gehabt.

Das Drogenjahr

Viele bizarre Handlungen entwickelten sich einfach im Verlauf einer Session. Aber ja, es waren oft Drogen, die meine Gäste auf schräge Sachen brachten.

Hamburg, 1995/96

Ich habe mir immer jemanden gewünscht, der an meine Seite kommt und dann auch bleibt. Hätte ich das gehabt, wäre vielleicht nie meine Spielsucht so durchgekommen und ich hätte auch nicht ein Jahr lang durchgehend exzessiv Drogen genommen. Das alles hätte vielleicht gar nicht sein müssen.

Ich erzählte von meinem ersten Kokserlebnissen – mit dem Gast, der im Bett lag und im Hochsommer fragte: „Schneits?" Und mit dem, der mir eine Line anbot, damit ich nicht schlappmachte. Immer häufiger kamen Gäste, die ohne Droge keine Session wollten. Sie blieben dann für zwei Tage – die ganze Nacht und den nächsten Tag und noch mal eine Nacht dazu – und haben sich die Birne vollgedröhnt. Natürlich gibt es ein Drogenverbot in der Herbertstraße. Na klar. Aber es wird geduldet, wenn man als Eigenkonsument durchgeht. Mit Drogen handeln – das geht gar nicht.

Als ich mein hartes Drogenjahr hatte, war ich Anfang dreißig. Warum ich so abgestürzt bin, lag vielleicht an der völligen Überlastung. Der Druck, Geld zu verdienen, die

Rückfälle in die Spielsucht, der Stress mit dem Partner, das ewig schlechte Gewissen, mich nicht genug um meinen Sohn zu kümmern – Gründe könnte ich massenhaft nennen, aber entschuldigen sie alles? Es ging damit los, dass ich am Wochenende durchgearbeitet habe, rund um die Uhr. Was leichter war – oder erst möglich –, weil ich nebenbei Kokain konsumierte. Dadurch war ich immer präsent, ich brauchte mich nur mal für zwei, maximal drei Stunden auszuruhen und schon war ich wieder fit genug, um stramm am Fenster zu sitzen. Ich kann mich an Situationen erinnern, die mir vor Augen führten, dass ich kurz davor war, die Kontrolle zu verlieren. Ein Erlebnis hat mich besonders aufgerüttelt. Ich hatte einen Gast an meinem Fenster, auf den ich eine halbe Stunde einredete, damit der reinkommt. Ich habe gelabert ohne Punkt und Komma, habe alle Register gezogen, Hauptsache, der kommt rein, dachte ich. Und der Typ hat meine Verzweiflung gespürt und dass ich voll drauf war. Er hat sich über mich lustig gemacht. Dem war klar, lass die Kokstante mal quatschen, zu der geh ich sowieso nicht. Als er weg war, fühlte ich mich jämmerlich, ich war beschämt. Was hast du denn jetzt gemacht, dachte ich. Früher wärst du darüber erhaben gewesen. Kommst du rein? Nein. Alles klar, tschüss. Und jetzt ließ ich mich von einem Fremden derart erniedrigen. Nur weil ich auf Droge war. Diese Phase, richtig exzessiv, ging über ein Jahr. Privat nahm ich nie Drogen, nur wenn ich bei der Arbeit war. Ich wollte auch nicht breit nach Hause kommen, aber irgendwann musste ich ja ins Bett. Ich blieb so lange in der Herbertstraße, bis ich in einem einigermaßen guten Zustand war. Ich konnte es aber auch ganz gut überspielen. Es war zeitweise so schlimm, dass in der Herbertstraße schon meine Line bereitliegen musste, wenn ich um 3 Uhr zur Arbeit kam. „Geh hoch, da liegt eine Nase für dich!“, rief mir eine Kollegin schon entgegen. Und ich gleich hoch und bloß keine Sekunde verschwenden, schnell das Zeug rein. So heftig war das.

Dann passierte etwas, dass alles veränderte. Ich saß wieder völlig zugedröhnt in meinem Fenster, es war noch früh am Samstag, als ich plötzlich ein Stechen an der linken Schläfe spürte, einen wirklich starken Schmerz, der sich anfühlte, als würde mir jemand ein Messer in den Kopf rammen. In dem Moment wusste ich: Bis hierhin und nicht weiter. Entweder ich gehe an den Drogen kaputt und lasse mein Kind im Stich oder ich ziehe sofort die Reißleine. Aber wenn ich diesen Weg hier weitergehe, werde ich früher oder später sterben. Am gleichen Tag hörte ich schlagartig mit dem Koks auf. Meinen kleinen Vorrat spülte ich im Klo runter. Nach diesem Warnschuss fiel es mir auch nicht schwer, die Finger von dem Zeug zu lassen. Ich hatte keine Entzugserscheinungen, weder körperliche noch psychische. Wie bei der Spielsucht war es auch hier für mich eine reine Kopfsache. Ich musste nur die Entscheidung für mich klar haben, dann war ich in der Lage, durchzuziehen, was ich mir vorgenommen hatte. Wenn ich heute an dieses Jahr zurückdenke, erkenne ich mich selbst nicht wieder. Ich hatte nach meinem Abschied von der Droge immer noch Gäste, bei denen ohne eine Line nichts ging. Ich sah Leute ziehen, das war damals üblich in der Straße, heute nicht mehr so sehr, und ich wurde immer wieder angesprochen, weil ich es ein Jahr lang hatte krachen lassen: „Na, Manu, willst auch ’ne Nase?“ Ich blieb eisern und lehnte jedes Mal ab. Wenn ich dann gehört habe, wie jemand gezogen hat, war ich allein von diesem Geräusch regelrecht angeekelt. Und dachte: Gott sei Dank bin ich davon los. Vor ein paar Jahren hatte ich es noch mal mit jemandem probiert und schnell gemerkt, dass das keine gute Idee war. Hinterher ging es mir tagelang schlecht, ich leide zu doll, die Nachwehen sind zu schlimm. Ich hätte auch zu viel Angst, dass die Depressionen zurückkommen könnten und ich nicht mehr mit mir klarkäme. Seitdem bin ich nie wieder rückfällig geworden und weil dieses krasse Jahr nun schon lange her ist, bin ich sicher, ich bin drüber hinweg. Drogen können mich nicht mehr in Versuchung bringen, sie haben ihre Strahlkraft verloren und das Kapitel ist für mich abgeschlossen.

Die Neugier der anderen

Man merkt, ob man aus Mitleid gemocht wird oder ob es echtes Mögen ist. Und ich hatte immer das Gefühl, es ist Mitleid.

Heute ist mal wieder so eine Nacht, in der nichts los ist in der Herbertstraße. Wenn es nicht so spät wäre, würde ich meine Freundin Jenny anrufen, aber sie liegt im Bett und hat hoffentlich schöne Träume. Jenny zähle ich zu meinem engsten Freundeskreis. Freunde zu finden, ist nicht ganz so leicht, wenn man von Beruf Domina ist. Die Neugier der Menschen ist zwar riesig, wenn sie von meinem Job hören, aber die Ablehnung ist oft nicht minder groß: „Nee, danke, mit so einer wollen wir nichts zu tun haben“, so was höre ich dann.

Im Prinzip liebe ich Menschen, von denen ich noch etwas lernen kann, die meinen Kopf anregen. Meine tolle Freundin Jenny ist so ein Mensch. Sie ist sehr klug – und sie ist auch ein guter Mensch. Kann man etwas Besseres über jemanden sagen? Ich mag es, wenn Menschen gut sind. Jenny habe ich im Supermarkt kennengelernt, sie saß allein in der Ecke neben dem Bäcker, wo man sich hinsetzen und etwas verzehren kann. Manchmal mache ich dort Halt, wenn ich von meiner Schicht nach Hause fahre oder an Tagen, an denen ich frei habe. Ich trinke einen Kaffee und esse ein halbes Brötchen. Eines Tages, es ist jetzt sechs Jahre her, saß Jenny neben mir an einem der kleinen Tische, auch sie war allein und wirkte irgendwie gedankenverloren. Mir war sie auf Anhieb sympathisch, also sprach ich sie an. „Du kannst auch zu mir rüberkommen, dann können wir ein bisschen klönen, wenn du Lust hast“, sagte ich. Sie schaute verwundert, aber nur ganz kurz, nahm ihre Tasse und setzte sich zu mir. Verwundert war sie, weil eigentlich sie immer diejenige ist, die auf Fremde zugeht. So sind wir ins Gespräch gekommen. Als wir uns verabschiedeten, tauschten wir unsere Telefonnummern aus und aus dieser ersten Begegnung hat sich unsere Freundschaft entwickelt. Gleich bei unserem Kennenlernen habe ich Jenny erzählt, was ich beruflich mache. Sie fragte mich, wie man denn eine Domina wird und ich erzählte ihr von meiner „Karriere“, die mit zwölf Jahren losging. Ich gab ihr eine kurze Übersicht über mein Leben, bei vielen weiteren Treffen erfuhr sie meine ganze Geschichte. Jenny reagierte völlig normal auf das, was sie hörte, vorurteilsfrei und offen. „Ich bin keine Richterin“, sagt sie. „Ich bin ja nicht dafür abgestellt, die Leute zu maßregeln oder zu richten, von daher, jeder hat seine Geschichte.“ Wie gesagt, sie ist eine schlaue Frau, politisch gebildet und engagiert, das mag ich an ihr, auch wenn sie manchmal etwas nerven kann, wenn sie mir Vorträge hält (das weiß sie aber selbst und ich sage ihr das auch). Was ich auch an ihr schätze, das ist ihr klarer Blick auf die Menschen. Wir sind ja sehr unterschiedlich, aber sie kann mich gut analysieren. Mein früheres Suchtverhalten passe so gar nicht zu mir, sagt sie, weil sie mich als Kontrollfreak kennt. Immer korrekt, immer zuverlässig, sei ich. „Du bist so was von eine Pünktlichkeitsfanatikerin“, schimpft sie manchmal über mich.

„Wenn wir uns treffen, bist du immer eine Viertelstunde zu früh da. Du willst immer die Kontrolle behalten, von daher passt die Sucht eigentlich nicht zu dir. Auf den ersten Blick nicht, aber wenn man deine Geschichte kennt, fügt sich einiges zusammen. Ich kann mir schon vorstellen, dass du den Verlust von Liebe, den du als Kind erfahren hast, irgendwann kompensieren musstest."

Jenny ist jetzt über 70, zuletzt arbeitete sie bei einem Anwalt, aber eigentlich ist sie gelernte Friseurin. Vor ein paar Jahren überstand sie eine Krebserkrankung, heute lebt sie mit einem Partner zusammen, der zwölf Jahre jünger ist als sie. Ihr Hobby sind Mittelalterfeste, was das angeht, ist sie ein bisschen komisch drauf. Wenn sie auf diese Veranstaltungen geht, kleidet sie sich mittelalterlich. Es gibt eine große Szene, die auf diese Zeit abfährt. Mich konnte sie noch nicht überzeugen, mal mitzukommen. Aber sie ist wirklich witzig und hat für alles Verständnis. Ohne Scheu kann ich ihr aus meinem Berufsalltag erzählen, von den ganzen Verrücktheiten, die mir tagtäglich begegnen, von den schrägen Gästen, den Fetischen und Praktiken. Dann sagt sie immer: „Wirklich? Igitt! Was für ein Schwein!" Aber das meint sie ironisch, ihre Kommentare sind immer lustig. „Der hat doch einen Schrumpfpenis, ist doch nicht mehr ganz dicht ..." Also, mit ihr kann ich gut reden.

Dass mir ein Mensch eine solche Ehrlichkeit und Offenheit entgegenbringt, habe ich nicht oft erlebt. Ich hatte eigentlich nie jemanden neben mir, der es wirklich ehrlich mit mir meinte. Wenn ich früher jemanden gehabt hätte, der gesagt hätte: „Du, wir machen das jetzt mal so", und er hätte mich ein bisschen, ich übertreibe, an die Hand genommen, dann würde ich vielleicht gar nicht mehr hier in der Herbertstraße sitzen. Dann hätte ich ausgesorgt und müsste mich nicht mit der Frage quälen, wie lange ich das hier noch machen kann. Ich säße in meinem Haus im Grünen und würde, tja, was würde ich dann eigentlich tun, wenn ich nicht mehr arbeite? Ist auch egal, denn so eine Person gab es ja nicht.

Jetzt kann man fragen, warum ich einen anderen Menschen brauche, um ein anderes Leben führen zu können, jenseits des Rotlichts. Ich, die doch immer so viel Wert auf Selbstbestimmung und Unabhängigkeit legt? Nun ja, ich habe Angst davor zu vereinsamen, wenn ich aus dem Milieu raus bin.

Es schwingt da schon der Traum vom Prinzen mit, der auf seinem Pferd daherkommt und seine „Pretty Woman" mit nach Hause nimmt. Der Partner, der meine soziale Ausgrenzung beendet. Denn das ist für eine Prostituierte alleine, egal wie selbstbewusst und selbstständig sie ist, in unserer Gesellschaft so gut wie unmöglich. Die wird dort kategorisch abgestempelt: Als Mensch, als Mitarbeiterin, als Nachbarin … Einmal Nutte, immer Nutte. Ist so, kann man nichts schönreden. Wenn überhaupt gibt es Respekt und Erfolg nur im Milieu, in der verruchten Parallelwelt. Deren Grenzen sind nur in eine Richtung fließend: für die Männer, die sich Frauen auf Zeit mieten. Und für den Fiskus natürlich, der auch dort seine Steuern erhebt. Ansonsten bleibt die Ausgrenzung, wenn man so will, das ewige Social Distancing, zu den aus der soliden Welt gefallenen Frauen. Ein Satz wie „Du spinnst doch, dein Job spielt keine Rolle", der klingt gut, aber er ist gelogen.

Ich fühlte mich eigentlich nie wirklich gemocht, nur von ganz wenigen Menschen fühlte ich mich akzeptiert. Und von einigen auch nur aus Mitleid. Und das merkt man. Wenn ich neue Leute kennenlerne, sage ich – wie ich es auch bei Jenny getan habe – relativ schnell, wer ich bin. Die anderen sollen wissen, mit wem sie es zu tun haben. Denn umgekehrt ist es genauso, auch ich möchte Klarheit darüber haben, mit wem ich es zu tun habe. Und das bekomme ich nur raus, wenn ich mit jemandem rede. Ich habe schon erlebt, wenn ich anfangs verschwiegen hatte, was ich mache, dass ich später, als alles herauskam, Sätze hörte wie: „Da komme ich gar nicht mit klar, will ich nichts mit zu tun haben." Das hat mich verletzt, weil ich in diese Beziehung Zeit und Gefühle investiert hatte. Weshalb ich mich heute gar nicht mehr verstecke. Auch wenn ich einen Mann kennenlerne, der mir gefällt. Wenn er ein Problem mit meinem Beruf hat, ist die Sache gleich beendet, erst recht wenn ich spüre, er steht nicht zu mir oder er schämt sich für mich in seinem Bekanntenkreis. „Mensch, was sagen wir denn, was du beruflich machst?" Wenn ich so was nur höre, mache ich auf dem Absatz kehrt. Danke und Tschüss.

Gleichzeitig ist die Neugier auf meinen Beruf riesig.

Manche Leute sind regelrecht wie ein Saugnapf. Eine typische Reaktion: Erst wollen sie alles über meine Arbeit wissen, finden alles spannend: „Ah, ehrlich? Erzähl mal!" Sie wollen ganz viel wissen, alles Heimliche erhaschen, Geschichten hören, die eine Domina erzählt. Aber mit der Domina an sich, mit ihrem Alltag zu tun zu haben, sie auch nach Feierabend interessant und bereichernd zu finden, ist nicht Teil ihrer bürgerlichen Neugierde. Irgendwann sind auch meine Geschichten auserzählt. Und sobald die Sensationslust der Leute einigermaßen befriedigt ist, lassen sie mich links liegen.

Man sieht, dass der Großteil überhaupt nicht mit dem Menschen umgehen kann, der diesen verruchten, „schmutzigen“ Beruf ausübt. So als ob dieser Mensch an sich schlichtweg nicht nett, freundlich, klug usw. sein kann, weil er eben diesen Job macht. Die, die ehrlich sind, sagen mir das sogar ins Gesicht. „Ich hatte das Gefühl, du willst meinen Mann anmachen.“ Oder einmal nahm ich einen Schulfreund meines Sohnes mit in den Urlaub, hinterher erzählte mir seine Mutter, dass ihre Mutter zu ihr gesagt hätte: „Wie kannst du der denn deinen Jungen mitgeben? Nachher vergreift sie sich an ihm.“ Besonders Frauen haben Probleme mit mir. Weil sie nicht akzeptieren können, was wir, die Prostituierten, tun. Sie werden es nie akzeptieren. Denn im Prinzip erfüllen wir die geheimen Wünsche, die unbefriedigten Gelüste ihrer Partner und Ehemänner. Eigentlich sollten sie uns dankbar sein, weil wir ihnen abnehmen, was sie selbst nicht bedienen können oder wollen. So weit denken die meisten aber nicht. Und eine Domina, die ist in deren Augen noch schlimmer als eine normale Hure. Eine Domina erfüllt ihren Männern Phantasien, die sie in ihrer Bigotterie nicht einmal auszusprechen wagen. Eine Plastikpuppe bumsen, mit Natursekt berieselt werden, Brustwarzenspiele, Analverkehr, Rollenspiele – welcher Mann traut es sich, zu Hause danach zu fragen? Erst gestern hatte ich einen Gast, der seit einem halben Jahr zu mir kommt, der hatte seit 40 Jahren keinen Sex mehr mit seiner Frau. Das muss man sich mal überlegen – seit 40 Jahren. Und er ist keine Ausnahme.

Ich habe einen Bekannten, mit dem war ich vor einer Ewigkeit mal ein halbes Jahr lang liiert. Wir stehen noch in Kontakt, ich kann mit ihm gut quatschen, wenn wir telefonieren, kann das ein bis zwei Stunden dauern. Kürzlich fragte er mich, ob ich Lust hätte, ihn zu einer Hochzeit zu begleiten, auf die er eingeladen war. Ich war unsicher, sagte aber doch zu. Warum ich unsicher war? Ich wusste, auf der Feier würden hochkarätige Leute sein, feinste Hamburger Gesellschaft. Vor solchen Events – ich gebe es zu – habe ich Hemmungen, so schlagfertig und souverän ich normalerweise auch bin. Denn erst einmal habe ich keine richtige Abendgarderobe, so was brauche ich normalerweise nicht. Der Hauptgrund aber ist, dass ich mich unbeholfen fühle in so einer Gesellschaft, irgendwie einsam, ein bisschen minderwertig. Ich spüre, wie die Leute große Ohren bekommen. Ach, die da ist eine Domina, heißt es und man will mich kennenlernen – oder eher bestaunen, wie ein Tier im Zoo.

Freundinnen außerhalb der Szene habe ich nur wenige. Innerhalb auch nicht. Mein Freundeskreis ist klein, aber fein. Ist aber auch nicht anders zu erwarten, denn wie sollte ich auch neue solide Bekanntschaften machen und pflegen, wenn ich von nachts um 3 Uhr bis zum nächsten Vormittag arbeite. Das ist ja kein geregeltes Leben, bei dem ich abends Leute auf einen Wein treffen kann. Wenn ich nach Hause komme, bin ich platt, muss mich um den Haushalt kümmern, waschen, einkaufen, gucke ein bisschen fern und lege mich hin. Wer soll da für mich Zeit haben? Eine befreundete Therapeutin sagte mal zu mir: „Drei gute Freundinnen im Leben reichen.“ Neben Jenny gibt es auch Maria, meine Kollegin, von der ich schon erzählt habe. Die mag ich sehr gerne. Ich würde behaupten, soweit es in unserem Job möglich ist, sind wir befreundet. Wir können uns alles erzählen. Das ist unter uns „Professionellen“ eher die Ausnahme. Ich lache viel mit Maria, sie bringt gut was rüber. Und dann ist da meine gute Freundin Claudia: ich kenne sie, seitdem sie früher ein Sonnenstudio besaß, in das ich regelmäßig ging. Wir verloren uns aber aus den Augen. Später baute sie ein Haus, in dem sie heute selbst wohnt. In dem Haus ist noch eine Wohnung, die sie damals zur Miete anbot. Ich suchte gerade eine neue Wohnung und vereinbarte einen Besichtigungstermin. „Mensch, ich kenne dich doch irgendwo her?“, sagte sie, als sie mir die Tür öffnete. „Ja, ich dich auch!“ Ich zog ein und wohne seitdem bei ihr. Wir hatten direkt wieder eine gute Verbindung. Also, Claudia, Maria, Jenny – drei Freundinnen, auf die ich zählen kann, gar nicht so schlecht.

Mama, was machst du eigentlich?

Ich habe meinen Sohn immer abgöttisch geliebt.
Er war wie meine zweite Körperhälfte.
Ich habe ständig an ihn gedacht.
Es tat mir in der Seele weh, wie die Situation war.

Hamburg, 2004

Mein Sohn war zwölf, als er erfuhr, dass seine Mutter eine Domina in der Herbertstraße ist. Die Frage, was ich beruflich mache, stellte sich schon sehr viel früher. Im Kindergarten war es kein Problem, aber spätestens in der Schule, als man sich vorstellte, ich bin der und der und meine Eltern arbeiten als das und das. In unserer Gesellschaft scheint es so wichtig zu sein, zu wissen, was die Eltern beruflich machen. Während ich, wie gesagt, für mich selbst entschieden hatte, nie um den heißen Brei herumzureden, musste ich mich im Umfeld meines Sohnes bedeckt halten. Ich wusste von den Vorurteilen der Menschen und wollte ihm das Leben nicht unnötig schwermachen, indem ich mit meinem Job hausieren ging. Ich wollte nicht, dass auch er von vornherein ausgegrenzt wird. Über Jahre war dieses Versteckspiel ein Balanceakt zwischen Lügen und Nicht-die-ganze-Wahrheit-Sagen. „Immer wenn dieses Thema in der Grundschule aufgekommen ist und ich wusste, ich kann dazu nichts sagen, habe ich bei dir nachgefragt", sagt mein Sohn, „und du hast immer nur ‚Gastro' gesagt. Da war mir klar, okay, das ist irgendetwas Besonderes. Wirklich gelogen hast du ja nicht. Es ist ja gewissermaßen ein Gastronomiebetrieb. Und ich wusste, so ganz genau werde ich es nicht erfahren, es ist wohl irgendetwas, das ich nicht wissen darf oder was die anderen nicht wissen sollen. Ich glaube, genau das habe ich gespürt, dass es mehr um die anderen ging." Dass ich in der Gastronomie arbeitete, war in meinen Augen eine schlüssige Erklärung, daher auch meine Nachtschichten. Und genau das könne er auch in der Schule sagen, wenn Mitschüler und Lehrer nach mir fragten. Seine Mutter sei alleinerziehend und in der Gastronomie tätig, was im weitesten Sinn nicht so falsch war, dachte ich: ich bediene meine Gäste. Mein Sohn gab sich mit dieser Erklärung zufrieden, warum auch nicht. Was ich erst später erfuhr: Er hatte das Wort „Gastronomie" anfangs nicht richtig verstanden. Bei ihm war der Begriff „Astronomie" hängen geblieben. Das hörte sich für ihn ähnlich an und davon hatte er schon gehört. In der Schule erzählte er also: „Meine Mama macht was mit Astronomie." Die Lehrer waren etwas verwundert, aber warum sollten sie das anzweifeln. Manche fragten dann noch: „Ach, sie erstellt Horoskope?" Nun wusste mein Sohn, dass ich so etwas nicht machte, aber er hatte keine Lust auf Diskussionen und fand es ganz lustig zu antworten: „Ja, genau." Damit war das Thema für ihn erledigt. Vorerst jedenfalls. Bei seinen Klassenkameraden – und einigen der männlichen Lehrer – kam ich immer gut an. Sie fanden mich cool. Ich war so ein Jeanshosentyp: immer lässig, machte optisch was her, nicht zugeknöpft bis oben hin, keine biedere Frisur, ich war alles andere als 'ne spießige Mutti. Wenn ich mit meinem

Audi TT vor der Schule vorfuhr, haben alle geglotzt. Wer ist die denn? Einmal die Woche, am Freitag, durften die Eltern freiwillig für zwei Stunden den Unterricht besuchen. Das habe ich auch ein paarmal mitgemacht. Wir Eltern saßen in der letzten Reihe und konnten zusehen, wie die Kinder lernten, man durfte sich auch ein bisschen am Unterricht beteiligen. Das fand ich spannend. Ich hatte immer meinen Sohn im Blick, ist ja klar, er machte seine Sache sehr gut. Wenn schulische Veranstaltungen stattfanden, habe ich mich nie gescheut, auch da mitzumachen. Ich wollte als Mutter präsent sein. Ging zu allen Elternsprechtagen, war bemüht und wollte alles wissen. Egal was los war, auch wenn mein Sohn Mist gebaut hatte, bin ich hin und habe die Lage geklärt. Oder wenn irgendetwas anlag, ein Kurs, den er nicht besuchen wollte, dann stand ich für ihn gerade. Wenn mich die Lehrer fragten, was ich beruflich mache, sagte ich auch denen: „Gastronomie." Nur wenn für Klassenausflüge Eltern zur Betreuung gesucht wurden, hielt ich mich zurück, denn ich spürte bei den anderen Müttern eine Distanz, eine Abneigung. Auch wenn sie sich zu Kaffeekränzchen trafen, merkte ich, dass sie auf meine Teilnahme keinen Wert legten. Denn natürlich gab es Gerüchte und Gemunkel in der Schule über mich. „Logisch, die haben dich gesehen und gemerkt: Okay, sie ist keine Krankenschwester", sagt mein Sohn über diese Zeit. Ich kann mich an eine Situation nach einer Veranstaltung erinnern, da standen die Eltern alle zusammen draußen auf dem Schulhof, ich mittendrin. Dann schaute ich mich um und stellte fest, ich war auf einmal ganz allein. Die anderen quatschten miteinander über ihre Kinder. Ich aber wurde völlig ignoriert. Mir war sofort klar: Mein Job mal wieder.

In meiner Nachbarschaft wussten natürlich einige, wo ich arbeitete, es sprach sich rum und landete schließlich doch in der Schule.

Mein Sohn fing auch irgendwann an, immer wieder nachzuhaken und nervte mich damit: „Mama, was machst du denn? Sag doch mal, was machst du denn genau?" Er hat immer wieder gebohrt. Ich sprach einmal mit einer Kinderpsychologin darüber, wie ich mich verhalten sollte. Sie gab mir den Ratschlag, ich solle warten, bis er zwölf ist, dann könnte ich ihm die Wahrheit sagen. In dem Alter wäre es okay für ihn. Daran habe ich mich gehalten. Kurz nach seinem zwölften Geburtstag waren mein Sohn und ich zusammen in einer Shoppingmall einkaufen. Ich hatte den Wagen auf dem Parkdeck abgestellt, wir kamen mit Tüten beladen zurück und saßen im Auto. Es war spontan, ohne Vorplanung, dass ich diesen Moment wählte. „So, ich sage dir jetzt wirklich, was los ist", fing ich an. Ich hatte ein bisschen Angst vor der Situation. „Und dann hast du gesagt, du bist Domina", schildert mein Sohn die Situation aus seiner Sicht, „und ich wusste erst einmal nicht, was das ist. Aber ich hatte mir in der letzten Zeit viele Gedanken gemacht, dass du wahrscheinlich irgendwie mit Rotlicht zu tun hast, von daher passte das zu meiner Vermutung. Ich war nicht überrascht oder gar schockiert. Das muss ich sehr deutlich sagen. Ich fand es auch wirklich nicht schlimm, weil ich mit dem Gedanken schon gespielt hatte. Ist ja nicht kriminell, was du machst. Aber es ist ein soziales Tabu. Und dann hast du versucht, mir deinen Job zu erklären, dass du dich verkleidest und in eine Rolle schlüpfst. Das habe ich mit zwölf nicht wirklich verstanden, weil ich dachte: Aber was ist denn jetzt die große Geschichte? Warum hast du so lange gewartet? Ich kann es bis heute nicht nachvollziehen, warum so viele Leute deinen Beruf als etwas Unanständiges ansehen."

Jetzt war es also raus und dass mein Sohn keine große Sache daraus machte, dass er mir keine Vorwürfe machte, weil ich ihm jahrelang die Wahrheit vorenthalten hatte, war für mich eine einzige große Erleichterung. Er sagte, dieses Gespräch auf dem Parkdeck, das sei für ihn wie ein Puzzleteil gewesen, was noch fehlte, nicht mehr und nicht weniger. Kurze Zeit danach ging es damit los, dass er sich in der Gothicszene bewegte. „In dieser Szene war es gar nicht so was Besonderes, da hat man kein Problem mit Fetischen", sagt er. „Meine Freunde fanden dich sowieso gut, für die warst du total cool. Die meisten in der Szene hatten konservative Eltern, zugeknöpfte Leute, und ich konnte sagen: Meine Mutter arbeitet auf dem Kiez. Die ist 'ne Domina. Eine Freundin aus der Szene wollte bei dir sogar ein Praktikum machen. Ich habe mich jedenfalls nie für dich geschämt!" In der Schule hat mein Sohn dann einem Freund im Vertrauen etwas über mich erzählt, die Geschichte blieb nicht lange geheim, sie ging rum wie ein Lauffeuer. Von da an kursierten die wildesten Storys und Gerüchte über mich – die Hure, die Domina. Da ging wohl bei einigen ein ganz schönes Kopfkino los. Einer der Lehrer versuchte, meinen Sohn ziemlich dreist auszufragen. Was ich denn genau mache? Ob er da Genaueres wisse und so weiter? Das fand ich unanständig und unangemessen.

Unser Verhältnis änderte sich nach meinem Geständnis dahingehend, dass ich zu Hause nichts mehr vorspielen musste.

Kam ich von der Arbeit, konnte ich meinem Sohn von meiner Schicht berichten (ohne ins Detail zu gehen): „War ein erfolgreicher Tag heute, ich habe gut verdient." Und er freute sich mit mir und wünschte mir am nächsten Morgen viel Erfolg: „Mama, ich drücke dir die Daumen, dass heute gut was los ist." Wenn ich schlecht drauf war, schaffte er es, mich aufzubauen. Dass das Versteckspiel beendet war, nahm eine große Last von meinen Schultern. Wie groß dieser Druck gewesen war, spürte ich erst, als er von mir abgefallen war. Manchmal brachte ich auch wenig Geld nach Hause, weil mein Typ gerade nicht gefragt war. Dann kam ich frustriert aus der Herbertstraße und dachte, scheiße, jetzt saßt du da acht Stunden für nichts. Dann bin ich ins Auto und habe die Kupplung getreten, als wäre das ein Traktor und bin was weiß ich nicht wie schnell gefahren. Meine Launen brachte ich von der Arbeit heim. Ich habe immer versucht, mich zusammenzureißen, aber auch ich bin nur ein Mensch. Wenn ich an einem Tag richtig gut verdient hatte, konnte ich mich schlecht entspannen, sondern hatte nur einen Gedanken: Hoffentlich verdiene ich morgen auch wieder viel. Ich fragte mich, was kommt morgen und wie sieht es übermorgen aus, ich denke immer weiter und kann mich schwer mit einer Situation zufriedengeben, so wie sie gerade ist. Meine permanenten Sorgen betrafen nicht nur den Beruf, ich hatte immer diese Ängste, wie es mit meinem Sohn weitergehen würde. Als er in die Punkszene abdriftete, malte ich mir die schlimmsten Horrorszenarien aus. Ausgerechnet ich, die Domina, wird man jetzt denken. Ja, ausgerechnet ich fragte mich, wo wird das enden? Er hatte erst die Haare grün gefärbt, dann orange. Er ließ sich piercen, in Unterlippe, Nase, Zunge – das hatte er alles machen lassen, ohne mich vorher zu fragen. Für mich war diese Zeit eine Angstphase. „Ich habe mich in vielen Rollen ausprobiert", sagt mein Sohn. „Das hatte aber nichts mit dir zu tun. Viele würden sagen: Ja klar, die Mutter ist Domina, logisch, dass du in so eine Szene rutschst – nee, gar nicht. Ich fand mich schon in der Schule immer ein bisschen falsch verstanden und wahrgenommen. Und es war für mich befreiend, mich optisch ab- und auszugrenzen. Aber das hörte irgendwann auf, weil es anstrengend ist, in der Rolle des Rebellen zu leben: Man ist in der U-Bahn, man sieht anders aus, die Leute reagieren immer irgendwie auf dich. Ich ließ die Haare rauswachsen, habe die Piercings rausgenommen. Legte den Punk wieder ab."

Als mein Sohn etwa 15 war, machte ich einen Riesenfehler. Was ich ihm zumutete, bereue ich bis heute. Damals endete meine letzte längere Beziehung. Ich hatte den Mann, einen Portugiesen, im Internet kennengelernt, wir wurden schnell ein Paar. Ich fand nach und nach heraus, dass er sich weiter mit anderen Frauen traf, die er aus dem Netz kannte. Ich habe ihn verfolgt, beobachtet, und mein schlimmster Verdacht wurde bestätigt. Knapp zwei Jahre waren wir zusammen. Warum ich mir das gefallen ließ, weiß ich bis heute nicht. Wegen des Betrugs bin ich durchgedreht. Nach einem Streit mit ihm war ich psychisch schließlich so am Boden, dass ich Tabletten nahm. Mein Sohn fand mich gerade noch rechtzeitig, er rief den Notarzt. Ich kam ins

Krankenhaus, wo man mir den Magen auspumpte. Danach sprachen wir nie wieder darüber.

Mit 17 besuchte mich mein Sohn zum ersten Mal in der Herbertstraße. Er war zum Feiern am Wochenende oft auf dem Kiez, wie alle jungen Hamburger. Einmal war es besonders spät geworden und anstatt sich in die U-Bahn zu setzen, um nach Hause zu fahren, überlegte er sich, dass ich ja noch auf der Arbeit war und vielleicht gleich Schichtende hatte, wäre doch praktisch. Ich gebe zu, ich war ein bisschen überrascht, als er mich anrief, sagte aber sofort: „Klar, komm in den Laden, ich mach noch eine halbe Stunde, so lange kannst du warten, dann fahren wir zusammen." Als er ankam, nahmen ihn meine Kolleginnen in Empfang und setzten ihn unten in die Küche. „Deine Mama ist gerade oben, sie hat Besuch." Einige der Frauen kannte er von früher, aus Kindheitstagen, wenn uns die ein oder andere mal besucht hatte. Die Mädels mochten meinen Sohn. „Der ist aber nett, Manu, so gut erzogen." Auf dem Kiez sprach sich herum, wer mein Sohn war. Man hat ihn immer irgendwo gesehen. „Ich hab heute deinen Sohn gesehen, Manu", hörte ich von Türstehern oder Clubbetreibern. Und alle hatten ein Auge auf ihn, was mich ein bisschen beruhigte. Für ihn wiederum war dieses Milieu nichts Besonderes: „Hier ist zwar alles etwas anders als in der normalen Welt, aber für mich war es nie so unglaublich fremd oder exotisch. Denn viele der Frauen kannte ich von früher. Und es war halt dein Arbeitsumfeld. Wenn man seine Eltern in der Bäckerei besucht, weil sie Bäcker sind, dann ist das auch das Normalste der Welt. Und dich kannte ja jeder auf St. Pauli. Wenn ich dich besuchen wollte und die Frauen auf der Straße mich ansprachen, mich ködern wollten, sagte ich: ‚Ich geh zu meiner Mutter.' Und sie: ‚Ja, wer ist denn deine Mutter?' ‚Manuela.' ‚Ah, oh, okay.' Das schwang fast ein bisschen Ehrfurcht mit."

Ja, sie wissen, wer ich bin. Und dass das mein Sohn auf diese Weise erfuhr, freut mich. Dass er hörte, wie sehr man mich respektiert, dass ich mir in dieser Welt, im Milieu, etwas aufgebaut habe, das war mir wichtig. Ich habe keine Diplome und keinen Doktortitel, aber hier, in der Herbertstraße, in meiner Welt, habe ich mir etwas erarbeitet.

Leere – und was dann?

*Das ist ganz beklemmend für mich gewesen,
diese Stimmung, als Corona kam.
Und irgendwie wusste ich gar nicht, damit
umzugehen.*

Mein Leben war immer auf Trab. Ich habe nie gechillt wie andere, Stillstand war ein Fremdwort für mich. Daher waren die Monate des Lockdowns, als ich nicht arbeiten durfte, quälend. Schon morgens der Gedanke beim Aufwachen, ein weiterer Tag, an dem ich nichts zu tun habe – unerträglich.

Von heute auf morgen hieß es: Wir machen zu. Und ich bekam so eine Angst, dass wir nicht mehr aufmachen würden, dass alles zusammenfällt, sich alles verändern wird. Mensch, was wird aus dir, dachte ich. Was soll ich mit meiner Zeit anfangen? Wovon soll ich leben? Das waren Gefühle, die kann ich gar nicht beschreiben. Die Herbertstraße ist mein Leben, ein Stück Zuhause. Hier fühle ich mich sicher, ich kenne die Menschen. Und alles war auf einmal weg. In dieser Situation habe ich aber auch zum ersten Mal wieder so etwas wie Zusammenhalt gespürt. Wir, die Frauen der Herbertstraße, riefen uns gegenseitig an. Alle waren frustriert, teilten das gleiche Leid. Wie geht es dir? Wie soll es mir schon gehen? Was machst du denn? Genau das Gleiche wie du. Liege auf dem Sofa …! Die eine hat einen Hund, mit dem geht sie viermal am Tag Gassi, die andere hat einen

Mann, mit dem beschäftigt sie sich und ich saß allein zu Hause. Finanziell konnte ich mich nur über Wasser halten, weil ich Unterstützung vom Sozialamt bekam. Ansonsten hätte ich nicht gewusst, wie es weitergehen sollte. Trotzdem hatte ich Existenzängste, wie nie zuvor im Leben. Solange Restaurants, Bars und Clubs auf dem Kiez zu sind, ist das Geschäft in der Herbertstraße so gut wie tot. Ich lebe ja auch von denen, die angetrunken durch die Straße streunen, mich sehen und denken: Heute traue ich mich mal, zu der gehe ich rein. Die Laufkundschaft bleibt weg.

Es gab Nächte, da sah ich keine Menschenseele, bis 6 Uhr morgens eine einsame Putzfrau durch die Straße ging. Sonst war immer Bewegung um diese Uhrzeit oder es waren Männer aus den umliegenden Hotels unterwegs, die nicht schlafen konnten und die es in die Herbertstraße verschlug: Machst du auf, ich komme mal rein. Oder die Morgengäste, die sonst vor der Arbeit, etwa auf dem Weg ins Büro, kamen – nichts mehr.

Und was passiert, wenn es nicht mehr weitergeht, diese Frage haben wir uns alle gestellt. Ich habe mir Gedanken gemacht, etwas anderes zu machen. Aber wie soll mit Mitte 50 das klappen, was schon in meinen jungen Jahren nicht funktionierte? Und ehrlich gesagt: Ich möchte ja gar nichts anderes machen. Ein paar Jahre kann ich mich noch in der Herbertstraße halten, wenn ich weiter auf mich achtgebe. Also bleibt die Hoffnung, dass wir die Pandemie überstehen, aber ob alles wieder so sein wird wie vorher, weiß der Himmel.

Dann ein Hoffnungsschimmer, als wir nach dem ersten Lockdown wieder öffnen durften, bevor alles wieder dicht gemacht wurde – ein furchtbares Hin und Her. Die Auflagen zwischen den Lockdowns waren strikt und wurden streng kontrolliert. Von jedem Freier mussten wir die Personalien aufnehmen. Wir waren dazu verdonnert, uns den Personalausweis oder die Versichertenkarte zeigen zu lassen. Wenn man bedenkt, dass die Freier in der Regel unerkannt bleiben möchten, fand ich es erstaunlich, dass sich die wenigsten beschwerten und brav mitmachten. Die Personalien wurden also auf einem Formular aufgeschrieben, diese Zettel kamen in eine Art Briefkasten und unser Verwalter war dazu verpflichtet, die Unterlagen für vier Wochen aufzubewahren. Erst danach durften sie vernichtet werden. Dieses Prozedere wurde von Mitarbeitern des Gesundheitsamts, die inkognito unterwegs waren, überwacht. Wir Frauen mussten im Fenster natürlich Masken tragen, woran sich die meisten hielten. Nur in einem Haus gab es mehrere Verwarnungen mit der Androhung der Schließung. Auf dem Zimmer hieß es dann: Maskenpflicht, Desinfektion, nach jedem Freier das Bett neu beziehen, duschen. Das war alles okay, damit konnten wir umgehen und ich bin mir sicher, so streng wie das alles gehandhabt wurde, waren wir, waren die Gäste, einigermaßen safe. Deswegen waren wir alle geschockt, als der nächste Lockdown kam. Und wieder diese Leere, die traurige Leere in der Herbertstraße. Eine Geisterstadt.

Deswegen wollte ich Gesicht zeigen, als es im Sommer 2020 zu einer Demonstration in der Herbertstraße kam. Alle waren sie da: Wir, die Prostituierten von St. Pauli (auch wenn ich einige meiner Kolleginnen vermisste, die nicht aufgetaucht waren), viele, die uns unterstützt haben, Medienvertreter aus allen Bereichen, Promis wie Olivia Jones, der halbe Kiez und auch viele Schaulustige und Neugierige, die sich vielleicht sonst nicht in die Herbertstraße getraut hätten. So voll wie damals war es in der Straße schon lange nicht mehr gewesen. Ich zog für die Demo mein Domina-Outfit an, postierte mich zusammen mit Paul in der Mitte der Straße vor einem Andreaskreuz und gab am laufenden Band Interviews. Ich gebe zu, anfangs war ich nervös, fühlte mich unsicher, aber es ging um unsere Existenz und mir war es wichtig zu sagen, dass wir Frauen keine Perspektive sehen, dass man uns nicht vergessen darf. Die Solidarität war enorm. Wie lange sie vorhält, das ist die große Frage...

Aber selbst in Zeiten wie diesen darf man seinen Humor nicht verlieren. Gestern rief mich ein Typ aus Mecklenburg-Vorpommern an. Meine Nummer hatte er im Internet gefunden. Er sagte, er wolle in Haft genommen werden, ob ich ihn für 20 Stunden in meine Zelle einsperren würde. Dabei solle ich ihm die Hände auf dem Rücken fesseln, schön strammgezogen. Er könnte schon morgen nach Hamburg kommen. Ist der bescheuert, dachte ich. Gesagt habe ich: „Superidee. Ich muss nur noch schnell bei Frau Merkel anrufen, ob sie den Lockdown für dich aufhebt?“ Damit beendete ich das Gespräch. Viele rufen mich momentan an. Auch viele Idioten, die nur im Kopf geil sind. Sie fragen genau nach, was ich alles mache, wollen alles ganz genau wissen, dann sage ich: „Ach, du, das besprechen wir alles, wenn du demnächst mal hier bist.“ Schnacker sind das, gibt es überall.

Für manche von uns Frauen gab die Pandemie den Ausschlag, aus dem Milieu auszusteigen. Einige der Frauen haben eine Umschulung gemacht. Ich kenne eine, die lässt sich gerade zur Heilpraktikerin ausbilden. Viele wollen nicht mehr zurückkommen, sie haben mit der Herbertstraße abgeschlossen. Ich wünsche ihnen, dass sie den ewigen „Huren-Stempel" loswerden können und nicht an der Doppelmoral der normalen Welt kaputtgehen. Das Bild der Herbertstraße wird sich also auch dadurch nachhaltig verändern. Wer sind die Neuen, die demnächst in den Fenstern sitzen werden? Wird es eine komplette Verjüngung geben? Werde ich damit noch mehr zum Fossil der Straße? Ich aber kann es mir nicht leisten, auszusteigen. Es gibt Schichten, da fahre ich gerade mal mit einem Fünfziger nach Hause. Was willst du mit einem Fünfziger? Tankst an der Tanksäule voll, kaufst dir Zigaretten und das wars. Und trotzdem, gerade jetzt, gebe ich nicht auf. Ich wurde einsperrt und geschlagen, ich habe mich von den Zuhältern freigekauft und von der Spielsucht befreit, jetzt lasse mich auch nicht von einer Pandemie unterkriegen.

Wann Schluss ist, entscheide immer noch ich.

Ich wollte nur, dass er gut wird

Wenn es ihn nicht geben würde,
wäre vieles schiefgelaufen in meinem Leben.
Davon bin ich überzeugt.

Hamburg, 2021

Ich habe mir immer nur gewünscht, dass mein Sohn „gut" wird, dass er es in der Schule schafft und beruflich Karriere macht. Streng war ich, wenn es darum ging, gewisse Regeln einzuhalten. Was er aus seinen Möglichkeiten machte, das überließ ich ihm, er sollte Luft nach oben haben. Angenommen, er kam mit einer Fünf nach Hause. Dann sagte ich zu ihm: „Ist natürlich nicht so witzig, aber jetzt sieh mal zu, dass es beim nächsten Mal eine Drei wird oder sogar eine Zwei." Ich habe ihn ermutigt, aber nicht gedrängt, du musst nur Einsen schreiben. Weil ich mir gesagt habe, er muss es aus eigenem Antrieb tun, es war wichtiger, seinen Ehrgeiz zu fördern. Er musste selbst sagen: Ich kann und ich will noch mehr erreichen. Diesen Schritt sollte er für sich entscheiden. Hätte ich zu viel Druck gemacht, ich bin sicher, ich hätte das Gegenteil erreicht. Als er in der Schule vor der Entscheidung stand, Französisch oder Latein als Fach zu wählen, sagte ich: „Mach du." Er würde schon wissen, was er will, davon war ich überzeugt. Was mir allerdings wichtig war, war sein Wechsel aufs Gymnasium. Dafür habe ich hart gekämpft, denn seine Grundschullehrer waren dagegen. Was er anschließend aus dem Gymnasium machte, das wiederum überließ ich ihm. Dafür wäre ich auch nicht die beste Ratgeberin gewesen. Ich fand übrigens Latein gut, und dafür hat er sich dann auch entschieden. Irgendwie gab es so ein stilles Einvernehmen zwischen uns. Viele Dinge mussten wir nicht aussprechen, die passierten einfach. Von mir lernte er, Menschen richtig einzuschätzen, seiner Intuition zu vertrauen, sich von niemandem etwas vorschreiben zu lassen (auch nicht von seiner Mutter). Trotz vieler Defizite, die ich ja habe, kann ich mit Fug und Recht behaupten, dass ich lebenserfahren und lebensklug bin, durch meine Arbeit habe ich so viele Typen von Menschen und unterschiedliche Charaktere kennengelernt, und die vielen Täler, durch die ich gegangen bin, haben mich stark gemacht. Ich hatte niemanden, der mir etwas vorgelebt hat. Ich habe meinem Sohn aus meiner Lebenserfahrung das Rüstzeug für sein eigenes Leben gebaut. Die Schule war dafür zuständig, ihm das notwendige Fachwissen für die Zukunft mitzugeben. Die Mischung machts.

Nach dem Abitur ging mein Sohn erst für eine Auszeit nach New York und anschließend studierte er in London und Amsterdam, hat einen Bachelor und einen Master. Den Studienplatz und die Wohnung in London organisierte er ohne mein Zutun. In den Semesterferien jobbte er, dazu bekam er Bafög und natürlich unterstützte ich ihn finanziell. Diese Hartnäckigkeit, etwas durchzusetzen, ich denke, die hat er von mir. Es war für ihn kein leichter Schritt, ins Ausland zu gehen. „Du konntest mich in dieser Hinsicht nicht unterstützen“, sagt er. „Das werfe ich dir nicht vor. Wenn ich etwas wollte, musste ich es selber machen. Und ich wollte ins Ausland, Hamburg kam mir zu klein vor. Ich hatte diese innere Unruhe und wollte raus.“ Für mich war das alles andere als leicht. Ich habe gelitten, als er Hamburg verließ und hatte wahnsinnige Angst, dass ihm etwas Schlimmes passiert. Das war ein echter Trennungsschmerz. Ich hätte mir gewünscht, ihn in der Nähe zu wissen, aber klar, letztlich habe ich ihm den Rücken gestärkt und auch finanziell unterstützt. Heute lebt und arbeitet mein Sohn in einer anderen deutschen Großstadt. Sie ist mit dem Zug gut erreichbar, damit kann ich leben, auch wenn mir Hamburg als sein Lebensmittelpunkt lieber gewesen wäre. So denkt halt jede Mutter. Er ist ein bisschen schreibfaul, was mich anbelangt. Wenn ich ihm eine Whatsapp-Nachricht sende, antwortet er kurz und bündig, und wenn ich ihn anrufe, kann es vorkommen, dass ich ihn tagelang nicht erreiche und er auch nicht zurückruft. Das macht mir schon etwas zu schaffen. Wenn ich mich beschwere, kontert er: „Und dann rufe ich zurück und du hast nur fünf Minuten Zeit.“ Wir sind immer noch wie Feuer und Eis, das wird auch so bleiben. Wir brauchen beide unseren Freiraum. Ich bin froh, dass er so ist, wie er ist, und ich bin glücklich, dass ich ihn erschaffen habe und dass es ihn gibt.

Ich weiß, dass mein Sohn seinen Frieden mit mir, einer nicht immer einfachen Mutter, gemacht hat: „Du hast dir, ohne gute Startmöglichkeiten, trotzdem etwas aufgebaut, hast es geschafft, dir einen soliden Lebensstandard zu sichern, hast allein ein Kind großgezogen, neben dem Job, und du hast dir einen guten Ruf in der Herbertstraße erarbeitet. Dein Leben ist hart gewesen, aber du hast es gemeistert. Ich würde so weit gehen zu sagen, dass ich selbst heute so gut im Leben stehe, liegt auch daran, dass ich von dir vieles gelernt habe. Nicht alles, ich habe mir auch vieles selbst ermöglicht, aber natürlich haben mir deine Lebenserfahrungen geholfen. Es hat mir nicht geschadet, mit einer Mutter wie dir aufzuwachsen, es hatte sogar etwas Positives. Weil viele Eltern, die aus einer behüteten Familie kommen, in Krisensituationen nicht deinen Erfahrungsschatz haben."

Ich denke, als Mutter kann ich nicht alles falsch gemacht haben.

Morgen ist auch noch ein Tag

Kommt ein Engländer und sagt:
„Du bist 'ne tolle MILF."
Mother I'd like to fuck. Alte Mama, reife Mutti.
Und ich denke nur, du kannst mich mal.

Dem Älterwerden auch seine positiven Seiten abzugewinnen, das nehme ich mir jeden Tag aufs Neue vor. An manchen Tagen gelingt es gut, an anderen weniger. Man darf das Alter auch nicht so bierernst nehmen, sage ich mir. Meine Freundin Jenny besuchte mich während Dreharbeiten für eine TV-Dokumentation in der Herbertstraße. Sie wollte sehen, wie so etwas abläuft. Während ich drehte, stand sie etwas abseits in der Straße, von wo aus sie den Dreh beobachten konnte. Da kamen zwei junge Russen auf sie zu. „How much?", fragte der eine. Die beiden Jungs sprachen nur Englisch. Jenny fühlte sich gar nicht angesprochen und reagierte deswegen auch nicht. „How much?", fragten die Russen wieder. Da checkte sie, dass sie gemeint war und wiegelte ab: „No, no. It's not my occupation here, I'm sorry." Sie wollte sagen, dass sie nicht in der Herbertstraße arbeitet, drückte sich aber etwas umständlich aus. Die beiden verstanden nicht, was sie meinte und blieben einfach stehen. Jenny erklärte: „It's a film set, hier wird ein Film gemacht." Aber die Russen dachten wohl, das sei irgendeine Masche und ließen nicht locker. „How much? How much?" „Ist ja nett von euch, Jungs“, lachte Jenny, „but no way. Ich habe kein Interesse.“ Irgendwann kapierten die beiden es und zogen Leine. Was lernen wir daraus? Auch mit über 70 hat man seine Chancen in der Herbertstraße und zählt längst nicht zum alten Eisen.

Seit einer Weile befinde ich mich in einer Phase, in der ich merke, ja, das Alter schreitet voran, ich bin reifer geworden. Woran ich das festmache? An den Knochen. Ich merke, dass ich schneller Fußschmerzen bekomme, dass ich nicht mehr den Biss habe, 15 bis 16 Stunden am Stück zu sitzen, sondern nach neun, zehn Stunden sage: So, Feierabend, Leute, geht nicht mehr. Und es geht wirklich nicht mehr. Dann kriege ich einen Pappmund, kann gar nicht mehr reden. Das Gute ist: Eine Domina kann eigentlich so lange arbeiten, wie sie laufen kann. Eine Domina ist altersunabhängiger als eine normale Prostituierte. Bei mir zählt für den Gast halt auch die Erfahrung. Es kommt darauf an, was ich rüberbringe, wie ich rüberkomme. Ich versuche weiterhin, perfektionistisch zu sein, man darf sich am Fenster niemals gehen lassen. Alles muss an der richtigen Stelle sitzen, Outfit, Make-up, die Oberweite ordentlich zur Schau gestellt, und ich weiß, viele genießen das. Und ich genieße ihre Blicke.

Wenn ich zurückschaue, so wie alles losging, wie ich mir das Leben vorstellte, was ich erreichen wollte, fällt es mir schwer, ein Resümee zu ziehen. Ich habe immer gekämpft, ich war immer straight, daran hat sich bis heute nichts geändert. Aber ich bin noch nicht angekommen, so fühlt es sich für mich an. Ich wollte auch immer etwas sein im Leben, etwas schaffen, wenn mir das ein bisschen mit dem

Buch gelingt, dann bin ich zufrieden. Es würde mich freuen, wenn die Leute mich auf diese Weise ein bisschen kennenlernen: Nicht die Domina Manuela, sondern die Manuela, die als Domina arbeitet. Wenn ich es schaffe, bei den Menschen etwas mehr Verständnis für uns, die Frauen aus dem Milieu, zu wecken, dann ist schon einiges gewonnen. Es ist leider so, dass viele Frauen sich nicht einmal trauen, ihren Familien oder Freunden von ihrem Beruf zu erzählen, zu groß ist die Angst, sie zu verlieren, abgestoßen zu werden.

Es gibt die Phantasie mancher Politiker, unsere Branche zu verbieten. Sie rechtfertigen das damit, dass viele Frauen zur Prostitution gezwungen würden. Das trifft leider oft zu und dagegen muss etwas unternommen werden. Aber es gibt auch diejenigen, die diesen Job freiwillig machen, aus welchen Gründen auch immer, und sie sollten das Recht dazu haben, ihren Weg zu gehen. Sie in die Illegalität zu drängen, würde Frauen wie mich noch mehr an den gesellschaftlichen Pranger stellen, mich noch mehr ausgrenzen aus einer Normalität, die mir nach Feierabend schon zu Genüge verwehrt wird, weil ich im falschen Viertel arbeite. Das ist die Ernsthaftigkeit hinter dem, was ich zu erzählen habe.

Nachdem ich schon jahrelang im Hamburger Milieu unterwegs war, traf ich tatsächlich eines Tages auf eine Wirtschafterin, die meine Mutter gekannt hatte. Ich hatte ja nie aufgehört, nach ihr zu fragen, wenn ich Zuhälter oder Huren kennenlernte, die alt genug waren, um sich vielleicht an meine Mutter zu erinnern (auch wenn mein Aktionismus mit der Zeit nachgelassen hatte). Ja, sagte diese Wirtschafterin, selbst schon eine betagte Frau, zu mir, es habe damals eine Hure mit Namen Freitag in der Gerhardstraße gegeben. „Und die hatte immer einen kleinen Pudel bei sich, der war ihr Markenzeichen. Sie war eine gute Arbeiterin, hat immer malocht." Sie habe einen Luden gehabt, auch das wusste die Wirtschafterin noch, und sie erinnerte sich, dass meine Mutter immer viel Goldschmuck getragen habe. Aber der sei weg gewesen, als man sie tot auffand. Die Wirtschafterin versprach mir, nach alten Fotos zu suchen, sie hätte da vielleicht noch was zu Hause. Leider hörte ich nie wieder etwas von ihr.

Wenn irgendwann in der Zukunft der Zeitpunkt kommt, der Herbertstraße Lebewohl zu sagen, dann lasse ich mir schon etwas Neues einfallen. Alles ist möglich bei mir – nur keine Langeweile.

Mein Hals ist rau von zu vielen Zigaretten. Wie spät ist es eigentlich? Ich glaube, ich mache jetzt Feierabend und fahre nach Hause. Schlafen. Endlich ins Bett, und morgen geht es weiter. Morgen ist auch noch ein Tag.

Ende

Danke

Ich danke allen, die mich dabei unterstützt haben, meinen Traum, dieses Buch zu schreiben, wahr werden zu lassen. Meinem Sohn und meinen Freundinnen Jenny, Claudia und Maria gilt mein Dank dafür, dass sie mir bei diesem emotional nicht immer leichten Projekt stets zur Seite standen. Ich danke Paul und Joe (die in Wahrheit anders heißen), dass ich ihre Geschichten aufschreiben durfte, und Scholle für Einblicke in und Kenntnisse über die Welt von St. Pauli, wie nur ein Urgestein wie er sie haben kann. Dem gesamten Team von Edel Books danke ich für die vertrauensvolle und immer konstruktive Zusammenarbeit (ich denke bibbernd an unser Fotoshooting im Hamburger Schneechaos, liebe Constanze Gölz, hat trotzdem Freude gemacht), meiner Lektorin Julia Stahl für ihren unermüdlichen Einsatz und ihre Genauigkeit. Und ganz besonders danke ich meinen Co-Autoren Olaf Köhne und Peter Käfferlein, mit denen ich in den vergangenen zwei Jahren viele intensive Stunden verbracht habe (sorry, wenn ich euch immer zugequalmt habe), in denen ich mein Leben Revue passieren ließ. Allen, die an diesem Buch mitgewirkt haben, sage ich: Danke, dass ihr an mich glaubt!

Edel Books
Ein Verlag der Edel Verlagsgruppe GmbH

Neumühlen 17, 22763 Hamburg
www.edelbooks.com

3. Auflage 2025
Projektkoordination: Svetlana Romantschuk
Lektorat: Julia Stahl
Vermittelt durch: Käfferlein & Köhne GmbH & Co. KG
Layout und Satz: Datagrafix GSP GmbH, Berlin | www.datagrafix.com
Umschlaggestaltung: Typeholics, Hamburg
Bildstrecke: Groothuis. Gesellschaft der Ideen und Passionen mbH | www.groothuis.de
Lithografie: Frische Grafik, Hamburg
Umschlagfotografien: Michael Philipp Bader
Druck und Bindung: GGP Media GmbH, Pößneck

Bildnachweis
Alle Bilder privat, außer:
© Michael Philipp Bader: S. 1, 2, 3, 4 u., 5, 6, 7, 8 o., 9, 16
© Peter Käfferlein: S. 4 o. (Kondompflicht) und S. 8 u. (Ledermaske)
© Imago / Hanno Bode: S. 14, 15

Printed in Germany

ISBN 978-3-8419-0743-1